SCORPIO

MICHAEL HANDEL

Da es FÖRDERLICH für die GESUNDHEIT ist, habe ich BESCHLOSSEN, GLÜCKLICH zu sein

Die Wunderelixiere für GLÜCK,
GESUNDHEIT und WOHLBEFINDEN

SCORPIO

2. Auflage 2019

© 2017 Scorpio Verlag GmbH & Co. KG, München
Umschlaggestaltung: Favoritbuero, München
Layout und Satz: Danai Afrati und Robert Gigler, München
Druck und Bindung: GGP Media GmbH, Pößneck
Illustrationen: Danai Afrati
ISBN 978-3-95803-114-2
Alle Rechte vorbehalten.

Mehr über unsere Bücher
www.scorpio-verlag.de

*Unser Körper und unser Geist
besitzen wunderbare Kräfte,
die wir auf eine ganz einfache Art aktivieren können:
durch bewusste Ernährung
und die richtige Lebenseinstellung.
Das sind die wahren Wunderelixiere.
Mehr braucht es nicht für
Glück, Gesundheit, Wohlbefinden.*

Inhalt

Vorwort

Eine alte chinesische Lebensweisheit sagt: »Der größte Irrtum, den man im Leben begehen kann, ist, nicht glücklich zu sein.«

Zu keiner Zeit waren die Themen Glück, Gesundheit und Wohlbefinden so aktuell wie heute. Nie zuvor haben sich die Menschen so viele Gedanken gemacht über das Alter, das Gewicht, das Aussehen und den Lebensstil. Viele Zeitschriften, Bücher und Fernsehberichte geben uns eine unüberschaubare Menge an Ratschlägen dazu. Scheinbar gesundheitsfördernde Nahrungsmittel und »Wundergetränke« in kleinen, vielversprechenden Fläschchen finden reißenden Absatz, und trotzdem: Die Zahl der sogenannten Zivilisationskrankheiten wie Allergien, Depression, Demenz, Kopfschmerzen, Krebs, Herz-Kreislauf-Erkrankungen, Verdauungsprobleme, Übergewicht und viele andere steigt ständig an. Der Medikamentenverbrauch erreicht gigantische Ausmaße.

Dabei haben wir alle die Chance, aus eigener Kraft sehr viel zu Glück, Gesundheit und Zufriedenheit beizutragen. Unser Körper besitzt die erstaunliche Fähigkeit, sich selbst ins Gleichgewicht zu bringen, wenn die richtige Lebenseinstellung und eine wirklich gesunde Ernährung zueinander finden. Es ist gar nicht so schwer, ein ausgeglichenes und zufriedenes Leben zu führen. Unsere Selbstheilungskräfte sind viel größer, als wir ahnen. Mit einfachsten Mitteln können wir viel erreichen. Also nutzen wir doch die Chance. Wir müssen nur begreifen, dass wir selbst Regie dabei führen.

Dieses Buch beschreibt auf leicht verständliche Weise, wie das geht. Es ist ein genussvoller Ratgeber, der zeigt, wie man aus wenigen Lebensweisheiten, den »geistigen Wunderelixieren«, neue Kraft, Zufriedenheit und Glück schöpfen kann und wie bestimmte Nahrungsmittel, die »Wunderelixiere der Natur«, uns dabei tatkräftig unterstützen. Mit dieser genialen Kombination ist fast alles erreichbar. Ganz egal, wo man gerade steht: ob jung oder alt, gestresst, krank, enttäuscht, depressiv, orientierungslos, unzufrieden, zu dick oder in einer Phase des persönlichen Umbruchs. Anhand der Ergebnisse der modernen Wissenschaft, dem langjährigen Erfahrungsschatz vieler Kulturen und den Erkenntnissen von Menschen, die steinalt werden und trotzdem gesund und vital bleiben, lässt sich das belegen.

Klar und ohne Umwege entdecken wir Dinge, die wir bisher so noch nicht gesehen haben. Zunächst zeigt uns **Kapitel I** die Wunderelixiere für das **Glück**: die Grundvoraussetzung für ein langes und gesundes Leben. Glücksgefühle sind eine echte Geheimwaffe. Glückliche Menschen leben länger, sind gesünder, und Glück kann man sogar essen.

Dann geht es in **Kapitel II** um Lebensweisheiten und Wunderelixiere für unsere **Gesundheit**. Viele Krankheiten und depressive Verstimmungen lassen sich durch einfache Maßnahmen vermeiden, heilen oder erheblich lindern. Für die größten Probleme gibt es oft eine einfache Lösung.

Unser letztes Ziel ist es, in **Kapitel III** ein dauerhaftes Gefühl des **Wohlbefindens** zu erreichen, damit wir nicht nur in unserer Jugend, sondern bis ins hohe Alter aktiv bleiben und Lebensfreude ausstrahlen. Auch dafür gibt es bewährte Lebensweisheiten und Wunderelixiere.

Jeder Themenbereich schließt mit zwei praktischen Zusammenfassungen ab: Unter den Stichworten »Gut zu wissen« und »Zum Ausprobieren« bekommen wir jeweils einen kurzen Leitfaden, der dabei hilft, unsere Gedanken und unsere Ernährung auf eine glückliche Zukunft einzustellen.

Damit wird jeder zum Lebenskünstler. Es ist wie der Start in ein neues Leben. Plötzlich geschehen Wunder, die nur darauf gewartet haben, dass sie endlich stattfinden dürfen, und von denen man früher noch geglaubt hätte, sie seien unmöglich. Wahrscheinlich bleibt uns nach der Lektüre der ein oder andere Arztbesuch erspart. Auch von falschen Versprechungen lassen wir uns nicht mehr verführen. Das ist ein unbeschreiblich schönes Gefühl. Wir sollten uns nicht wundern, wenn das schneller geht, als wir glauben, denn Glück, Gesundheit und Wohlbefinden liegen zum Greifen nah. Das Rezept dafür halten wir bereits in der Hand.

Mit Vergnügen eine neue Lebensqualität entdecken

Wenn es Wunder wirklich gibt, dann wäre jetzt
der richtige Moment.

Dieses Buch richtet sich an alle Menschen, die ein glückliches, zufriedenes und gesundes Leben führen wollen. An alle, die gerne jeden Morgen mit dem Gedanken aufwachen möchten: »Das Leben ist wunderschön, und ich stehe mittendrin« und die besser schlafen mit der Überzeugung, einen wertvollen Tag erlebt zu haben.

Zwar geht es vielen von uns heutzutage nicht schlecht, aber irgendwie hat man manchmal das Gefühl, das Leben läuft an einem vorbei. Hin und wieder sind es auch der Alltagsfrust, ein paar Kilo zu viel, eine Krankheit, Versäumnisse in der Vergangenheit oder die Angst vor der Zukunft, die uns die gute Laune verderben.

Schließen Sie einmal ganz kurz die Augen und denken Sie darüber nach: Was würde ich jetzt am liebsten tun? Was fehlt mir gerade, um wirklich glücklich zu sein? Wie geht es mir gesundheitlich? Fühle ich mich wohl? Lebe ich so, dass ich später einmal nichts bereuen werde, oder verschiebe ich vieles auf die Zukunft? Bin ich der Mensch, der ich gerne sein will?

Wenn Sie jetzt spüren, dass sich irgendetwas ändern sollte, wenn Sie neue Impulse, Anregungen, Orientierung suchen oder wenn Sie Krankheiten, Lebenskrisen, Übergewicht, Stress und schlechte Laune nicht mehr einfach nur so akzeptieren wollen, dann werden Sie jedes Kapitel dieses Buches genießen. Es tut so gut zu wissen, dass es für fast jedes Problem eine Lösung gibt, dass man endlich auf dem richtigen Weg ist und dabei Dinge entdeckt, die wirklich funktionieren. Es ist so unbeschreiblich schön, sich wieder rundum wohl- und zufrieden zu fühlen. Schon kleine Veränderungen in unserer Lebenseinstellung und unserer Ernährung können Großes bewirken.

Wenn man sich einmal zu dieser neuen Lebensweise entschlossen hat und auch noch die Erfolgsformel dazu kennt, dann verändert sich alles zum Positiven. Plötzlich macht das Leben wieder Spaß. Alles läuft besser. Mit jedem kleinen Erfolg fühlt man sich stärker und gewinnt Selbstbewusstsein. Die Glücksspirale beginnt sich zu drehen, und davon profitieren auch unsere Gesundheit und unser Wohlbefinden.

Glück ist auch der Wegbereiter für mehr Erfolg. Berufliche Beziehungen und jedes geschäftliche Ergebnis verbessern sich, wenn unser Gehirn positiv eingestellt ist. Glücksgefühle bringen uns voran und halten uns jung. Unser Gehirn ist in einem glücklichen Zustand 30 Prozent produktiver als in negativem Zustand. Mitarbeiter werden bis zu 25 Prozent schneller, wenn sie positiv gestimmt sind. Mit anderen Worten: Sogar der Erfolg ist das Ergebnis von Glück, und nicht umgekehrt. Glücklich zu sein ist also viel zu wichtig, um es auf die Zukunft zu verschieben, und Glück ist ein Zeichen, dass wir auf der richtigen Spur sind. Also stellen wir uns doch am besten gleich die Frage: Was ist wirklich wichtig, jetzt und heute? Und dann legen wir los, mit den Wunderelixieren im Gepäck.

Das Leben wird nicht zum Genuss, indem man nichts unternimmt und auf vieles verzichtet oder das tut, was man schon immer getan hat – vor allem dann, wenn es einem nicht gefällt. Denn

»Wer rastet, der rostet« und »Wer nicht genießen kann, wird unglücklich«. Also suchen wir unser Glück doch auf die angenehmste Art, werden wir aktiv, aber ohne Stress und Zwang, sondern mit Spaß und guter Laune, weil wir wissen, was wir wollen, und weil wir sicher sind, dass wir unsere Ziele erreichen, genau wie bei einer schönen Reise.

Und dann können wir auch voller Überzeugung sagen: »Das Leben ist schön und ich stehe mittendrin.«

So persönlich und individuell die eigenen Wünsche auch sind, dieses Buch wird Ihnen dabei helfen, dass sie in Erfüllung gehen. Mit Lebensweisheiten und faszinierenden Ernährungsratschlägen für Glück, Gesundheit und Wohlbefinden. Bewährt, erprobt und rezeptfrei. Suchen Sie die richtigen für sich aus, und werden Sie damit glücklich.

Einleitung: Glück, Gesundheit, Wohlbefinden

Wer Wunder sucht, braucht oft gar nicht weit zu gehen.

1. Ein kleines Buch kann Wunder wirken

Warum lesen Sie dieses Buch? Eigentlich kann es dafür nur zwei Gründe geben: Sie haben es aus Neugier gekauft und jetzt, da Sie es schon einmal haben, lesen Sie es auch, oder Sie warten auf ein Wunder. In beiden Fällen eine gute Entscheidung, denn schließlich geht es ja um Glück, Gesundheit und Wohlbefinden, und wer wünscht sich das nicht für sein Leben?

Vielleicht hat Sie das Schicksal besonders hart getroffen, und jetzt suchen Sie einen Weg, Ihr Leben zu meistern und wieder glücklich zu werden. Möglicherweise haben Sie bisher auch schon viele Dinge versucht, die nicht funktionierten. Jetzt möchten Sie logischerweise etwas Bewährtes ausprobieren. Oder es ist nur dieses latente Gefühl, dass sich irgendetwas ändern soll. Es kann nicht so weitergehen wie bisher. Irgendetwas fehlt zum echten Glück, irgendetwas macht Sie unzufrieden.

Auch dann haben Sie die richtige Entscheidung getroffen. Denn dieses Buch hat nur ein Ziel: Ihr Wohlbefinden nachhaltig zu verbessern und Ihnen Wunderelixiere vorzustellen, mit denen

Sie das Leben bis ins hohe Alter gesund, glücklich und zufrieden genießen können. Wunderelixiere, die Ihrem Körper Kraft und Lebensfreude schenken.

Im traditionellen Buddhismus sagt man: »Pflege deinen Körper und halte ihn gesund, damit die Seele Lust hat, darin zu wohnen.« Damit ist sicherlich nicht nur die tägliche Dusche gemeint. Aus den Ergebnissen der modernen Wissenschaft, dem langjährigen Erfahrungsschatz vieler Völker und den Erkenntnissen von Menschen, die steinalt werden und trotzdem gesund und vital bleiben, wissen wir, dass man vieles auf eine ganz einfache Art und Weise erreichen kann: durch die richtige Lebenseinstellung und eine gesunde Ernährung. Und das geht öfter, als wir denken, sogar ohne Arzt, ohne Chemie und ohne Stress.

In den sardischen Bergdörfern, wo es eine überdurchschnittlich große Zahl an besonders alten und zufriedenen Menschen gibt, ist man davon überzeugt: »Alle Menschen haben die Anlage, gesund und glücklich zu sein, nur die meisten wissen es nicht.« Eines der größten Probleme auf unserem Weg zu Glück und Gesundheit ist, dass es inzwischen zu viele widersprüchliche Informationen gibt, die uns völlig verwirren. Kein Mensch kann das noch überblicken und für sich das Richtige herausfiltern. Unmengen von Büchern und Zeitungsartikeln, aber auch die neuen Medien und vor allem die Werbung, überrollen uns kontinuierlich mit Glücksratschlägen. Wir sind total überfordert. Dabei wäre eine einfache und glaubhafte »Gebrauchsanleitung«, die wirklich funktioniert, schon mehr als genug. Mit diesem Buch ist sie endlich da.

Vergessen Sie lästige Diäten, schweißtreibende Besuche im Fitnesscenter, teure Anti-Aging-Cremes und bittere Pillen aus den Laboren unserer Pharmakonzerne. Lassen Sie sich nicht mehr verwirren von den Gesundheitsgurus und Geschäftemachern, von selbsternannten Ernährungspäpsten und Glücksphilosophen. Widerstehen Sie schnelllebigen Gesundheitstrends. Das alles werden Sie nur noch belächeln, wenn Sie dieses Buch gelesen haben.

Glück, Gesundheit und Wohlbefinden lassen sich auf eine äußerst entspannte und natürliche Art erreichen, die uns zudem in vielen Fällen den Besuch beim Arzt oder Psychologen ersparen kann und darüber hinaus den Geldbeutel schont.

Ganz egal, was Sie bisher getan haben, um sich möglichst wohlzufühlen, noch geht es Ihnen damit nicht so richtig gut, oder für den Fall, dass Sie schon rundum glücklich sind, wollen Sie einfach dafür sorgen, dass das auch so bleibt. Kennen Sie das Sprichwort: »Hilf dir selbst, dann hilft dir Gott«? Wer außer Ihnen selbst sollte schon Interesse daran haben, dass es Ihnen wirklich gut geht? Die meisten Ärzte und Psychologen ganz bestimmt nicht, denn die leben ja schließlich von den Kranken. Ganz zu schweigen von der Pharmaindustrie. Es gibt viel zu viele Medikamente, die zwar die Symptome von Krankheiten, oft aber nicht deren Ursachen bekämpfen und somit auf Dauergebrauch ausgelegt sind. Auch mit teuren Produkten gegen das Alter oder, besser gesagt, seine Begleiterscheinungen, werden inzwischen Milliarden verdient. Und dann ist da noch der fast unerschöpfliche Markt für Schlankmacher, Energiebringer, Vitaminbomben, Cholesterinkiller, Verdauungsbeschleuniger, light und ultra light und all dem, was uns scheinbar glücklich macht. Auch der Fitness- und Freizeitsektor, der vor allem gestresste Menschen bestens bedient, indem er Ihnen statt einer erholsamen Mittagspause eine Stunde Powertraining und natürlich das passende Outfit verordnet, profitiert nicht schlecht.

Viele der bisherigen Ratschläge und Methoden waren ja wohl noch nicht die richtigen. Immer mehr verdichten sich die Hinweise, dass bestimmte Nahrungsergänzungsmittel wie z. B. Vitaminpräparate, einseitige Ernährungsmethoden oder zu viel Sport die Gefahr von Krankheiten sogar erhöhen können. Immer mehr werden wir zu Opfern von denen, die damit fabelhafte Geschäfte machen, und merken dabei nicht, wie wir uns in eine überaus gefährliche Abhängigkeit begeben. Wir machen das, was Industrie und Medien uns empfehlen, oder das, was alle tun, ohne groß darüber nachzudenken. Kennen Sie das Sprichwort: »Auch, wenn viele Menschen etwas Dummes machen, bleibt es trotzdem eine Dummheit«? Vielleicht gerade deshalb, weil wir uns zu sehr von Industrie und Modetrends beeinflussen lassen, gibt es viele unzufriedene Menschen; Menschen mit chronischen Krankheiten oder Depressionen, mit Übergewicht oder Essstörungen – Tendenz steigend. Acht von zehn jungen Mädchen im unteren Bereich des Normalgewichts beschäftigen sich heute mit der Frage, ob sie zu dick seien. Über 70 Prozent aller erwachsenen Männer und Frauen machen sich pausenlos Gedanken, dass sie zu viel, zu fettig, zu ungesund essen. Fast jeder Zweite von uns glaubt, dass sein Leben besser sein könnte, dass sich aber daran im Moment nichts ändern lässt. Über 50 Prozent der Bevölkerung findet sich mit Krankheiten, chronischen Beschwerden oder regelmäßigen Schmerzen ab.

Vielleicht ist es an der Zeit, nicht alles einfach hinzunehmen. Denn viele Krankheiten lassen sich verhindern, heilen oder wenigstens lindern. Depressionen müssen nicht sein, und Lebensglück und Erfüllung liegen in unserer Hand. Wir sollten uns einfach von der Vorstellung lösen, es müsste immer so weitergehen wie bisher, und stattdessen versuchen, die wirklichen Ursachen herauszufinden, um sie dann auf eine natürliche Art zu bekämpfen. Es ist gar nicht so schwer, glücklich und zufrieden zu leben, wenn man die Formel dafür kennt. Und genau diese Formel werden Sie jetzt entdecken: die besten Wunderelixiere in Form von Lebensweisheiten und Ernährungsratschlägen für jede Lebenslage. Freuen Sie sich auf einen Neuanfang!

Das ist, als ob Sie eine schöne Reise planen. In diesem Fall planen Sie die wichtigste Reise, die es gibt: die Reise Ihres Lebens. Fragen Sie sich dabei: Was ist mir ab heute wirklich wichtig, oder wie kann ich meine Ideen, Hoffnungen und Sehnsüchte am besten erfüllen? Dieses Buch hilft Ihnen dabei, die Antwort zu finden. Wegweisende Erfahrungen vieler Menschen, die die Lösung Ihrer Probleme bereits kennen, und erstaunliche Forschungsergebnisse der Wissenschaft werden zu einem Leitfaden für die Reiseziele Glück, Gesundheit und Wohlbefinden.

Damit diese wunderbare Reise durch nichts gestört wird, enthält unser Reiseführer Lebensweisheiten, die uns auch in schwierigen Situationen weiterhelfen, und Empfehlungen für eine kleine »Reiseapotheke« mit Wunderelixieren. All diese Wunderelixiere lassen sich ganz leicht besorgen, und sie geben uns die Sicherheit, dass wir auf unserer Reise des Lebens nicht in den falschen Apfel beißen, aber auch auf nichts verzichten, was gut, köstlich, hilfreich und gesund für uns wäre. Sie werden mit ihrer vorbeugenden Kraft auch dafür sorgen, dass wir auf dieser einzigartigen Reise möglichst gar nicht krank werden, und falls es uns doch einmal erwischen sollte oder wenn uns der Reiseweg einmal ganz besonders viel Kraft und Überwindung abverlangt, dann schenken sie uns ihre wohltuende und stärkende Wirkung.

Sie kommen nicht aus den Chemielaboren der Pharmakonzerne. Ihre Wirkung basiert auf den Kräften und der Weisheit der Natur und auf dem Wissen von Menschen, die bewiesen haben, dass wir nicht die Opfer unserer Gene sind, sondern selbst viel dazu beitragen können, um bis ins hohe Alter glücklich, gesund und zufrieden zu leben. Wie recht hatten doch schon unsere Großeltern, indem sie sagten: »Gegen jedes Leiden ist ein Kraut gewachsen.«

Um diese bewährten Helferchen (genau wie eine Reiseapotheke) bei Bedarf immer zur Hand zu haben, empfehle ich dafür ein kleines Schränkchen: Ihr Wunderelixier-Schränkchen und ein spezielles Fach im Kühlschrank. Natürlich kann es auch ein reservierter Platz im Küchenregal sein. Vielleicht da, wo Sie schöne Kochbücher, Rezepte oder ganz besondere Dinge aufbewahren. Die meisten Wunderelixiere lassen sich recht gut bei Raumtemperatur lagern und brauchen wenig Platz. Schließlich wollen wir uns das Leben ja nicht unnötig kompliziert machen. Mit jedem Abschnitt dieses Buches verwandelt sich Ihr Wunderelixier-Schränkchen dann in eine echte, kleine Schatzkiste für alle Lebenslagen.

Stellen Sie dieses Buch oder, besser gesagt, Ihren Reiseführer zu Glück, Gesundheit und Wohlbefinden am besten in die Nähe des Schränkchens oder an einen schönen, sichtbaren Platz. Dann lassen sich die Themen leicht nachschlagen, die Ihnen gerade wichtig sind. In jedem Fall haben Sie damit einen treuen Begleiter auf der Reise Ihres Lebens.

So werden Sie selbst zu Ihrem besten Arzt, Berater und Lebensgestalter. Ich verspreche Ihnen schon jetzt, dass Sie nach der Lektüre dieses Buches viele Dinge mit anderen Augen sehen und viel Neues entdecken werden. Für mich als Autor wäre es die größte Freude, wenn ich dazu beitragen könnte, dass Sie ein wirklich erfülltes, langes und gesundes Leben genießen, Krankheiten vermeiden oder schneller gesund werden und dass Sie dieses Buch aus Überzeugung allen Menschen weiterempfehlen, die Ihnen wichtig sind.

2. Wunderelixiere – es gibt sie wirklich

Oft sind es gar keine Wunder, worüber die Menschen sich wundern.

Ist es ein Wunder, wenn ein Mensch gerne und oft isst, was ihm schmeckt, und dabei trotzdem nicht dick wird; wenn eine schwere Krankheit plötzlich wie von Geisterhand verschwindet; wenn jemand selbst im hohen Alter noch so aussieht, als hätte er die ewige Jugend gepachtet, und all das fast ohne Arzt, Chemie und Stress?

Ist es ein Wunder, wenn Menschen mit 90 Jahren noch sportlich aktiv sind, Berge erklimmen oder geistige Höchstleistungen erbringen? Ist es Glückssache, wenn man Krankenhäuser nur als Besucher kennt, nicht aber als Patient? Kann jemand tatsächlich fast ständig gut gelaunt sein?

Ist es Schicksal, dass wir so unterschiedlich altern, dass Alltagsbeschwerden oder lästige Krankheiten uns das Leben zur Hölle machen und dass wir keinen Spaß haben bei dem, was wir tun? Ist es normal, dass wir ständig das Gefühl haben, da fehlt doch was in meinem Leben? Ist es Bestimmung, dass wir plötzlich und wie aus heiterem Himmel einen Schlaganfall erleiden oder an Krebs erkranken?

Brauchen wir die ganzen, scheinbar so gesunden Produkte der Nahrungsmittelindustrie wirklich oder ginge es uns vielleicht besser, wenn wir auf einige davon verzichten? Lassen wir uns zu sehr von Ernährungsmythen oder Gerüchten beeinflussen?

Zufriedenheit, Glück und Gesundheit, aber auch kleine und große Erfolge sind meist keine Zufallsprodukte. Sie sind das Resultat unserer Lebenseinstellung und der Ernährung. Selbst spontane Heilungen und die Tatsache, dass es Menschen gibt, bei denen scheinbar gar nichts schiefgeht, sind keine Wunder. Wenn unser Leben vom Zufall bestimmt würde, dann gäbe es keine Bevölkerungsgruppen, die besonders gesund sind oder überdurchschnittlich alt werden, es gäbe keine Gebiete auf dieser Erde, wo bestimmte Krankheiten so gut wie gar nicht vorkommen, und es gäbe wahrscheinlich auch keine Menschen, die von einem Erfolg zum anderen eilen. Wir haben vieles selbst in der Hand, viel mehr, als wir glauben, und für fast alles gibt es eine simple Erklärung.

Seit über 30 Jahren beschäftige ich mich sehr intensiv mit wirklich hilfreichen Lebensweisheiten und Wunderelixieren. Dabei habe ich die positiven Wirkungen nicht nur bei meinen Klienten, sondern auch am eigenen Leib erfahren. Denn fast jeder von uns durchläuft irgendwann einmal eine Lebenskrise, eine schwere Krankheit oder wird vom Schicksal unerwartet getroffen. Jeder von uns hat seine persönlichen Probleme. Das heißt aber nicht, dass man daran verzweifeln muss. Es gibt viel öfter, als wir glauben, eine Lösung oder, wie man im Buddhismus zu sagen pflegt: »In jedem Problem steckt eine Möglichkeit.«

Dieses Wissen möchte ich jetzt gerne an Sie weitergeben, damit Sie Dinge erreichen, die Sie sich bisher kaum vorstellen konnten. Egal, welche Wünsche Sie haben, um ein erfülltes Leben zu führen: Ob Sie Energie und Impulse für eine berufliche Veränderung brauchen, ob Sie Krankheiten vorbeugen, lindern oder heilen möchten, ob Sie ein Stimmungstief überwinden wollen, Ihr Wohlfühlgewicht anstreben, ohne dabei Hunger zu leiden, oder ob aktiv bleiben und jung aussehen bis ins hohe Alter Ihre Ziele sind. Sie werden staunen, wie bestimmte Wunderelixiere und eine neue Art des Denkens Ihnen den Spaß am Leben zurückbringen. Probieren Sie es aus. Es wird Ihnen guttun.

3. Jetzt beginnt ein wunderbarer Genuss

Im Leben sind überall wunderschöne Augenblicke versteckt.

Vielleicht sind Sie jetzt nach dieser Einführung schon positiv gestimmt und freuen sich auf das, was kommt. Ihr Gefühl wird Sie
nicht enttäuschen, denn mit diesem Buch werden Sie weder zum
Gesundheitsapostel noch zum gequälten Selbstoptimierer. Ganz
im Gegenteil – Sie werden sehen, dass man auch gut gelaunt und
gesund sein kann, ohne sich einem ständigen Zwang auszusetzen.
Wie gesagt, man muss sich nicht unbedingt quälen, um seine Ziele zu erreichen. Das führt letztendlich sowieso nur ins Leere.
Denn innerer Zwang, übermäßige Anstrengung und die Ver-
nachlässigung der schönen Dinge lassen uns nicht gesünder,
nicht erfolgreicher und auch nicht älter werden, sondern sie
schwächen unser Immunsystem, machen uns anfällig für Krankheiten, rauben uns Lebensenergie und Lebenslust. Früher oder
später geben wir auf oder unser Körper zwingt uns dazu. Ein
Beispiel dafür sind Leistungssportler, die laut Statistik sogar häufig früher sterben als Raucher und häufig unter Herz-Kreislauf-
Krankheiten, Infektionen, Sportlerasthma oder einem schwa-
chen Immunsystem leiden. Amerikanische Forscher sprechen
diesbezüglich vom Marathon-Paradox. Sportärzte haben festgestellt, dass ein Marathonlauf sogar den Herzmuskel schädigen
kann. Jede Art von Übertreibung – und das werden wir später
noch erkennen –, egal, ob beim Sport, in der Ernährung oder in
unserer Gedankenwelt, wird sich negativ auf unser Leben auswirken.

Glück, Genuss, die reine Lebensfreude, realistische Ziele,
gemäßigte Aktivitäten und die richtige Einstellung dagegen fördern unsere Gesundheit, unsere innere Kraft und die persönliche
Stärke.

Haben Sie schon einmal etwas von den Telomeren gehört? Diese sind, vereinfacht gesagt, die Enden unserer Chromosomen, unsere genetische Uhr. Mit zunehmendem Alter werden diese Telomere kürzer, und damit verbunden steigt das Risiko für eine Vielzahl von Krankheiten wie z. B. Alzheimer, Krebs oder Herzinfarkt und der Alterungsprozess wird beschleunigt.

Aktuelle Untersuchungen zur Lebenserwartung und zur Gesundheit zeigen, dass glückliche und ausgeglichene Menschen (auch im Alter) längere Telomere als unglückliche Menschen besitzen. Im Umkehrschluss heißt dies, je mehr wir uns Sorgen machen, über Probleme nachdenken oder Dinge tun, die wir gar nicht wollen, desto kürzer werden wir leben und umso mehr steigt unser Krankheitsrisiko. In einem unglücklichen Körper wohnen Krankheiten ganz besonders gern.

Deshalb ist dieses Buch auch ein Genießer-Buch. Damit möchte ich Sie auf dem Weg zu einem dauerhaften Glück begleiten, ohne Ihnen dabei den Spaß am Leben zu verderben. Und das ist letztendlich alles, was zählt.

In **Kapitel I** sprechen wir über Lebensweisheiten und Wunderelixiere für das **Glück**: die Grundvoraussetzung für ein langes und gesundes Leben. Glücksgefühle sind eine echte Geheimwaffe. Glückliche Menschen leben länger, glückliche Menschen sind gesünder, Glück kann man sogar essen, und glücklich sein ist gar nicht so schwer. Selbst in depressiven Phasen, in Lebens- oder Orientierungskrisen gibt es Lebensweisheiten und Wunderelixiere, die uns wieder auf die Sprünge helfen. Wir werden erkennen, was uns wirklich glücklich macht, und damit erreichen wir auch schon ein wichtiges Etappenziel auf der Reise unseres Lebens. Mit Glück im Gepäck lassen sich auch alle anderen Probleme besser meistern, und es ist ein schönes Gefühl, das Glück neu zu entdecken.

Damit wir unsere Reise möglichst gesund und mit viel Lebensfreude antreten oder, besser gesagt, fortsetzen, widmen wir uns in **Kapitel II** den Lebensweisheiten und Wunderelixieren für unsere **Gesundheit**. Machen wir uns nichts vor, kein Leben verläuft immer harmonisch und rund, sondern oft mit schmerzhaften Begleiterscheinungen. Wir können nicht immer gut gelaunt sein, und Krankheiten oder körperliche Beschwerden sind bei vielen Menschen ein ständiger Begleiter. Aber könnten Sie sich vorstellen, dass Sie manche Krankheiten selbst, wahrscheinlich auf unbewusste Weise, erschaffen haben? Dass Ihr Körper Ihnen damit etwas sagen will? Wussten Sie, dass allein der Gedanke, das Falsche oder zu viel zu essen, Reaktionen im Körper hervorruft, die zu Übergewicht führen? Wussten Sie, dass positives Denken auf unsere inneren Organe wie ein Lebenselixier wirkt, die Abwehrkräfte stärkt und sogar die Selbstheilungskräfte mobilisiert? Sie werden staunen, welche faszinierenden Erkenntnisse es zu unserer Gesundheit gibt und wie sehr wir uns manchmal irren in der Überzeugung, uns mit ganz bestimmten Maßnahmen etwas Gutes zu tun.

Wenn wir uns wirklich bewährte Erkenntnisse zunutze machen, dann kann in Sachen Lebensglück und Gesundheit fast nichts mehr schiefgehen. Und glauben Sie mir, es ist, als ob die Sonne den Nebel durchdringt. Auf einmal spürt man die wärmende und stimulierende Kraft. Plötzlich erscheint die Welt in einem ganz anderen Licht.

Und als wären Glück und Gesundheit nicht schon genug des Guten, können wir sogar noch einmal nachlegen, damit wir uns so richtig wohlfühlen. Vielleicht haben Sie noch Großes vor, wollen neue Ziele erreichen und brauchen eine extra Portion Energie und Ausdauer. Vielleicht liegen Ihnen körperliche Fitness und Ihr Aussehen besonders am Herzen oder Sie wollen bis ins hohe Alter besonders aktiv bleiben. Auch dafür gibt es Lebensweisheiten und Wunderelixiere, je nach Bedarf. In **Kapitel III »Wohlbe-finden«** geht es darum, wie man sich seine ganz individuelle Wohlfühlatmosphäre und sein persönliches Anti-Aging schaffen kann.

Ich würde Ihnen empfehlen, alle Kapitel auch dann nacheinander zu lesen, wenn Sie auf den ersten Blick ein bestimmtes Thema ganz besonders wichtig finden. Sie werden sehen, alles hängt zusammen, genau wie die Seiten dieses Buches. Lehnen Sie sich entspannt zurück, nehmen Sie sich Zeit, und fangen Sie an zu genießen. Denn jetzt steht Ihrer Reise zu Glück, Gesundheit und Wohlbefinden wirklich nichts mehr im Weg. Starten Sie frohen Herzens und voller Zuversicht.

Ich wünsche Ihnen viel Freude beim Lesen und eine gute Reise!

Kapitel I: Glück

Wir sollten uns nicht wundern, wenn plötzlich
Wunder geschehen.

1. Glückliche Menschen leben länger

Was auch immer geschieht, es liegt an uns, ob wir ein glückliches
oder ein unglückliches Leben führen wollen. Dann entscheiden
wir uns doch lieber für die glückliche Variante, denn alle neuen
Studien bestätigen zweifelsfrei: Glück und Lebensfreude ermöglichen uns ein hohes Lebensalter bei bester Gesundheit.

Ein wirklich anschauliches Beispiel hierfür ist ein Forschungs-
projekt, das in einem Nonnenkloster durchgeführt wurde. Dabei
wurden die Nonnen in zwei Gruppen aufgeteilt. Eine Gruppe
bestand aus denjenigen, die bei ihrem Eintritt ins Kloster besonders positiv gestimmt waren, und die zweite Gruppe umfasste
diejenigen, die eher eine negative Grundstimmung mitbrachten.
Im Volksmund würde man sagen, die Gutgelaunten und die Pessimisten.

Ihr Tagesablauf im Kloster war fast identisch. Aus der Gruppe
der gut gelaunten Nonnen waren mit 85 Jahren noch über 90
Prozent am Leben, während bei der Gruppe der tendenziell
schlecht gelaunten Nonnen schon über 70 Prozent vor dem

Erreichen dieses Alters verstorben waren. Ein klarer Beweis: Glückliche Menschen leben länger.

Glücksgefühle sind also die wissenschaftlich erwiesene Formel, die uns immun gegen emotionale Krisen und stark für ein langes Leben macht. Aber kann denn jeder von uns so einfach glücklich sein? Ja, das geht, sagt die moderne Wissenschaft, und glückliche Menschen aus aller Welt haben das auch bewiesen. Die Glücksforschung (in Fachkreisen auch Positive Psychologie genannt) hat festgestellt, dass es nicht die großen Dinge sind, die Lebensglück und Wohlbefinden schaffen. Vielmehr sind es viele alltägliche und für jeden zugängliche Kleinigkeiten, die unser Leben bereichern. Lebensglück muss also kein Zufall sein, und es ist auch keine Glückssache, ob jemand glücklich ist. Glück kann man lernen, denn es hängt erst einmal ganz entscheidend davon ab, mit welcher Einstellung wir unser Leben betrachten. Die äußeren Umstände sind gar nicht so maßgebend, wie wir es oft glauben.

Eine weltweite Studie hat z. B. ergeben, dass Menschen, die Ballast abwerfen, das berühmte *simplify your life* praktizieren, anschließend mit etwas weniger (keine unnötigen Gegenstände, weniger Kleidung, weniger Verpflichtungen, kleineres Auto, kleinere Wohnung, weniger Ansprüche ...) glücklicher sind als Menschen, die sich durch Überfluss das Leben schwer machen. Christian Geyer (1862–1929), deutscher Theologe und Philosoph, hat dies einmal auf den Punkt gebracht, indem er sagte: »Für beides danken, für das, was wir haben, und für das, was wir nicht brauchen.«

Ein sicherer Weg, Glück zu vermeiden, ist auch der sogenannte Selbstoptimierungszwang, der oft durch den Vergleich mit anderen entsteht. Wir müssen, wir sollten, wir könnten. Die anderen machen das ja auch, sie sind schneller, besser, reicher, lustiger. Das sind Gedanken, die Leistungsdruck und Frustration schaffen. Und damit machen wir uns nur Stress. In diesen Stresssituationen produziert unser Körper »Alarmhormone« wie Cortisol, Adrenalin und Endorphine. Damit beginnt ein teuflischer Kreislauf aus Angst, Unwohlsein, Schlafstörungen, Essstörungen und vielem mehr. Das Gegenteil von Glück. Und die Industrie spielt kräftig mit. Laut aktuellen Prognosen werden zukünftig über 100 Millionen Smartwatches und Wearables pro Jahr verkauft. Das sind Armbanduhren, Brillen und Kleidungsstücke, die fast jeden Schritt unseres Lebens kontrollieren: den Puls, die Schlafqualität, den Kalorienverbrauch, die Nahrungsaufnahme, die Körpertemperatur und sogar unsere alltäglichen Gewohnheiten. Was auf den ersten Blick sympathisch wirkt, vermittelt uns ständig ein schlechtes Gewissen, solange wir die »Norm« nicht erfüllen. Damit erzeugen diese »Spielzeuge« einen konstanten inneren Spannungszustand. Wirklich zufrieden sind wir nie. Wir leben nicht mehr im Hier und Jetzt, sondern orientieren uns an Vorgaben von außen und versuchen, uns ständig zu optimieren.

Glück bedeutet aber auch, den Moment zu genießen, ohne immer auf die Uhr zu schauen. Die Hersteller dieser Geräte können zunehmend unsere individuellen Daten über Apps und Internetverbindungen abgreifen. Unser Persönlichkeits- oder Leistungsprofil steht dann sehr schnell den Werbe- und Marketingprofis zur Verfügung, die mit neuen Methoden versuchen werden, uns immer stärker in ihren Bann zu ziehen. Wir sind nicht mehr selbstbestimmt. Leider leben wir in einer Industriegesellschaft, die auch gar nicht will, dass wir frei entscheiden. Diese Gesellschaft möchte keine Individuen, sondern Marionetten, denen sie das verkaufen kann, was verkauft werden soll. Natürlich alles mit dem Versprechen, uns glücklich zu machen. Dieses industrielle Glück basiert aber leider nur auf dem »Haben« und nicht auf dem »Sein«. Wenn man jedoch genau weiß, dass Glück zu einem ganz wesentlichen Teil daraus besteht, frei zu sein, also Zwänge und Vorgaben von außen möglichst zu vermeiden, dann kann man sich schon einmal die Frage stellen: Wo bleibt da noch der gesunde Menschenverstand?

Für unser echtes Glück müssen wir die falschen Propheten enttarnen und unser Leben selbst in die Hand nehmen. Damit wir uns auf ein schönes Leben bis ins hohe Alter freuen können. Mit dieser Erkenntnis sind wir dazu auf dem besten Weg.

2. Glückliche Menschen sind gesünder

Das Leben ist voller kleiner Wunder.

Wer glücklich ist, wird nicht nur mit mehr Lebensjahren, sondern auch mit einer deutlich besseren Gesundheit belohnt. Wenn wir es schaffen, ganz gleich, wo wir im Moment stehen, glücklich zu werden, dann hat dies viele erfreuliche Auswirkungen auf unseren Gesundheitszustand. Glücksgefühle können wahre Wunder bewirken. Wer glücklich ist, wird seltener krank und schneller gesund, denn die Selbstheilungskräfte kommen besser zur Entfaltung und das Immunsystem ist stärker als bei unglücklichen Menschen.

Gesundheit beginnt also im Kopf, und das Zauberwort dafür heißt Glück. Selbst wenn man von einem echten Glücksgefühl aus irgendeinem Grund im Moment noch weit entfernt ist, dann ist es gut zu wissen, dass bereits schöne Gedanken und Gefühle wie Zufriedenheit, ein erfülltes Leben, Wohlbefinden, kleine Erfolgserlebnisse oder der gute Vorsatz »Ich schaffe das« positive Auswirkungen auf unsere Gesundheit haben.

Wissenschaftlich lässt sich das ganz einfach erklären. Positive Gefühle und gute Vorsätze führen zu verstärkten Aktivitäten in bestimmten Gehirnregionen. Diese wiederum bewirken, dass unser Körper, weil er ja jetzt besonders gerne lebt, den Moment genießt oder zumindest eine schöne Perspektive sieht und deshalb alles dafür tut, auch gesund zu bleiben oder zu werden. Länderübergreifende Forschungsprojekte zeigen auch, dass glückliche Menschen seltener einsam sind, was sie ebenfalls vor Krankheit und vorzeitigem Altern schützt.

Glück ist also der beste Arzt, den wir uns nehmen können. Deshalb machen wir uns jetzt gemeinsam auf den Weg, ihn zu finden.

3. Was uns wirklich glücklich macht

Glück vermehrt sich auf wundersame Weise, wenn man ihm täglich eine Chance gibt.

Glück ist der Schlüssel zu einem gesunden und erfüllten Leben. Glück sollte man auch nicht auf die Zukunft verschieben – wer weiß schon, ob wir sie erleben. Das Glück ist jeden Tag zum Greifen nah und zu keinem anderen Zeitpunkt als in der Gegenwart. Das heißt, jeden Tag entscheiden wir aufs Neue über unser Glück.

Doch was ist es nun konkret, das uns wirklich glücklich macht? Glück, wie geht das? Erstaunlich leicht, denn es sind tatsächlich die kleinen Dinge, die über unser Glück entscheiden. Das Glück lauert in jedem Moment unseres Lebens. Es bietet sich immer eine Gelegenheit, etwas für unser Glück zu tun. Acht bewährte Ideen helfen uns auf die Sprünge:

→ Persönliche Beziehungen pflegen
→ Gute Gefühle schenken
→ Zwischendurch einmal lächeln
→ Mit sich selbst in Einklang leben
→ Neue Sehnsüchte entdecken
→ Das Leben vereinfachen

→ Herausforderungen annehmen
→ Kleine Routinen pflegen

»Nichts ist unmöglich«, sagt die Werbung, und denken Sie daran, es gibt keinen größeren Irrtum im Leben, als nicht glücklich zu sein. Also gönnen wir uns doch eine Extra Portion Glück. Wie das im Alltag ganz einfach geht, wollen wir uns nun einmal etwas genauer anschauen.

Persönliche Beziehungen pflegen

Warum schauen wir uns Comedyserien oder Filme wie z. B. »Ziemlich beste Freunde« besonders gerne an? Vielleicht, weil wir dort an einer persönlichen Beziehung teilhaben können, die uns selbst auch glücklich stimmt. Wir erleben, wie die Charaktere gemeinsam durch dick und dünn gehen, sich gegenseitig trösten, Erfolge zusammen feiern, das Leben nicht so ernst nehmen und über Missgeschicke lachen. Wenn unser Alltag schon wie eine Achterbahnfahrt ist, dann macht es einen großen Unterschied, ob man sich in einem angenehmen Umfeld mit netter Begleitung befindet oder nicht. Alles erscheint einfacher und das Leben insgesamt erträglicher, wenn man es nicht allein angehen muss. Selbst die stärksten Menschen brauchen Verbündete, und es gibt kaum einen größeren Glücksfaktor als gute zwischenmenschliche Beziehungen. Darüber sind sich sogar Wissenschaftler auf der ganzen Welt einig. Wir brauchen den Austausch und die Vertrautheit mit anderen Menschen für unser Wohlbefinden. Wer ein stabiles Netz aus Freunden und Familie um sich hat, geht wesentlich zufriedener und gesünder durchs Leben.

Aber soziale Beziehungen wollen gepflegt werden, und von nichts kommt nichts. Vor allem in den Gebieten dieser Welt, wo die Menschen am ältesten werden, sind regelmäßige Treffen in angenehmer Runde Tradition. Man gönnt sich ein schönes Glas Wein und tauscht sich aus über Wichtiges und Unwichtiges, Alltägliches und die Probleme des Lebens. Und man hilft sich gegenseitig, wo immer man kann. Wenn einem dazu die Zeit fehlt, und das ist ja in unserer hektischen Leistungsgesellschaft schon ganz normal, dann sollte man wenigsten ab und an zum Telefon greifen und einen Freund oder eine Freundin anrufen oder sich wenigstens hin und wieder einen entspannten Abend mit Freunden, Familie oder dem eigenen Partner gönnen. Das macht mit Sicherheit glücklicher, als den Fernseher einzuschalten.

Auch Liebe und eine harmonische Beziehung machen glücklich, und zwar nicht nur dann, wenn wir frisch verliebt sind. Menschen in festen Beziehungen sind nachweislich gesünder und widerstandsfähiger und können leichter mit Notlagen, Unglück oder Missgeschicken umgehen. Von den stärksten positiven Effekten profitieren dabei glücklich verheiratete Ehepaare. Forscher sind sich einig: Eheleute sind glücklicher als Singles. Zudem beobachtet man bei Verheirateten ein geringeres Krankheitsrisiko und eine längere Lebenserwartung. Sie leiden seltener an Herz-Kreislauf-Erkrankungen und sogar an bestimmten Krebsarten. Bei Paaren, die sich gut verstehen, sind oft sogar die Blutwerte deutlich besser als bei anderen Personen.

Allerdings, und das ist jetzt ganz wichtig, sind sowohl Freundschaften als auch Liebesbeziehungen nur dann eine Garantie für Glück, wenn sie harmonisch sind und uns nicht negativ belasten. Dies bedeutet, dass wir uns nur mit den Menschen umgeben sollten, die uns nicht die Laune verderben. Hände weg von »toxischen Personen«. Hier sollten wir nach dem Motto »Qualität vor Quantität« entscheiden, wen wir gerne in unser Leben aufnehmen.

Bei Partnerbeziehungen tut man gut daran, ausreichend Zeit für schöne Momente miteinander aufzubringen. Statt seine Zeit zu oft mit oberflächlichen oder unnötigen Beschäftigungen zu verschwenden, wäre es manchmal sinnvoller, die Beziehung zu pflegen. Davon würde unsere Gesundheit erheblich profitieren.

Gute Gefühle schenken

Eine echte Portion Glück können wir uns sogar selbst schenken. Das ist gar nicht schwierig, und die Wirkung ist genial. Gute Gefühle lösen Glücksempfinden aus, und das mit Soforteffekt. Es gibt viele Möglichkeiten für gute Gefühle. Drei davon möchte ich Ihnen vorstellen:

→ eine Umarmung
→ eine Massage
→ ein Genussmoment

Schon eine einfache Umarmung sorgt für einen enormen Schub an positiver Energie. In unzähligen Studien wurde bewiesen, dass Menschen, die sich häufig selbst umarmten, Stress deutlich besser abbauen konnten und seltener unter Bluthochdruck litten. Auch die Gefühle, die durch Anerkennung, Wertschätzung und soziale Nähe dabei entstehen, machen die Umarmung zu einem echten und spontanen Glücksverstärker. Kein Wunder, dass das *Hugging* (das Verschenken von Umarmungen) in vielen Ländern so beliebt ist. Beispielsweise gab es in Spanien eine großangelegte Aktion, bei der Menschen durch die Straßen liefen und ihren Mitmenschen eine liebevolle Umarmung anboten, selbstverständlich gratis. Aus den Vereinigten Staaten und Indien kennt man große Umarmungszeremonien für Tausende von Menschen.

In vielen Ländern dieser Welt begrüßen sich die Menschen nicht durch einen Handschlag, sondern durch eine herzliche Umarmung, oft auch in Verbindung mit ein paar freundschaftlichen Küssen auf die Wangen. Und raten Sie mal, wer die glücklicheren

Menschen sind? Die eher etwas distanzierten »Handschlagfans« aus den reichen nordischen Ländern oder die Menschen, denen Herzlichkeit wirklich noch am Herzen liegt?

Auch mit einer Massage schenken Sie sich gute Gefühle, die das Glücksempfinden in Ihrem Körper sofort stimulieren. Selbst depressive Verstimmungen können durch eine Massage abgebaut werden. In medizinischen Studien ließ sich die belebende Kraft von Massagen auch messen. Sie lösen im Körper eine wahre Kettenreaktion von Glücksimpulsen aus, die nicht nur zur Regeneration und zum Wohlbefinden beitragen, sondern auch heilende und immunstärkende Prozesse aktivieren.

Gut zu wissen ist auch, dass kleine und große Genussmomente und sogar schon der Gedanke daran uns Glücksgefühle verschaffen. Wir sollten uns also unbedingt schöne Momente gönnen, denn Lebenslust statt Lebensfrust heißt das Motto für mehr Glück. Kann es etwas Schöneres geben als diese Erkenntnis? Wenn wir es verstehen, wieder mehr auf unsere eigenen Sinne zu vertrauen und wieder öfter zu genießen, werden wir glücklicher und gesünder. Genau dann, wenn wir uns einmal unglücklich fühlen, sollten wir uns etwas Gutes tun und auf Verzicht verzichten.

Schon Goethe war sich sicher: »Fürwahr, es wechselt Leid und Lust. Genieße, wenn du kannst, und leide, wenn du musst.« Bei einem schönen Essen z. B. entstehen wahre Glücksgefühle. Es ist wissenschaftlich bewiesen, dass unser Körper dabei Glückshormone produziert, Wohlgefühle erzeugt, Angstzustände beseitigt und sogar das Selbstvertrauen stärkt. Alle Sinne werden aktiviert, der Geschmack, der Geruch, das Gehör, ja selbst das Auge hilft mit. Aber, und das ist entscheidend, nur dann, wenn wir es auch wirklich gerne tun, also das essen, was uns schmeckt, ohne ein schlechtes Gewissen zu haben. Mit einer negativen Einstellung zum Essen können wir erheblichen Schaden anrichten.

Auch hier bestätigt sich wieder einmal eine alte philosophische Weisheit: »Es braucht zu allem ein Entschließen, sogar zum Genießen.« Franzosen, Italiener und Spanier z. B. können das ganz gut. Sie denken bei den Wörtern *manger, mangare* oder *comer* (essen) an etwas Schönes, Geselliges, das ihr Leben bereichert. In anderen Ländern verbinden viele Menschen damit leider sehr oft negative Vorstellungen oder lästige Zeitverschwendung und bekommen bei einem ausgiebigen und geselligen Essen Schuldgefühle. Und raten Sie noch einmal, wer glücklicher, älter und gesünder wird. Ja, richtig, die Südländer, die sich gute Gefühle schenken, weil sie eine Genusskultur entwickelt haben. So liegt die »gesunde Lebenserwartung« (die Anzahl von Jahren ohne dauerhaft gesundheitliche Beeinträchtigungen) in Spanien deutlich über dem EU-Durchschnitt. Eine ganz ähnliche Lebenseinstellung zum Thema Genuss findet man auch in den sogenannten Langlebigkeitszonen dieser Welt. Schade, dass diese Genusskultur durch die wachsende Globalisierung zunehmend verschwindet!

Suchen Sie also bewusst nach Genuss für Ihre Sinne. Immer mal wieder etwas Neues ausprobieren, riechen, fühlen, schmecken, sehen. Wenn Sie möchten, können Sie zusätzlich ein Glückstagebuch führen, in dem Sie nur die schönen Ereignisse und Genüsse Ihres Lebens eintragen. Damit lenken Sie Ihre Gedanken auf Glücksmomente, und nicht nur das Schreiben, sondern auch das Lesen wird Sie immer wieder glücklich stimmen.

Zwischendurch einmal lächeln

Ein altdeutsches Sprichwort besagt: »Kein Medikament kann ein Lächeln ersetzen.« Ein einfaches Lächeln wirkt wahre Wunder und das nicht nur in unserem Körper, sondern auch bei unseren Mitmenschen. In der indischen Lebensphilosophie findet man den Satz: »Das Lächeln, das du aussendest, kehrt zu dir als Glück zurück.« Es überrascht daher nicht, dass selbst in unserer virtuellen Welt der kleine, gelbe Smiley eines der am meisten an Freunde und Bekannte versendeten Symbole ist. Damit schenken wir anderen und uns selbst ein Lächeln. Lächeln wirkt also in doppelter Hinsicht positiv: Man gewinnt Freunde und tut sich selbst etwas Gutes.

Wann haben Sie das letzte Mal gelacht? Hoffentlich ist es nicht allzu lange her, denn Lachen macht rundum glücklich. Dabei spielt es nicht einmal eine Rolle, ob Ihnen gerade zum Lachen zumute ist oder nicht. Selbst ein erzwungenes Lächeln wirkt wahre Wunder. Wenn der Mund lächelt, dann lächelt das Herz. Wenn wir lächeln, schaltet unser Körper in den Entspannungszustand – eine wichtige Voraussetzung für den Stressabbau und das Empfinden von Glück. Die Körperfunktionen werden von Alarm oder von negativ in den »Es-geht-mir-gut-Modus« versetzt. Die positive Energie kehrt zurück.

Versuchen Sie einmal, an etwas zu denken, was Sie gerade stört, und lächeln Sie dabei. Spätestens jetzt werden Sie erkennen, welchen unglaublichen Effekt ein Lächeln erzielen kann. Lächeln Sie, wenn Sie in einen Spiegel schauen oder Ihren Mitmenschen begegnen, beim Einkaufen, im Büro, im Restaurant, zu Hause, egal, wo. Eine Gelegenheit bietet sich immer. Sie werden überrascht sein, wie gut das tut, und die Reaktionen der anderen werden Sie positiv beeindrucken.

Mit sich selbst in Einklang leben

Sind Sie mit sich selbst so, wie Sie gerade sind, richtig zufrieden? Spüren Sie Freude und Sinn in dem, was Sie gerade tun? Vergeht die Zeit wie im Flug, oder müssen Sie ständig auf die Uhr schauen, bis die lästigen Tätigkeiten oder langweilige Momente endlich vorbei sind? Freuen Sie sich auf den nächsten Tag, oder hängen

Sie in der Routine fest? Wären Sie gerne anders? Wie lange halten Sie durch, ohne sich über irgendetwas zu beschweren?

Denken Sie einmal ganz entspannt über diese Fragen nach. Lassen Sie die letzten Tage in aller Ruhe Revue passieren. Was haben Sie getan, das Sie wirklich glücklich gemacht hat? Oder andersherum gefragt: Was haben Sie getan, weil es von Ihnen erwartet wird, oder welche Aktivitäten haben Sie regelrecht erzwungen, obwohl Sie wieder einmal gar keine Lust dazu hatten? Je mehr Ihnen zu dieser letzten Frage einfällt, desto weniger leben Sie im Einklang mit sich selbst. Viel zu oft sind wir nicht mehr authentisch und führen ein Leben, das nicht wirklich zu uns passt – das Gegenteil von Glück und Zufriedenheit. Schade eigentlich, denn der größte Irrtum im Leben ist, nicht glücklich zu sein.

Erstaunlicherweise empfindet man das in unserer Gesellschaft als ganz normal, denn psychologische Untersuchungen zeigen, dass sich 80 Prozent der Menschen von äußeren Einflüssen leiten lassen und sich mit ihrer Situation abfinden. Oft tun wir das, weil wir überzeugt sind, alles andere gehe sowieso nicht oder es wäre egoistisch, wenn wir uns nicht anpassen. An dieser Stelle darf widersprochen werden. Erst einmal geht viel mehr, als wir glauben, und zweitens ist nicht die Selbstverwirklichung, sondern die Anpassung der pure Egoismus. Denn im Grunde passen wir uns nicht den anderen zuliebe an, sondern nur für uns: für Anerkennung, Ansehen und Wertschätzung. Facebook hat sich dieses Verhalten mit einem genialen psychologischen Trick zunutze gemacht. Wenn Sie dort etwas veröffentlichen, was andere gut finden, dann können diese virtuellen Freunde den »Gefällt mir«-Button drücken. Sozusagen ein Lob per Computer, und alle virtuellen Freunde sehen auch noch, wie oft Sie gelobt wurden, weil das System alle »Gefällt mir«-Eingaben aufaddiert. Damit begeben wir uns in einen immer stärkeren Wettbewerb und spielen die perfekte Rolle. Wir verhalten uns so, wie die anderen uns sehen sollen.

Um wirklich glücklich zu sein, sollten wir aber spätestens an dieser Stelle umdenken, denn dieses kurze Glück kann uns in eine gefährliche Krise führen, und wir sind nicht mehr wir selbst. Nur die Menschen, die das tun, was Sie für richtig halten, sind erfahrungsgemäß beruflich erfolgreicher, zufriedener und gesünder.

Wenn Sie sich jetzt dazu entscheiden, wieder mehr »Sie selbst« zu sein, dann gewinnen Sie einen weiteren Pluspunkt in Sachen Glück.

Neue Sehnsüchte entdecken

Wenn man wirklich glückliche Menschen sucht, dann findet man solche, die gerade dabei sind, etwas Schönes zu planen, ein Haus zu bauen, ein Buch zu schreiben, ein Kind zu bekommen, eine Pflanze zu züchten oder ein Hobby zu haben, das sie begeistert. Projekte und neue Ziele machen glücklich, und die Sehnsucht danach ist der erste Schritt. Dieses heimliche Verlangen nach dem eigenen Glück weckt die Lust auf mehr. Sehnsucht zieht wie ein Magnet und treibt uns an.

»Sehnsucht ist wie der Wind, der unser Segelboot nach vorn bringt«, sagten schon die alten Phönizier. Und das Geheimnis der Sehnsucht ist die Vorfreude. Wer Sehnsüchte hat im Leben, bleibt aktiv, und allein die Vorfreude, eine Sehnsucht könnte in Erfüllung gehen, macht glücklich. Der Volksmund sagt: »Vorfreude ist die schönste Freude«, und das stimmt, denn in Erwartung von etwas Schönem produziert unser Gehirn große Mengen an Dopamin, einer Art Glückshormon. Vorfreude löst im Körper die gleichen positiven Reaktionen aus wie die direkte Freude des Erlebens eines schönen Moments.

Worauf freuen Sie sich gerade? Wonach haben Sie Sehnsucht? Was wünschen Sie sich von ganzem Herzen? Wenn Sie sich diese Fragen beantworten, achten Sie bitte darauf, dass Sie damit keine Schein-Sehnsüchte meinen. Denn es gibt Sehnsüchte, die Sie nur noch unzufriedener machen, die Ihnen die innere Ruhe rauben und viel Energie verbrauchen, z. B. die Konzentration auf Äußerlichkeiten, auf Reichtum, auf den Wettbewerb mit anderen.

Echte Sehnsüchte erkennen Sie daran, dass Sie sich den Wunschzustand gut vorstellen können, ein konkretes Bild vor Augen haben und Sie allein der Gedanke daran fröhlich stimmt. Echte Vorfreude also, die motiviert und einen wahren Energieschub auslöst. Eine neue Dynamik macht sich breit, Sie spüren das Glück förmlich. Ihr Körper erkennt das sofort und wird Sie dabei nach Kräften unterstützen, um dieses schöne Ziel zu erreichen.

Unsere Sehnsüchte sind unsere Möglichkeiten und das Geheimnis des Erfolgs. Ganz egal, ob Sie eine Krankheit besiegen wollen, einen Urlaub planen oder eine neue Herausforderung annehmen, Ihr Körper wird alles tun, um Sie dabei zu unterstützen. Er wird Hindernisse beseitigen und Energiereserven bereitstellen. Schaffen Sie Sehnsucht und werden Sie aktiv: Das ist der sichere Weg zu Glück und Gesundheit.

Das Leben vereinfachen

Spüren Sie manchmal, wie kompliziert Ihr Leben ist? Obwohl wir im Vergleich zur Generation unserer Eltern im Durchschnitt weniger arbeiten, platzen bei vielen von uns der Terminkalender und das Leben aus allen Nähten. Alles wird immer komplizierter. Es gibt zu viele Dinge, die uns Zeit, Energie und Spaß rauben. Das beginnt oft schon mit ganz banalen Sachen wie überfüllten Schränken, in denen wir Schwierigkeiten haben, das zu finden, was wir suchen, einem vollen Schreibtisch, an dem es kaum Platz zum Arbeiten gibt, zu viele Versicherungen, komplizierte Geldangelegenheiten, Verpflichtungen mit Bekannten, Termine und vieles mehr.

Können Sie sich vorstellen, wie schön es wäre, den Blick in einen aufgeräumten und übersichtlichen Schrank zu werfen, morgens einen leeren Schreibtisch vorzufinden, alles Komplizierte zu vereinfachen und Verpflichtungen bzw. Termine auf ein angenehmes Maß zu begrenzen? Kurzum, einmal so richtig aufzuräumen und Ballast abzuwerfen. Und dann tief durchatmen, um sich entspannt und frei zu fühlen. Unser Leben zu vereinfachen ist ein sicherer Weg zum Glück. Wenn man will, ist dies eine der leichtesten Übungen.

Probieren Sie es doch einmal aus. Beginnen Sie mit einem Rundgang durch Ihre Wohnung oder Ihr Haus und vergessen Sie den Keller nicht, falls Sie einen haben. Schauen Sie sich jedes Zimmer, jedes Regal, jeden Schrank einmal in Ruhe an und dann fragen Sie sich bei allem, was Sie sehen: Brauche ich das wirklich? Damit finden Sie schnell heraus, was Ihnen tatsächlich wichtig ist und was nicht. Also Augen auf und durch.

Zur Unterstützung hilft hier die Zwölf-Monats-Regel: Alles, was in den letzten zwölf Monaten nicht benutzt wurde und keinen speziellen persönlichen Wert hat, wird entsorgt. Dabei ist es egal, ob man zuerst den Keller, das Badezimmer, die Abstellkammer, den Kleiderschrank oder die uralte Briefmarkensammlung angeht.

Denken Sie aber daran, dass Sie nicht unbedingt alles in die Mülltonne werfen müssen. Vielleicht können arme oder bedürftige Menschen das eine oder andere davon gebrauchen. Sie werden feststellen, wie gut es tut, sein Leben zu erleichtern, denn wir alle haben zu viele unnütze Dinge, die uns genau genommen nur im Weg stehen.

Jeder Europäer besitzt Schätzungen zufolge bis zu fünftausend Gegenstände. Die meisten davon werden nicht gebraucht. Sie kosten nur Zeit und Nerven. Erstens sorgen sie dafür, dass wir zu wenig Platz haben und zweitens kämpft jeder Gegenstand regelrecht um unsere Aufmerksamkeit: Ein Kleidungsstück will getragen werden, eine Zeitschrift will durchgeblättert sein, ein Spiel gespielt, ein Buch will gelesen, eine Maschine genutzt und eine

Figur will entstaubt werden. Viele Dinge, die wir schon seit Jahren aufbewahren, sind mit der Zeit unwichtig für uns geworden und trotzdem bleiben sie da. Eigentlich unlogisch, denn unsere Fingernägel schneiden wir ja auch, wenn diese zu lang werden, oder wir gehen zum Friseur, wenn uns die Haarpracht zu lästig wird.

Ab und an wird es einfach Zeit, auszumisten und sich von unnötigem Ballast zu befreien. Wenn Sie herausgefunden haben, was Sie wirklich brauchen, dann fällt es Ihnen leicht, sich von Überflüssigem zu trennen. Und wenn Sie erste Entrümpelungen in Ihrer Wohnung durchgeführt haben, dann können Sie auch Stück für Stück alle anderen Lebensbereiche durchgehen, weil Sie ja schon aus Erfahrung wissen, wie gut das tut. Das ist dann wie eine Art Vorfreude. Sie werden es nicht bereuen, denn in vielen Fällen ist weniger mehr.

Wenn Sie jetzt noch skeptisch sind – und das ist ganz normal –, dann helfen Ihnen vielleicht noch ein paar kleine Erkenntnisse. So weiß man z. B. aus Glücksstudien, dass Luxusgüter nur für ganz kurze Zeit ein Hochgefühl auslösen. Ein neues Auto, ein teures Parfüm, Designprodukte – schnell gewöhnen wir uns daran und brauchen fast wie ein Drogensüchtiger ständig neue Anreize. Schließlich verhindert dieses rastlose Streben nach immer mehr Glück, dass wir es erleben. Für die Zukunft empfiehlt es sich also, immer nur das zu kaufen oder zu besitzen, was wir wirklich brauchen. Selbst Lottomillionäre sind laut aktuellen Studien nur ein halbes Jahr lang glücklicher als vor ihrem Gewinn. Danach sinkt der Glückspegel unter das Ausgangsniveau. Und würde viel Besitz glücklich machen, dann dürften reiche und berühmte Menschen nicht unter Depressionen leiden. Statt immer mehr anzuhäufen, sollten wir lieber lernen, loszulassen und zu entrümpeln. Dann verwandeln wir uns von der schwerfälligen Raupe zum leichten Schmetterling und fliegen dorthin, wo die Sonne für uns scheint. Pures Glück.

Herausforderungen annehmen

Nichtstun macht nur Spaß, wenn man eigentlich viel zu tun hat. Faulenzen allein macht uns nicht glücklich! Auch Goethe war davon überzeugt: »Ein guter Abend kommt heran, wenn ich den ganzen Tag getan.« Er hat sich nicht geirrt, denn nur Abwechslung und neue Herausforderungen verschaffen uns Glücksgefühle.

Monotonie und ein Leben ohne Ziele lähmen und machen uns krank. Wussten Sie, dass Langeweile und Ziellosigkeit bei vielen Menschen zu depressiven Verstimmungen, Unruhe, Ohrgeräuschen, Selbstwertproblemen, Schlaflosigkeit und Essstörungen führen? Man spricht hier auch vom »Bore-out-Syndrom«, und es tritt inzwischen öfter auf als das allseits bekannte stress- und überlastungsbedingte Burn-out.

Diese zermürbende Unzufriedenheit macht sich in allen Phasen des Lebens breit, ganz extrem aber in besonders langweiligen Berufen und der sogenannten Midlife-Crisis, weil man sich da vermehrt Sinnfragen stellt. Zu Beginn des Rentenalters kommt dann nochmals eine kritische Phase. Aktives Tun und das Aufblühen in dem, was man macht, sind wichtige Voraussetzungen für das Erleben von glücklichen Momenten in jedem Alter.

Bequemlichkeit hingegen bezahlen wir mit schlechten Gefühlen. Dabei ist nicht die Art der Tätigkeit entscheidend. Wichtig ist, dass wir eine Beschäftigung finden, die uns geistig oder körperlich fordert, aber nicht überfordert. Das heißt, wir sollten uns der neuen Anforderung auf jeden Fall gewachsen fühlen. Die Schwierigkeit der Aufgabe und unsere Lösungskompetenz müssen unbedingt im Gleichgewicht stehen. Entscheidend ist auch, dass wir uns auf ein begrenztes Handlungsfeld konzentrieren. Nicht zu viel auf einmal, sonst verlieren wir schnell die Lust und den Überblick. Denn Hand aufs Herz: Viel zu oft haben wir uns schon enthusiastische Ziele gesetzt, um sie dann in wenigen Wochen wieder zu verwerfen.

Und wir sollten unbedingt das gute Gefühl haben, dass wir das Ganze aus eigenen Stücken tun, unser Leben sozusagen selbst in die Hand nehmen, denn wer aus Überzeugung will, der muss nicht. Dann sind wir im wahrsten Sinne des Wortes motiviert, strotzen nur so vor Kraft und können »Bäume ausreißen«. Wir gehen voll auf in unserer Tätigkeit. Unsere Handlung und unser Bewusstsein verschmelzen miteinander, weil wir überzeugt und begeistert sind von dem, was wir tun. Sogar das Zeitgefühl verändert sich, wir leben ganz im Hier und Jetzt. Das Klingeln des Weckers am Morgen ist wie ein angenehmer Startschuss in einen spannenden Tag, und am Abend schlafen wir zufrieden ein. Die Armbanduhr erinnert uns nur noch daran, wie schnell die Zeit vergeht und dass wir vielleicht einmal ein Päuschen einlegen sollten. Die Tätigkeit belohnt sich selbst, und es bedarf nicht einmal der Anerkennung von außen. Körper und Geist werden zu einem starken Team, erfüllt von Glück. In der Wissenschaft nennt man diese Gefühle *Flow,* und das ist etwas Großartiges. Man geht in einer Tätigkeit auf und vergisst dabei viele Probleme. Man denkt, schafft Neues, entwickelt, produziert, liest, schreibt, arbeitet, macht Sport, kocht, genießt – und merkt kaum, wie die Stunden vergehen.

Was spricht jetzt noch dagegen, das eigene Leben in einen einzigen *Flow* zu verwandeln? Warum also nicht gleich damit beginnen, neue Herausforderungen anzunehmen? Drei kleine Schritte bringen uns auf den richtigen Weg:

→ Erst einmal überlegen, was wir wirklich gerne tun würden (im Beruf, in der Freizeit oder für unsere Gesundheit).
→ Eine Auswahl treffen für das, was uns am besten gefällt und im Rahmen unserer Möglichkeiten liegt.
→ Realistische Ziele setzen. Lieber ein greifbares Ziel als ein zu hohes Niveau.

Und dann: Immer in Bewegung bleiben, aber nicht rasen. Mit solch einer Entscheidung setzen wir einen Prozess in Gang, bei dem wir massive Unterstützung vom Leben selbst bekommen. Wir werden Menschen treffen, Büchern, Filmen und Ereignissen begegnen, die uns ständig Impulse und Hinweise für weitere Schritte geben. Wir werden neue Sehnsüchte entdecken und *Flow* erleben und dann – wächst das Glück.

Kleine Routinen pflegen

Das Wort Routine klingt erst einmal nach Langeweile, und das stimmt sicherlich, wenn wir Tag für Tag das Gleiche tun. Aber es gibt auch Routinen, die Glücksgefühle hervorrufen. Ich nenne Sie »Aktiv-Routinen«. Das sind meist kleine Routinen, die man lieb gewinnt, weil sie echten Nutzen stiften. Wenn wir z. B. jeden Abend 10 Minuten die Küche aufräumen und das benutzte Geschirr gleich in die Spülmaschine stellen, dann freuen wir uns am nächsten Morgen beim Anblick einer sauberen Küche. Ebenso ist es mit einem leeren Schreibtisch oder einem frisch gemachten Bett. Es fühlt sich doch einfach besser an, abends in ein hübsches Bett zu steigen, als zerwühlte Kissen und Decken vorzufinden. Schön ist es auch, wenn man nicht jeden Morgen mit einem überfüllten Schreibtisch kämpfen muss. Dies sind nur drei Beispiele für kleine Routinen, die dafür sorgen können, dass Ihre Lebensqualität und Ihr Glücksempfinden steigen.

Vielleicht ist es auch der wöchentliche Stammtisch mit Freunden, auf den Sie sich freuen, oder die köstliche Tasse Kaffee zwischendurch, der Genuss einer warmen Brezel oder einer kleinen Süßigkeit und das Lesen der Zeitung, was Sie täglich ein bisschen glücklich macht.

Gute Vorsätze können ebenfalls zur Routine werden. Wenn Sie spüren, dass Ihnen eine neue Aktivität guttut, spricht nichts dagegen, diese in eine Routine zu verwandeln. 20 Minuten Gymnastik pro Tag, zweimal in der Woche einen Freund anrufen, täglich zwei unerledigte Dinge angehen oder jede Woche ein Teil aussortieren, das Sie nicht mehr brauchen, bis nichts mehr stört. Es gibt so viele Möglichkeiten. Wichtig ist wie immer, dass Sie auch hier nicht übereifrig werden. Zu viel ist nicht gut und Zwang führt meist zum Scheitern.

Fangen Sie am besten langsam an. Finden Sie heraus, welche Routinen Ihr Leben erleichtern, denn nur diese werden Sie nicht als Belastung, sondern als Glück empfinden. Und falls es einmal nicht gelingt, gute Vorsätze in Routinen umzusetzen, dann nehmen Sie sich einfach weniger vor. Bloß kein Stress, denn auch Routinen müssen von Herzen kommen, um uns glücklich zu machen. Und sollten Sie einer von diesen Menschen sein, die schon beim Lesen des Wortes »Routine« Gänsehaut bekommen, dann bleiben Sie sich treu, zwingen Sie sich zu nichts und genießen Sie Ihre persönliche Flexibilität.

4. Glück kann man essen

Das Essen ist auf wunderbare Weise für den Menschen geeignet, um gesund und glücklich zu werden.

Selbstverständlich können wir in unserem Leben nicht pausenlos glücklich sein. Es wird immer wieder Tage geben, an denen wir uns deprimiert fühlen und uns am liebsten verkriechen würden. Da helfen nicht einmal die besten Lebensweisheiten für das Glück. Aber das muss kein Dauerzustand sein. Jeder von uns hat das an sich selbst auch schon beobachtet: Man fühlt sich müde, ist überarbeitet oder einfach nicht gut drauf. Oft ist das wechselhafte Wetter schuld, die Hormone spielen verrückt oder ein blöder Kommentar eines Mitmenschen, vielleicht auch eine Krankheit, ein schreckliches Ereignis, der alltägliche Stress oder das bedrückende Gefühl, dass sich wieder nichts geändert hat. Manchmal grübeln wir auch zu viel über die Vergangenheit nach oder haben übertriebene Erwartungen an die Zukunft. Und die schlechte Laune vermiest uns den Tag. Dann greifen wir instinktiv zu einem Stückchen Schokolade, trinken einen heißen Kakao oder ein Gläschen Rotwein, und die Welt sieht schon wieder ganz anders aus. Wir lassen uns ein angenehmes Gefühl förmlich auf der Zunge zergehen, und wie durch Zauberhand fühlen wir uns besser.

Das ist der Beweis für eine wissenschaftliche Entdeckung, die erstmals vor einigen Jahren gemacht wurde und seither in unzähligen Studien immer wieder bestätigt werden konnte: Zwischen Nahrung und Seele besteht ein enger Zusammenhang. Und daher können ganz bestimmte Nahrungsmittel glücklich machen. Viele neue Untersuchungen von renommierten Wissenschaftlern kommen zu dem Ergebnis, dass unser Gefühlszustand nicht nur im Gehirn, sondern auch im Verdauungstrakt entsteht. Schon seit geraumer Zeit hat man an angesehenen Universitäten immer wieder festgestellt, dass eine bestimmte Ernährung die Stimmung positiv beeinflussen kann. Lebensglück und Wohlbefinden hängen also eng mit dem Thema Nahrung zusammen.

Amerikanische Zellbiologen sprechen sogar von der Entdeckung des zweiten Gehirns im Bauch. Sie fanden heraus, dass die Nervensysteme, die das Gehirn und den Bereich Magen/Darm steuern, erstaunlich ähnlich sind. Über den Vagusnerv, der vom Gehirn bis in unseren Verdauungstrakt verläuft, wird intensiv kommuniziert. Es besteht ein ständiger Datenaustausch zwischen Kopf und Darm. Der Darm beeinflusst also unsere Stimmung. Das fast Unglaubliche dabei ist: Über 80 Prozent aller Signale und Botschaften gehen vom Darm aus und landen im Gehirn.

Sicher hätten wir alle vermutet, dass eher das Gegenteil der Fall ist. In Wirklichkeit beeinflusst aber der Darm unsere Gefühle, das Wohlbefinden und das Lebensglück viel stärker, als wir uns das bisher haben träumen lassen. Daraus ergibt sich natürlich eine faszinierende Doppeltherapie: Ergänzend zu den Lebensweisheiten, helfen auch Wunderelixiere aus dem Bereich der Nahrung auf dem Weg zum Glück.

Das Wunder des Glücks entsteht oft nur aus dem Entschluss, glücklich zu sein.

Lebensweisheiten zum Glück:

Glück beginnt, indem wir zum Beobachter dessen werden, was in unserem Leben geschieht. Das geht am besten, wenn wir ein paar kleine Fragen beantworten:

Pflegen wir gute Beziehungen zu Menschen, die uns wichtig sind? Tun wir unserem Körper öfter mal was Gutes? Schenken wir uns und anderen angenehme Gefühle? Lächeln wir oft und gerne? Leben wir im Einklang mit uns selbst, mit unseren Zielen und Wünschen? Können wir schöne Momente und die kleinen Freuden genießen? Schaffen wir es, uns einmal vierundzwanzig Stunden am Stück über nichts zu beschweren? Haben wir Sehnsucht nach etwas, das wir uns von ganzem Herzen wünschen? Befreien wir uns von überflüssigem Ballast? Gibt es etwas, auf das wir uns im Moment so richtig freuen? Welche neuen Herausforderungen bringen gerade Abwechslung und Spaß? Welche kleinen Routinen machen den Alltag schöner?

Wer sich für diese Fragen ab und zu etwas Zeit nimmt, bringt Klarheit in sein Leben und erkennt den Handlungsbedarf. Damit helfen wir dem Glück auf die Sprünge. Das ist wie eine Inspektion in eigener Sache. Wenn wir uns nicht beobachten, dann lassen wir uns treiben wie ein Stück Holz im großen Fluss und der Zufall oder die anderen bestimmen unser Leben. Je öfter wir uns aber die Zeit für eine Glücksinventur nehmen, desto mehr lenken wir unsere Aufmerksamkeit auf ein erfülltes Leben, aktivieren unser Gehirn und damit auch unseren Körper. Mit einer schönen Idee vor Augen kann uns nichts mehr aufhalten. Ein neuer Weg beginnt. Plötzlich sehen wir die Welt in anderen, leuchtenden Farben, denn in jedem von uns steckt ein unglaubliches Glückspotenzial.

 Gut zu wissen:

- → Der Weg zum Glück ist weder steil noch schwierig.
- → Folge deinen Zielen, deinen Sehnsüchten und deinem gesunden Menschenverstand. Gehe deinen eigenen Weg.
- → Vergleiche dich nicht mit anderen.
- → Habe jeden Tag ein kleines Ziel.
- → Erinnere dich öfter an glückliche Momente.
- → Wer in seinen Gedanken glücklich ist, wird es auch im echten Leben.
- → Übertreibe nichts, quäle dich nicht und belächle alle Extreme mit Humor.
- → Nimm dir Zeit für Gespräche, pflege gute Beziehungen.
- → Genieße, wenn sich eine Gelegenheit dazu bietet.
- → Pflege deinen Körper wie ein wertvolles Gut.
- → Überlege, was du wirklich brauchst zum Glück.
- → Habe stets etwas vor dir, auf das du dich freuen kannst.
- → Schaffe kleine Glücksroutinen.
- → Ersetze jeden Tag einen negativen Gedanken durch einen positiven.

Nahrungsmittel sind wunderbare Glücksbringer.

Wunderelixiere für das Glück:

Unser Körper ist ein wahres Wunderwerk. Er hat die Fähigkeit, uns glücklich zu stimmen: über den Verstand und über den Magen. Ganz allein schafft er das allerdings nicht, aber welche Motoren laufen schon richtig rund ohne das richtige »Treibstoffgemisch«? Also geben wir ihm, was er braucht. Für unsere Glücksgefühle spielen vor allem drei Hormone eine wichtige Rolle: das Serotonin, das Dopamin und das Wohlfühlhormon Oxytocin. Alle drei machen uns glücklich, indem sie Ausgeglichenheit, Zufriedenheit und gute Laune schaffen. Und dann gibt es da noch ein paar körpereigene Endorphine und Pheromone, die zu mehr Leistungskraft, aber auch zur Entspannung beitragen.

Schon über eine veränderte Lebenseinstellung können wir die Produktion dieser Glückshormone positiv beeinflussen. Beim Lachen produziert unser Körper Serotonin, und beim Küssen werden Dopamin, Oxytocin und Endorphine ausgeschüttet. Die gegenseitige Übertragung von Pheromonen bei einem Kuss kann sogar den Spiegel des Stresshormons Cortisol im Blut senken. Tiefer Schlaf, am besten zwischen 23 und 3 Uhr nachts, lässt unseren Organismus auch ganz ordentlich Dopamin produzieren. Nicht allzu spät ins Bett zu gehen macht also ebenfalls glücklich.

Für die Produktion von Serotonin, dem wichtigsten Glückshormon, benötigt unser Körper einen weiteren Stoff, das Tryptophan. Serotonin kann also nicht direkt mit der Nahrung aufgenommen werden, sondern unser Gehirn muss dies selbst bilden. Auch wenn es z. B. in Bananen und anderen Lebensmitteln steckt, gelangt es nicht direkt durch die Blut-Hirn-Schranke. Es ist also ein Irrglaube, dass Bananen – abgesehen vom Genuss – direkt glücklich machen. Wirklich entscheidend für unser Glück sind deshalb Nahrungsmittel, die reich an der Aminosäure Tryptophan sind. Aus dieser Aminosäure, in Verbindung mit einer ausreichenden Menge an Kohlenhydraten, kann unser Körper dann das Glückshormon Serotonin herstellen.

An dieser Stelle zeigt sich eine wichtige Erkenntnis: Der Verzicht auf Kohlenhydrate steht unserem Glück im Weg. Ungefähr 250 mg Tryptophan reichen aus, so viel Serotonin zu produzieren, dass wir uns richtig gut fühlen. Tryptophan kommt in großen Mengen in Fleisch und Milchprodukten vor. Da diese aber kaum Kohlenhydrate enthalten, sind ideale Serotonin-Bildner und deshalb wahre Wunderelixiere eher Lebensmittel, die neben einem hohen Tryptophangehalt weniger Eiweiß, aber ausreichend Kohlenhydrate haben. Dies sind vor allem getrocknete Datteln und Feigen, Cashewkerne, Walnüsse und Sojabohnen. Außerdem enthalten sie auch noch viel Magnesium, das uns resistenter macht gegen Stress.

Übrigens brauchen Sie in Sachen Figur keine übertriebene Angst davor zu haben, Nüsse zu essen. In punkto »dick machen« sind Nüsse viel besser als ihr Ruf. Allein 20 Prozent ihres Fettgehalts (bzw. der Kalorien) werden in unserer Verdauung gar nicht erst resorbiert. Darüber hinaus enthalten getrocknete Datteln, Feigen, Nüsse und geröstete Sojabohnen große Mengen an Ballaststoffen, die uns zwar satt machen, aber ebenfalls nicht dick. Im Gegenteil: Ihr Transport durch den Darm verbraucht erhebliche Energie und damit Kalorien. Und noch ein positiver Effekt in punkto Gewicht: Nüsse unterstützen auch den Level an fettverbrennenden Hormonen im Körper. Wenn wir jetzt noch berücksichtigen, dass Nüsse sogar den Spiegel des schlechten LDL-Cholesterins senken, durch ihren Vitamin-E-Gehalt die Zellerneuerung fördern und sogar entzündliche Prozesse hemmen, dann haben wir eine wahre Wunderwaffe für das Glück.

Das nächste Wunderelixier für Glück und gute Laune heißt

dunkle Schokolade. Sie führt zu einer schnellen Steigerung des Serotoninspiegels im Gehirn. Der darin vorhandene Kakao enthält Phenylethylamin. Und das bringt im Gehirn auf ganz direktem Weg die Produktion von Glückshormonen in Schwung. Wenn man dunkle Schokolade in kleinen Mengen genießt, besteht auch hier keine große Gefahr einer plötzlichen Gewichtszunahme. Ganz im Gegenteil: Es gibt vielversprechende Hinweise, dass der Verzehr von dunkler Schokolade sowohl die Bildung von Fett im Körper als auch die Aufnahme von Fetten und Kohlenhydraten aus dem Darm vermindern könnte. Darüber hinaus führt dunkle Schokolade scheinbar dazu, dass man sich eher satt fühlt. Sobald diese Erkenntnisse durch aktuell laufende Studien bestätigt werden, ist es gut möglich, dass der Genuss kleinerer Mengen dunkler Schokolade zur Reduzierung von Übergewicht empfohlen wird.

Auch Omega-3-Fettsäuren fördern die Produktion der Glücksbotenstoffe im Gehirn und wirken sogar als Antidepressiva. Wunderelixiere mit einem hohen Gehalt an Omega-3-Fettsäuren sind neben fetthaltigem Seefisch wie Lachs, Hering, Sardinen, Makrele vor allem Leinsamen, Rapsöl und wieder einmal Walnüsse.

Interessant ist auch, dass Scharfes sehr rasch für gute Stimmung sorgt. Hier wirkt wieder ein anderer Mechanismus. Der Hauptwirkstoff Capsaicin in Gewürzen wie scharfer Paprika, Chili oder Curry löst beim Essen ein brennendes Gefühl auf der Zunge aus. Das Gehirn will den Schmerz unterdrücken und produziert Schmerzkiller, die Endorphine. Sie fördern das Glücksgefühl und bringen den Menschen in eine leichte Euphorie. Wer es gar nicht scharf mag oder es nicht verträgt, hat Alternativen. Eine ähnlich positive Wirkung auf unser körperliches Wohlbefinden haben auch Ingwer, Zimt und Kurkuma.

Wenn Sie also das Gefühl haben, Sie müssten Ihrem Lebensglück und der guten Laune etwas auf die Sprünge helfen, dann haben Sie dafür schon die passenden Wunderelixiere.

Und sogar unser inneres Belohnungssystem reagiert mit der Ausschüttung von Glückshormonen. Es springt immer dann an, wenn wir Dinge essen, die wir mögen. Wer also genießen kann, wird glücklich. Was gibt es Schöneres, als sich hin und wieder daran zu erinnern, dass man sich auch glücklich essen kann? Schließlich werden über 90 Prozent des Glückshormons Serotonin durch unsere Ernährung gebildet.

Damit Ihnen eine Portion Glück immer zur Verfügung steht, füllen Sie am besten Ihr Wunderelixier-Schränkchen mit den nun folgenden Lebensmitteln. Je nach Lust und Laune haben Sie dann eine schöne Auswahl und ausreichend Abwechslung. Denken Sie dabei bitte daran, dass Sie nur die Produkte wählen, die Ihnen auch wirklich sympathisch sind und Ihrer Gesundheit nicht schaden. Wir wollen uns ja nicht quälen oder gefährden und schließlich ist jeder Körper anders. Da es zu vielen Wunderelixieren immer auch Alternativen gibt, ist es wichtig, bei der Auswahl persönliche Vorlieben, Einschränkungen wie z. B. Verträglichkeit, Allergien und medizinische Vorgaben zu berücksichtigen.

 Zum Ausprobieren:

→ **Köstlich süße Glücksbringer:** getrocknete Datteln und Feigen gemischt (zwei bis vier Stück am Tag).
→ **Kernige Glücksmischung:** eine Nussmischung aus Cashewkernen, Walnüssen und gerösteten Sojabohnen (ca. 40 Gramm täglich).
→ **Hochgenuss für Glücksmomente:** dunkle Schokolade mit mindestens 70 Prozent Kakaogehalt (zwei bis drei Stückchen zum Kaffee oder am Abend, passt auch gut zu einem Glas Rotwein).

- → **Aromatische Glücksessenzen:** Leinöl, Leinsamen und Rapsöl (zwei bis drei Teelöffel im Salat, im Joghurt oder im Müsli) mit viel glücksförderndem Omega-3.
- → **Glück aus dem Meer:** Fische mit hohem Omega-3-Gehalt sind Lachs, Hering, Sardine, Makrele – immer gut für ein Lächeln.
- → **Scharfes Glück:** scharfes Paprika-, Chili- und Currypulver (öfter mal scharf essen, wenn Sie es vertragen).
- → **Exotischer Glücksgeschmack:** Kurkuma- und Ingwerpulver mischen (ideal zu Fleisch, Fisch, Sojaprodukten und Grillgemüse).
- → **Selbstgemachter Glücksgenuss:** heiße Glücksschokolade: 1 TL rohes Kakaopulver, 1/4 TL Zimt, 1,5 dl Mandelmilch, 1-2 TL Honig, 1/2 TL Rapsöl, 1/4 TL Ingwerpulver, eine kleine Prise Chili (nach Belieben), 1,5 dl heißes Wasser. Ca. 10 Sekunden mixen.

Kapitel II: Gesundheit

Unser Körper verfügt über außerordentliche Kräfte,
um auf wundersame Weise gesund zu werden.

1. Gesundheit ist das höchste Gut

Wie wichtig Gesundheit ist, bemerkt man oft leider erst, wenn man krank wird. In Frankreich pflegt man zu sagen: »Wer sich guter Gesundheit erfreut, ist reich, ohne es zu wissen.« 80 Prozent unseres Glücks hängen davon ab, ob wir gesund sind oder ob wir es schaffen, mit einer Krankheit richtig umzugehen. Krankheiten sind so vielfältig, aber alle, egal, ob eine kleine Verletzung, Verdauungsprobleme, schmerzende Gelenke oder eine schwerwiegende Erkrankung, können uns ganz schön quälen.

Leider ist es in diesem Buch nicht möglich, jede Art von Krankheit zu beschreiben. Das würde wahrscheinlich auch Ihre Geduld übersteigen. Deshalb haben wir uns auf eine Auswahl an gesundheitlichen Problemen konzentriert, die sehr häufig auftreten und mit denen wir fast alle irgendwann einmal konfrontiert werden könnten.

Wenn Sie bisher unter keiner dieser Erkrankungen leiden mussten, sind Sie wirklich ein echtes Glückskind. Aber auch dann lohnt es sich, weiterzulesen. Lebensweisheiten und Wunderelixiere helfen uns nicht nur bei der Heilung und Linderung, sondern eignen sich auch bestens für die Vorsorge für ein langes, gesundes Leben und für einen aktiven Körper und Geist.

Sie haben sich vielleicht beim Lesen des Inhaltsverzeichnisses gefragt, warum dieses Kapitel nicht alphabetisch aufgebaut ist. Dann müssten wir mit dem Thema »Allergien« starten, irgendwann wäre das »Idealgewicht« an der Reihe und enden würden wir mit »Verdauungsproblemen«. Dahinter steckt eine einfache Logik: Wir wollen zuerst die Themen beschreiben, die Grundlage für Gesundheit und Wohlbefinden sind. Deshalb haben wir auch das vorangegangene Kapitel I dem Glück gewidmet. Denn Glück ist die Gesundheit der Seele. Und ohne die Lebensweisheiten und Wunderelixiere, die uns glücklich machen, werden wir auch nicht gesund oder riskieren, irgendwann einmal krank zu werden. Es hat sich gezeigt, dass das Glück des Lebens nicht darin besteht, nur wenige oder gar keine Probleme zu haben, sondern sie alle auf die beste Art und Weise zu meistern. Glück, richtig verstanden, ist also die erste Voraussetzung für mehr Gesundheit und Wohlbefinden.

In diesem zweiten Kapitel geht es nun sehr konkret um Gesundheit. Am besten gesund bleiben, also vorsorgen, mit Krankheiten richtig umgehen oder wieder ganz gesund werden, das sind die Ziele. Dafür kann man jederzeit die Weichen stellen. Zu Beginn werden wir sehen, dass das richtige Körpergewicht und guter Schlaf zwei wichtige Säulen für unsere Gesundheit und unser Wohlbefinden sind. Deshalb sprechen wir diese beiden Themen zuerst an.

Danach widmen wir uns den lästigen Krankheiten und »Spaßverderbern«, die in irgendeiner Form über 90 Prozent von uns immer wieder quälen. Dazu zählen Kopf- und Rückenschmerzen, Verdauungsprobleme und Allergien. Oft nehmen wir diese Art von Krankheiten nicht allzu ernst, haben immer ein entsprechendes Medikament bereit und gewöhnen uns sogar daran. Das sollten wir nicht tun, denn erstens wird unser Leben so nicht angenehmer und zweitens kann das fatale Folgen haben. Immerhin gibt uns unser Körper sehr deutliche Signale, dass irgendetwas nicht stimmt. Und vieles davon lässt sich auf ganz natürliche Weise vermeiden.

Anschließend geht es um drei wahrhaft ernste Themen: Depressionen, Herz-Kreislauf-Erkrankungen und Krebs. Nur wenige Erkrankungen sind gänzlich aussichtslos, und viele könnten sogar komplett verhindert werden.

Weil für uns Vorbeugung, Linderung und Heilung gleich wichtig sind, sprechen wir deshalb auch bei jedem einzelnen Gesundheitsthema zunächst über die Ursachen. Dabei werden wir sehr viel Interessantes und Neues entdecken. In der chinesischen Medizin pflegt man zu sagen: »Nur wer einer Krankheit auf den Grund geht, entdeckt ihre wahre Ursache.« Diese Ursachenforschung, das »gewusst, warum« ist ganz wichtig für die Behandlung. Denn sowohl die kleinen Alltagsbeschwerden als auch schwerwiegende Krankheiten kommen selten aus heiterem Himmel. In vielen Fällen enthalten sie sogar eine versteckte Botschaft, die den Körper daran hindern soll, so weiterzumachen wie bisher. Schon Hippokrates wusste: »Krankheiten befallen uns nicht aus Zufall, sondern entwickeln sich aus täglichen Sünden wider die Natur.« Vor allem, wenn sich diese täglichen Sünden im Denken, im Handeln, im Lebensstil häufen, dann werden wir krank. Körperliche Beschwerden wie z. B. chronische Sportverletzungen, Rückenschmerzen, Schlafstörungen, Migräne, Herz-Kreislauf-Probleme entstehen oft nur zu dem Zweck, unser Fehlverhalten zu korrigieren. Der Körper zieht die Notbremse.

Schon der Volksmund sagt »Der Rücken trägt die ganze Last«, »Etwas schlägt uns auf den Magen«, »Es bricht uns das Herz« und »Stress geht an die Nieren«. Der Körper spricht mit uns und wenn es nicht mehr anders geht, auf ganz massive Weise: Wir werden krank. Wenn wir also auf unseren Körper hören und uns selbst beobachten, dann können wir viel für unsere Gesundheit tun. Wenn wir wirklich gesund werden wollen, dann dürfen wir nicht nur die Symptome behandeln, sondern müssen die Ursachen unserer Krankheiten erforschen.

Genau diesen Ursachen gehen wir auf den Grund. Dann leiten wir erst einmal Lebensweisheiten daraus ab, die uns sowohl auf dem Weg zur Besserung als auch zur Vorbeugung als gute Ratschläge zu hilfreichen Begleitern werden.

Nachdem wir die Ursachen und Lebensweisheiten kennen, suchen wir die Wunderelixiere, die dafür sorgen, dass unser Körper wieder problemlos funktioniert. Sozusagen das richtige »Treibstoffgemisch«, das unseren »Motor« nicht nur gesund erhält, sondern auch »beschädigte Motoren« wieder zum Laufen bringen wird. Wir werden staunen, welche unglaublichen Ergebnisse man damit erzielen kann. Ein Wissen übrigens, das schon viele Kulturen vor unserer Zeit nutzten, insbesondere die traditionelle chinesische, japanische und indische Medizin sowie zahlreiche Naturvölker.

Auch berühmte Philosophen und Gelehrte waren sich sicher, dass unsere Ernährung in Sachen Gesundheit und Wohlbefinden eine entscheidende Rolle spielt. Seneca hat es schon im alten Rom auf den Punkt gebracht, indem er sagte: »Die Nahrung soll deine Medizin sein und nicht die Medizin deine Nahrung.« Spätestens dann, wenn wir die Lebensweisheiten und Erkenntnisse aus diesem Kapitel für uns nutzen, werden wir sehen, wie recht sie doch hatten.

Die Entscheidung für ein Leben mit mehr Gesundheit liegt in unserer Hand. Aus eigener Kraft können wir viel dazu beitragen, dieses Ziel zu erreichen, ohne uns ganz und gar auf ärztliche Hilfe zu verlassen.

2. Das ideale Körpergewicht

Wir sollten uns nicht wundern, wenn andere glauben, unser
Körper sei ein Wunder.

Wenn wir unser ideales Körpergewicht erreichen wollen, ohne unserem Körper und dem Glück zu schaden, dann sollten wir nicht auf ein Wunder hoffen. Vor allem Extremdiäten, Kalorien-zählen und die vollständige Vermeidung von Kohlenhydraten und Fetten führen meistens in die Sackgasse der Frustration. All diese Methoden sollten eigentlich schon lange der Vergangenheit ange-hören: Allein deshalb, weil alles Extreme unserem Körper immer schadet, weil viele Nahrungsmittel zu Unrecht einen schlechten Ruf genießen, weil sich bestimmte Fette sogar positiv auf unser Idealgewicht auswirken und weil gewisse Kohlenhydrate eine wichtige Rolle beim Abnehmen spielen.

Wenn wir unsere Darmflora in Ordnung bringen, uns ausgegli-chen ernähren, den Stress reduzieren und an unserer Einstellung zum Essen etwas ändern, erreichen wir unser Ziel eines dauerhaf-ten und stabilen Wohlfühlgewichtes viel besser und dazu auf eine angenehme Art. Denn eines ist sicher: Alles, was unter Zwang und bei schlechter Laune geschieht, ist langfristig zum Scheitern ver-urteilt.

Bevor wir nun den richtigen Weg beschreiben, um unser Ide-algewicht zu erreichen, erst einmal ein paar grundsätzliche Er-kenntnisse.

Stress und Diäten machen dick

Wussten Sie, dass Stress die Produktion der Hormone Cortisol und Corticotropin fördert, die ihrerseits starke Hungergefühle auslösen? Unsere Leber beginnt bei Stress, Zuckerreserven zu verbrennen, und verlangt nach mehr. Der gesamte Metabolismus stellt sich um, Hunger wird zu unserem ständigen Begleiter. Wir müssen essen und nehmen zu.

Auch künstlicher Süßstoff hat einen ähnlichen Effekt. Er regt die Insulinausschüttung an und verstärkt dadurch das Bedürfnis nach Süßem.

Wussten Sie, dass der Körper automatisch auf einen Hungerzustand umschaltet, sobald Sie über Nahrungsentzug nachdenken? Selbst wenn Sie keine besondere Diät oder Abmagerungskur machen, allein der Gedanke oder die Angst, man könnte zu viel oder das Falsche essen, macht unseren Organismus hochsensibel. Der Körper nimmt plötzlich alle unangenehmen Aussagen und Gedanken über das Essen und die eigene Figur viel stärker wahr als sonst. Und er reagiert sofort und zwar genau so, wie wir das in Vorbereitung einer Notsituation auch tun würden.

Angenommen, wir müssten eine Wüste durchqueren, dann würden wir entsprechend viele Wasserreserven mitnehmen und uns diese besonders gut einteilen. Oder ein anderes Beispiel: Wenn wir genau wissen, dass unser Geld knapp wird, dann fangen wir an zu sparen und vermeiden jede Verschwendung. Und unser Körper macht das genauso. Jedes Mal, wenn er sich vor einem Nahrungsentzug fürchtet, das heißt, immer dann, wenn wir über das Thema Abnehmen nachdenken, beginnt er damit, verstärkt Reserven anzulegen und die Kalorienverbrennung zurückzufahren. Und glauben Sie mir, unser Körper tut mit größter Intensität genau das, was er für richtig hält. Das Resultat: Ein schlechtes Gewissen beim Essen, der Gedanke, morgen gibt es nur Salat, das Lesen von Diätplänen oder Kalorienangaben und die Androhung von Sport, um abzunehmen, machen unbewusst dick. Bei solchen negativen Gedanken oder bei einer Diät reduziert unser Körper zum Selbstschutz zunächst einmal den Stoffwechsel und verlangsamt die Verdauung und den Kalorienverbrauch. Deshalb nehmen wir dann schon bei wenig Nahrungsaufnahme schneller als normal wieder zu.

Erschwerend kommt noch hinzu, dass das Hungergefühl im Körper bei kalorienarmen Diäten dramatisch ansteigt. Wissenschaftler haben herausgefunden, dass bei solchen Diäten der Spiegel von appetitanregenden Hormonen wie Ghrelin oder bestimmten Polypeptiden im Blut signifikant ansteigt, während der Spiegel von Appetitzüglern wie Leptin, Insulin und Amylin erheblich sinkt. Als Konsequenz leiden wir also ständig an übermäßigem Hunger. Schnell greifen wir dann mal zu einer großen Packung Chips, räubern nachts den Kühlschrank oder essen unkontrolliert alles, was sich in unserer Reichweite befindet.

Ein weiterer folgenschwerer Effekt von vielen Diäten ist, dass das Sättigungsgefühl viel später eintritt als bei einer normalen Ernährung. Der Effekt: Um während oder nach einer Diät satt zu werden und nicht kontinuierlich zu leiden, müssen wir viel mehr essen als Menschen, die keine Diät machen. Diese negativen Begleiterscheinungen bleiben erstaunlicherweise auch nach der Durchführung einer Diät noch bis zu zwei Jahre erhalten. Das heißt, selbst wenn wir nach einer Diät wieder normal essen, haben wir noch über einen langen Zeitraum hinweg übermäßig viel Hunger und werden nur sehr langsam satt.

Und dann gibt es noch einen weiteren Nachteil, vor allem bei Extremdiäten und zu viel Ausdauersport: Der Körper verzehrt das eigene Muskelgewebe. Und gerade starke und stabile Muskeln sind es, die neben dem Gehirn die meiste Energie im Körper verbrauchen. Die Entscheidung, eine harte Diät zu machen, ist also in vielen Fällen alles andere als empfehlenswert.

Kein light, kein Low Carb, kein Leistungssport

Wussten Sie, dass Fett oft gar nicht fett macht? Bei konstanter Gesamtkalorienzahl führt ein erhöhter Fettanteil nicht zwangsläufig zu mehr Gewicht. Fetthaltige Nahrung macht also nicht unbedingt dick. Und die Aufnahme von einfach ungesättigten Fettsäuren wirkt sich auch noch günstig auf unseren Blutdruck und den Lipidspiegel aus. Damit mindern wir das Herzinfarkt- und Schlaganfallrisiko und beeinflussen den Fettstoffwechsel positiv.

Wussten Sie, dass Männer Fett in moderaten Mengen zur Testosteronproduktion brauchen? Verfügt ihr Körper über zu wenig Fett, wird die natürliche Hormonproduktion gedrosselt. Die Muskeln bauen sich ab und die sexuelle Lust lässt nach.

Wussten Sie außerdem, dass es in unserer modernen Gesellschaft mehr Menschen mit selbstverursachten Krankheiten sowie Über- bzw. Untergewicht gibt als je zuvor? Das ständig wachsende Angebot an Nahrungsmitteln, Schlankmachern, Diätratgebern, Light-Produkten, Fitnessstudios und all die Modeerscheinungen wie vegane Ernährung oder Extremsportarten wie Marathon, Triathlon und Co. scheinen keine Trendumkehr zu bewirken. Bei genauem Hinsehen ist das gar nicht so erstaunlich. Oft beruhen diese einseitigen Formen der Lebensführung nur auf der Annahme, man erweise sich und seinem Körper einen wertvollen Dienst, vielleicht, weil viele andere es ja auch machen. Die Bibel gibt darauf eine einfache Antwort: »Denn sie wissen nicht, was sie tun.« Fanatiker glauben, dass sie dadurch länger und gesünder leben. Sie sollten aber damit rechnen, dass genau das Gegenteil der Fall sein könnte. Aktuelle Untersuchungen und neueste Forschungsergebnisse zeigen ganz eindeutig, dass viele Extreme in der Ernährung zu erheblichen Langzeitschäden an unserer Gesundheit führen können. Im Versuch mit Mäusen hat sich beispielsweise gezeigt, dass eine eiweißreiche und stark kohlenhydratreduzierte Diät (Low Carb) in nur zwölf Wochen zu Gefäßablagerungen führte, die der Arteriosklerose entsprechen. Diese gilt als Risikofaktor für Herz-Kreislauf-Krankheiten. Low Carb hat noch weitere Nachteile: Beim Verzicht auf Zucker und Stärke aus gesunden Kohlenhydraten leiden Gedächtnis und Aufmerksamkeit. Eine aktuelle Studie zeigt, dass die Hirnleistung von Personen, die mit Low Carb abnehmen, deutlich geringer wird. Damit verlieren wir nicht nur einen Teil unserer Gesundheit, sondern auch noch den Verstand.

Zu viele künstliche Süßstoffe (als Zuckerersatz) sind für unseren Körper und das Idealgewicht ebenfalls ungeeignet. Nicht unbedingt deshalb, weil man ihnen gesundheitsschädliche Begleiterscheinungen wie Gedächtnisverlust, Depressionen, Blindheit, Verlust des Hörvermögens und sogar Krebs nachsagt, denn das sind oft nur Gerüchte. Diese basieren teilweise auf uralten Studien und Verzehrmengen, die kein vernünftiger Mensch zu sich nehmen würde. Selbst das derzeit so beliebte Steviapulver (E960) ist wahrscheinlich nicht besser oder schlechter als seine Kollegen Aspartam (E951), Cyclamat (E952), Saccharin (E954) und andere. Dennoch, beim Verzehr von Süßstoffen ist wie bei anderen Lebensmitteln auch wichtig, dass man gegen deren Abbauprodukte nicht allergisch ist. Menschen, die z. B. an der seltenen Stoffwechselkrankheit Phenylketonurie (PKU) leiden, dürfen kein Aspartam zu sich nehmen, da ihr Körper dessen Abbauprodukt Phenylalanin nicht verträgt.

Generell aber haben künstliche Süßstoffe und Zucker eine schlechte Eigenschaft gemeinsam: Im Übermaß konsumiert, können sie ein verstärktes Hungergefühl oder Heißhunger nach Süßem auslösen. Deshalb ist es wichtig, unseren Gaumen an weniger süß zu gewöhnen.

Wenn Sie viel Sport machen, dann benötigen Sie auch eine größere Menge an kalorien- und eiweißreicher Ernährung sowie mehr Mineralien und Vitamine, damit der Körper Muskeln nicht ab-, sondern aufbaut. Sportler haben deshalb ein deutlich gesteigertes Hungergefühl, vor allem dann, wenn sie es an wenigen Tagen in der Woche mit dem Sport übertreiben. Der Körper gewöhnt sich schnell an die neuen, größeren Mengen und fordert diese auch an Tagen ohne Sport und in Ruhephasen ein, was tendenziell eine ungewünschte Gewichtszunahme mit sich bringen kann. Im Übrigen führt übermäßiger Sport auch zu einer Schwächung des Immunsystems und kann durch oxidative Prozesse die Alterung beschleunigen.

Für das richtige Gewicht und einen großen gesundheitlichen Nutzen empfiehlt es sich daher, regelmäßige Bewegung in den Tagesablauf einzubauen. Die positiven Effekte des Sports kommen voll zum Tragen, wenn man damit nicht mehr als 5000 Kilokalorien pro Woche verbrennt und dies am besten gleichmäßig über alle Tage verteilt.

Es wird also höchste Zeit, unsere Lebensphilosophie einmal zu überprüfen und gegebenenfalls die Notbremse zu ziehen, bevor es unser Körper tut.

Kurzfristig schlank, langfristig krank

Wenn wir die bisherigen Erkenntnisse zum Thema Idealgewicht einmal zusammenfassen, dann scheint es durchaus verständlich, dass acht von zehn Personen bei dem Versuch, durch herkömmliche Diäten abzunehmen, scheitern und danach meist mehr Gewicht haben als zuvor. Dieses Phänomen ist auch unter der Bezeichnung Jo-Jo-Effekt bekannt. Insbesondere Personen, die schon lange an Übergewicht leiden, neigen dazu, nach einer Diät wieder zum alten Zustand zurückzukehren.

Bücher zu diesem Thema gibt es reichlich, und ihre Verkaufszahlen übertreffen alle Vorstellungen. Neue Sensationsmeldungen und Artikel zur schnellen Gewichtsreduktion sind an der Tagesordnung. Es ist immer wieder das gleiche Spiel: Wir werden bombardiert mit vermeintlich guten Ratschlägen und fühlen uns schon beim Lesen derselben schuldig. Die Folgen sind dramatisch: Über die Hälfte unserer Bevölkerung reduziert wichtige Kohlenhydrate und konsumiert dafür mehr als die doppelte Menge des täglich notwendigen Eiweißbedarfs. Das bedeutet, ein Großteil der Bevölkerung ernährt sich schlicht und einfach falsch.

Fragwürdige Light-Produkte, künstliche Süßstoffe, Immun-Booster, Sättigungssubstanzen, synthetische Vitamine und industriell hergestellte Nahrungsmittel werden zur Gewohnheit. Eine Ernährung, die mit dem, was uns wirklich schön, gesund und in Form hält, fast gar nichts mehr zu tun hat. Wir belasten das Gleichgewicht unseres Körpers. Wir überfüttern ihn mit Produkten, auf die wir getrost verzichten könnten.

Als wäre es nicht schon genug, dass wir uns mit den merkwürdigsten Diäten selbst des Genusses und der Lebensfreude berauben, nehmen wir auch noch unabsehbare Folgeschäden für unsere Gesundheit in Kauf, gemäß dem Motto: kurzfristig schlank, langfristig krank.

Bestimmt haben Sie in Ihrem Freundeskreis jemanden, der sich – vielleicht schon zum wiederholten Mal – einer Extremdiät verschrieben hat oder sich im Fitnessstudio bzw. beim Marathonlauf bis zur totalen Erschöpfung peinigt und vielleicht der Einzige ist, der dabei nicht merkt, wie unglücklich, ausgezehrt oder ungesund er aussieht. Die schlaffe Haut, neue Falten, die ständige Anspannung und den beschleunigten Alterungsprozess scheint er nicht sehen zu wollen.

Wäre es daher nicht viel sinnvoller, uns an den traditionellen Ernährungsgewohnheiten und Lebensweisheiten der Menschen zu orientieren, die erstens sehr lange leben, dazu überdurchschnittlich gesund sind und zu guter Letzt auch noch problemlos ihr Idealgewicht halten? Man findet sie überall auf der Welt, und in unendlich vielen Gesprächen haben sie mir ihre Geheimnisse verraten, die ich gerne in diesem Buch an Sie weitergebe.

Mit Vergnügen zum Idealgewicht
Es gibt viele Menschen, die es schaffen, auf höchst vergnügliche Weise ein ganzes Leben lang ihr Idealgewicht zu halten. In Sachen Körper, Gesundheit und Wohlbefinden sind sie echte Lebens-

künstler. Sogar ganze Bevölkerungsgruppen zeigen uns, dass man auf überaus angenehme Art schlank und gesund bleiben kann. Hierzu zählen z. B. die Bewohner der Insel Okinawa in Japan, die Menschen von Bama, einer kleinen Stadt in Südchina, oder die Bevölkerung der traditionellen Bergdörfer auf Sardinien und einiger griechischer Inseln. Nirgendwo auf der Welt werden die Menschen älter und nirgendwo gibt es weniger Übergewichtige und Kranke. Erstaunlicherweise oder, besser gesagt, logischerweise besteht deren Ernährung aus einer gesunden und ausgewogenen Mischung von Schweine- und Ziegenfleisch, Kartoffeln, Reis, Bohnen, fetthaltigem Käse, Fisch, Getreide, regelmäßig Wein und sogar Schnaps. Sie leiden keinen Hunger und das Thema Diät ist ihnen recht unbekannt.

Was können wir daraus lernen? Naturbelassenes Essen und sogar die gesättigten Fette in Milch, Käse, Butter und Sahne sind viel besser als ihr Ruf. Sofern nicht im Übermaß verzehrt, bilden sie einen wichtigen Bestandteil unserer Ernährung. Wir können also erst einmal mit größtem Vergnügen viele traditionelle Gerichte auf unserer Speisekarte stehen lassen. Mit bestem Gewissen aber können wir auf viele industriell verfälschte Light- und Fertigprodukte verzichten. Und das sollten wir unbedingt tun, denn solche Industrieprodukte enthalten oft – neben falschen Versprechungen, Geschmacksverstärkern, Konservierungsstoffen und einem chemischen »Allerlei« – auch noch gefährliche Transfettsäuren, die nicht nur der Figur, sondern auch den Gefäßen, dem Herzen und sogar dem Gehirn schaden. Und abgesehen davon sind sie meist auch noch teuer.

Transfette sind künstlich gehärtete Fette, die der Körper nicht verarbeiten kann. Sie bilden sich beim industriellen Härten von Ölen. Wie eine zähe Masse verkleben die Transfettsäuren unsere Zellwände, Blutbahnen und Nerven und beeinträchtigen diese in ihrer Funktion. Kleine Mengen von ihnen genügen schon, um das

Risiko für Arteriosklerose, Herzinfarkt, Schlaganfall etc. zu verdoppeln. Auch der Wert des schlechten LDL-Cholesterins erhöht sich durch Transfette. Vor allem in Pflanzenfetten, die industriell teilgehärtet sind, kommen sie vor. Sie entstehen meist, wenn flüssiges Fett in eine streichfähige, genießbare Form umgewandelt wird. Zudem ist diese Technik kostengünstig und macht Produkte länger haltbar. Zahlreiche Lebensmittel – die von der Industrie sogar als gesunde Schlankmacher gepriesen werden – wie z. B. Margarine, Trockensuppen, Snacks, Müsliprodukte, Fertiggerichte und Süßwaren sind betroffen.

Also lieber mal ein schönes Butterbrot und möglichst unverarbeitete Nahrung essen. Viele Industrieprodukte waren auch den Menschen der Langlebigkeitszonen zumindest bisher weitgehend fremd. Warum also ein Risiko eingehen, wenn es auch anders geht? Die in jüngster Zeit sehr modisch gewordene radikale Fett- und Kalorienreduktion ist also keinesfalls die Wunderwaffe gegen überschüssige Pfunde – schon gleich gar nicht unter gesundheitlichen Gesichtspunkten. Die Vorstellung, dass man allein durch einseitige Reduktion von Kalorien und Fett aus der Nahrung und durch Sport langfristig zu seinem Idealgewicht und einem gesunden Leben gelangt, ist schlicht und einfach falsch.

Idealgewicht ist nur dann ideal, wenn man dadurch auch gesund bleibt oder wird. Entscheidend ist nicht Kalorienreduktion um jeden Preis, sondern vielmehr, *was* wir essen, *wie* wir essen und wie wir unseren Alltag gestalten. Wir sind keine standardisierten Maschinen. Wir haben Herz und Verstand und einen hochentwickelten »Verbrennungsmotor«. Wie schon am Anfang des Buches erwähnt: Auf das richtige »Treibstoffgemisch« kommt es an. Damit ein Motor rund und möglichst lange läuft, braucht es eben außer Benzin auch Öl, Kühlflüssigkeit und eine gemäßigte Fahrweise. Es macht keinen Sinn, in einen Benzinmotor Diesel einzuschütten. Damit wird er nicht sparsamer. Und auch ein Dieselmotor wird mit Benzin nicht schneller. Beim Gewicht ist das ähnlich. Wenn also schon abnehmen, dann bitte mit Vernunft und ohne Stress. Am besten mit etwas Zeit und Geduld. Selbst wenn wir im nächsten Sommer noch nicht die ideale Bikinifigur oder den ersehnten Waschbrettbauch haben, werden wir unser Ziel mit den nun folgenden Empfehlungen erreichen: einer gesunden Mischung aus Ernährungstipps, Lebensweisheiten und Wunderelixieren.

Zunächst sollten wir unbedingt damit beginnen, uns ausgewogen zu ernähren, genauso, wie die Menschen der »Langlebigkeitszonen«. Fisch, Fleisch, Hülsenfrüchte, Gemüse, Reis und Kartoffeln im richtigen Verhältnis. Gönnen dürfen wir uns auch ein Gläschen Rotwein oder Reisschnaps (wie die Menschen aus Bama).

Dabei gilt es, ein paar kleine Regeln zu beachten. Zunächst einmal braucht unser Körper ausreichend Flüssigkeit in Form von Wasser und wir sollten uns täglich mindestens 20 Minuten bewegen. Fettige Snacks wie Kartoffelchips und alles, was frittiert ist, gehören nicht auf unseren Speiseplan. Ebenfalls verbannen sollten wir stark gesüßte Getränke wie z. B. Limonaden, Eistees etc. – auch dann, wenn sie »nur« Süßstoff enthalten. Achten Sie auf den »versteckten« Zucker in vielen industriellen Lebensmitteln, sogar im allseits beliebten Toast- und Knäckebrot. Übrigens: Diese sogar als Schlankmacher gepriesenen Brotsorten haben oft erheblich mehr Kalorien bzw. Kohlenhydrate und deutlich weniger Eiweiß als herkömmliches Brot. Auf den ersten Blick merken wir das nicht, weil die auffälligen Packungsangaben sich meist nur auf eine hauchdünne Scheibe beziehen. Den gleichen Trick wendet die Industrie auch bei den scheinbar so gesunden Müsliriegeln an. Sogar die Empfehlung, fünfmal am Tag Obst zu essen, ist bei Gewichtsproblemen der falsche Ansatz, denn auch zu viel Fruchtzucker macht dick.

Damit der Stoffwechsel richtig durchstartet, ist ein gesundes Frühstück unverzichtbar. Besonders im Prozess des Abnehmens sind Zwischenmahlzeiten gut zu planen. Nicht nach Belieben, sondern eine kleine am Vormittag und eine leichte am Nachmittag. Zum Abendessen schneiden Sie Ihr Vollkornbrot ruhig etwas dicker, dafür legen Sie weniger Belag oben drauf. Vergessen Sie Hülsenfrüchte und ballaststoffreiche Produkte nicht in Ihrer Nahrung. Beim Eiweiß reicht ein Gramm pro Kilo Körpergewicht am Tag, mehr braucht es nicht bei einer normalen körperlichen Belastung. Mit diesen wenigen Spielregeln haben wir bereits die Grundlage für ein ideales Körpergewicht geschaffen, ohne zu hungern.

Wenn wir falsche Gewohnheiten und Vorurteile über Bord werfen, werden wir sehen, dass unser Körper langsam, aber sicher Fahrt aufnimmt in Richtung Idealgewicht. Wir werden angenehm überrascht sein, wie durch ein neues Ernährungsbewusstsein besondere Gelüste und Heißhungerattacken verschwinden. Und auf einmal kommt ein wunderbarer Prozess in Gang. Der Körper verliert seine Angst, in einen Hungerzustand versetzt zu werden, und beschleunigt den Stoffwechsel wieder auf ein normales Niveau. Überflüssige Pfunde schmelzen dahin, denn Fettverbrennung und Verdauung werden normalisiert. Auch die Bildung von Notreserven ist jetzt nicht mehr nötig. Es steht ja keine »Reise durch die Wüste« bevor. Der Körper findet Schritt für Schritt zu seinem idealen Gewicht zurück. Er wird ganz einfach so, wie es am besten für ihn ist: nicht zu dick und nicht zu dünn.

Dieser ganze Prozess beginnt zunächst einmal in unserem Kopf. Mit einer kleinen Veränderung der Einstellung ist das machbar. Wir kehren schlicht und einfach zu einer natürlichen Ernährung zurück. Produkte ohne den Aufdruck »light« und mit naturbelassenem Fettgehalt jagen uns jetzt keinen Schreck mehr ein. Das Essen werden wir nicht mehr als etwas Lästiges empfinden, sondern als eines der schönsten Dinge im Leben. Wir brauchen kein schlechtes Gewissen zu haben, wenn uns etwas schmeckt. Selbst wenn andere an ihrer Cola light nuckeln oder den Salat mit Putenstreifen kauen, obwohl sie viel lieber eine schöne Portion Pasta mit herzhafter Tomatensoße essen würden, lassen wir uns nicht mehr aus der Ruhe bringen. Wir essen gesund, aber nicht übertrieben viel und einseitig. Wir vermeiden Stress und negative Gedanken beim Essen. Wir nehmen uns Zeit, genießen jeden einzelnen Bissen und essen langsam. Wir riechen und schmecken das Essen ganz bewusst und geben unserem Körper das gute Gefühl: Ich tue genau das Richtige. Wir schalten beim Essen das Handy aus und lesen auch nicht die Zeitung. Wir gönnen unserem Körper diesen schönen Moment und lassen uns durch nichts ablenken, selbst wenn uns andere am Anfang für verrückt erklären.

Auch in der Arbeitswelt müssen wir den Kollegen nicht durch schnelles Essen zeigen, wie beschäftigt wir sind. Das schadet nur unserer Gesundheit und schlägt aufs Gewicht. In den sardischen Bergdörfern pflegt man zu diesem Thema zu sagen: »Wer sein Essen nicht genießen kann, der kann auch die anderen Freuden dieses Lebens nicht genießen.« Und wenn wir gut gegessen haben, dann fangen wir nicht damit an, schon beim Nachtisch die Botschaft zu verbreiten, dass dies nur eine Ausnahme war und wir morgen ganz bestimmt nicht viel essen werden. Denn sonst geht in unserem Körper sofort wieder die Warnlampe an und er beginnt von Neuem und mit voller Kraft, Energiereserven aufzubauen.

Selbstverständlich geht eine solche Umstellung nicht von heute auf morgen. Seien Sie also tolerant mit sich selbst, wenn das nicht immer klappt. Wichtig ist, dass Sie beharrlich darauf hinarbeiten, denn Sie wissen ja: Der stete Tropfen höhlt den Stein. Damit Sie den roten Faden nicht verlieren, helfen Ihnen die nun folgenden Lebensweisheiten zum Thema Idealgewicht. Und dann gibt es, wie versprochen, die Wunderelixiere, mit denen Sie den Prozess des Abnehmens noch einmal richtig beschleunigen können. Das sind echte Kalorienkiller, die ihre Wirkung garantiert nicht verfehlen.

Essen, ohne dick zu werden: Schon die richtige Einstellung wirkt Wunder.

Lebensweisheiten zum Idealgewicht:

Die schönste Nachricht aus diesem Kapitel ist, dass unser Körper gar nicht dick werden will, wenn wir ihm keinen Grund dazu geben und keine Krankheit oder eine hormonelle Veränderung die Ursachen sein könnten. Wenn wir ihm nicht ständig Angst machen und ihn zufriedenstellen mit dem, was er wirklich braucht, dann benimmt er sich auch ordentlich. Interessanterweise ist das, was unser Körper braucht, um ein ideales Gewicht zu haben und gesund zu bleiben, in vielen Fällen sogar das, was uns schmeckt (einmal abgesehen von Weißbrot, Frittiertem, Süßigkeiten und Getränken mit einem hohen Zucker- oder Süßstoffgehalt).

Unsere Genetik ist auf Aktivität, Vergnügen und schöne Gefühle ausgelegt. Seit Beginn der Menschheit sorgt unser Geschmackssinn dafür, dass wir das Richtige essen. Allerdings missbraucht unsere moderne Gesellschaft das angeborene Bedürfnis nach Vergnügen durch ein Überangebot an künstlichen und geschmacksverstärkten Produkten. An dieser Stelle sollten wir widerstehen. Tun wir das nicht, bezahlen wir die Rechnung dafür mit Übergewicht und gesundheitlichen Problemen.

Das Motto heißt also *back to the roots* oder auf Deutsch gesagt: zurück zur Normalität. Wir sollten unseren Geschmackssinn nicht durch künstliche Aromastoffe, Geschmacksverstärker, Zuckeraustauschstoffe oder andere unnatürliche Substanzen täuschen. Wir sollten auch keine Ratschläge annehmen, die jedem natürlichen Verhalten widersprechen. Viel sinnvoller ist es dagegen, darauf zu hören, wie unser Körper zu uns spricht. Und das tut er fast ohne Unterbrechung. Er gibt uns Zeichen und Signale. Übergewicht ist eines davon, und das sollten wir ernst nehmen. Aber daran können wir ja in Zukunft vieles ändern. Damit uns dies gelingt, fassen wir nun zur Orientierung ein paar Lebensweisheiten zusammen. Das ist die Basis für ein langfristig stabiles Wohlfühlgewicht. Mit der richtigen Einstellung schaffen wir das.

 Gut zu wissen:

→ Jede Diät, die unter Zwang geschieht, ist zum Scheitern verurteilt.
→ Finger weg von Blitz- und Extremdiäten.
→ Abnehmen heißt nicht Diät, sondern Nahrungsumstellung.
→ Nur eine ausgeglichene und natürliche Ernährung führt uns sicher und langfristig zum Idealgewicht.
→ Um abzunehmen, dürfen wir auf keinen Fall hungern.
→ Die richtige Energiemischung machts: 30 Prozent Eiweiß, 40 Prozent gesunde Kohlenhydrate und 30 Prozent gute Fette schaffen die Balance.
→ Genuss ist wichtig. Auch wenn wir Art und Weise unserer Ernährung verändern, es soll immer schmecken.
→ Bewusst essen, langsam kauen, riechen, schmecken und fühlen, fördern den Stoffwechsel sowie das Sättigungs- empfinden und halten schlank.
→ Ein gesundes Frühstück ist der ideale Einstieg in einen schlanken Tag.

- → Künstliche Süßstoffe, Geschmacksverstärker, Frittiertes und chemisch Verändertes sollten wir nur mit Zurückhaltung genießen.
- → Wenn wir unserem Körper mit Nahrungsentzug drohen, beginnt er sofort, Reserven aufzubauen.
- → Wir sollten unseren Körper akzeptieren, auch wenn er nicht perfekt ist.
- → Lieber langsam abnehmen, als schnell und immer wieder zuzunehmen.

Nicht das, was man isst, sondern gerade das, was man bisher nicht isst, könnte ein Wunder bewirken.

Wunderelixiere für das Idealgewicht:

Entscheidend für das Idealgewicht ist es, unseren Organismus auf natürliche Weise so zu beeinflussen, dass er zu seinem optimalen Gewicht findet. Dabei vermeiden wir zu allererst jede Art von Extremdiät, da wir ja bereits wissen, dass das Gewicht beim Großteil der Menschen nach einer solchen Diät über das Ausgangsniveau ansteigt, ganz abgesehen von den gesundheitlichen Schäden und der Frustration, die wir unserem Körper zufügen können. Und unsere gute Laune lassen wir uns schon gleich gar nicht verderben.

Die Rede ist dabei auch nicht von radikalem Abnehmen. Schließlich wollen wir unser Wunschgewicht langfristig halten und durch schnelles Abnehmen schaffen wir das nicht, weil der Jo-Jo-Effekt viel zu gefährlich ist. Ganz oft wird dabei auch die Muskulatur abgebaut, und genau das müssen wir vermeiden, denn unsere Muskeln verbrennen viel Energie und halten damit unseren Körper rank und schlank.

Die nun beschriebenen Wunderelixiere sind prächtige Helfer, die der Gesundheit guttun, das Verhältnis zwischen Fettgewebe und Muskulatur ausgleichen, keinen Jo-Jo-Effekt verursachen und uns den Spaß am Essen nicht nehmen. Diese Wunderelixiere helfen uns entweder, angenehm satt zu werden, oder unseren Stoffwechsel zu beschleunigen. Mit einigen dieser Wunderelixiere erzielen wir sogar gleichzeitig beide Effekte.

Satt werden ohne zu leiden, den Kalorienverbrauch beim Essen fördern und auch noch den Stoffwechsel beschleunigen, das klingt fast zu schön, um wahr zu sein. Lassen wir uns überraschen. Aber so viel schon vorab: Das geht, und es ist gar nicht so schwer. Die Wirkung dieser Wunderelixiere ist einfach, aber genial: Zum einen zügeln sie die appetitanregenden Hormone im Körper wie z. B. das Ghrelin, das Cortisol, das Insulin oder bestimmte Polypeptide. Wir haben also weniger Hunger. Zum anderen begünstigen sie die körpereigenen Appetitzügler wie Leptin und Amylin. Wir werden schneller und länger satt.

Viele Wunderelixiere haben dazu noch einen niedrigen glykämischen Index. Dieser Index sagt aus, wie schnell der Zucker aus der Nahrung ins Blut gelangt. Wichtig für eine Gewichtsreduktion ist, dass der Zucker sehr langsam ins Blut übergeht, denn umso länger hält das Sättigungsgefühl an. Die Erklärung dafür ist ganz einfach: Steigt der Blutzucker sehr schnell an, schüttet der Körper viel Insulin aus. Dieses Insulin senkt den Blutzuckerspiegel dann wieder rapide, und er fällt kurzzeitig sogar unter den Normalzustand. Die Folge: Wir bekommen viel zu früh erneut Hunger. Einen hohen und damit schlechten glykämischen Index haben z. B. ballaststoffarme Produkte wie Weißbrot, Bratkartoffeln, Chips, Donuts, Cola, Liköre, Limonaden, alkoholfreies Bier, Marzipan, Milchreis mit Zucker, Pommes frites, Kekse, Kuchen, Sahneeis und sehr oft auch industriell gefertigte Lebensmittel.

Außerdem spielt es eine Rolle, ob noch andere Nährstoffe wie Fett oder Eiweiß in einem ausgewogenen Verhältnis stehen. Als Faustregel gilt, dass Vollkornprodukte, Gemüse, einige Pilzsorten und nicht zu süßes Obst sowie die sogenannten guten Kohlenhydrate in Verbindung mit Eiweiß die beste Kombination für einen gesunden, niedrigen glykämischen Index darstellen. Die Auswahl an Lebensmitteln, die dieser Anforderung entsprechen, ist groß. An der Spitze stehen: Auberginen, Brokkoli, Artischocken, weiße und rote Bohnen, Milchprodukte, rohe Karotten, Feigen, Äpfel, Erdbeeren, Vollkornnudeln und Vollkornreis, Haferflocken, Vollkornbrot, Tofu und frischer Fruchtsaft. Das sind sozusagen die Stars unter den Wunderelixieren, die herrlich lange satt machen.

Und dann gibt es noch viele Produkte, die durch einen niedrigen und dadurch guten glykämischen Index viel besser sind als ihr Ruf. Hierzu gehören z. B. Butter, Camembert, Cheddar, Emmentaler, Edamer, Mozzarella, Frischkäse und Gouda, Couscous, Ei, Schinken, Blutwurst, Frankfurter, Schweinefleisch, Lammfleisch, Lachs, Fischstäbchen, Oliven, Erdnüsse und Weißwein.

Erstaunlich ist auch, dass einige Produkte, von denen wir glauben könnten, sie seien gut für unser Gewicht, einen extrem hohen und damit schlechten glykämischen Index aufweisen. Ausgewählte Negativbeispiele sind: alkoholfreies Bier (hat deutlich mehr schlechte Kohlenhydrate als alkoholhaltiges Bier), die gekochten Varianten von Sellerie, Möhren und Kohl, Cornflakes, zuckerhaltige Müslis und die bereits erwähnten künstlichen Süßstoffe.

Positiv geht es weiter mit ein paar ganz speziellen Wunderelixieren und ihrer erstaunlichen Wirkung für eine langfristig gute Figur. Sie lassen sich leicht jeder Mahlzeit hinzufügen oder auch einfach mal zwischendurch genießen. Sie sind meist klein und kompakt und passen bestens in unseren Wunderelixier-Schrank. Eines davon sind geröstete Mandeln. Idealerweise ohne Salz und mit der Schale. Mit viel Protein, Vitaminen und Mineralstoffen sind sie der ideale Eiweißsnack. Sechs bis acht Mandeln als kleine Zwischenmahlzeit nehmen das Hungergefühl und unterstützen uns perfekt beim Abnehmen, trotz des hohen Fettgehalts. Denn wie wir bereits wissen: Auf die richtigen Fette kommt es an. Die in Mandeln enthaltenen ungesättigten Fettsäuren bringen den Stoffwechsel in Schwung und Mandeln halten den Blutzuckerspiegel sehr lange konstant.

Shiitake-Pilze mit einem hohen Eiweißgehalt, wenig Kalorien und null Gramm Fett sind ebenfalls ein empfehlenswertes Wunderelixier. Der Ballaststoff Chitin, der darin bis zu 80 Prozent enthalten ist, kann nur schwer verdaut werden und macht lange satt. Shiitake-Pilze gibt es frisch, getrocknet und als Pulver. Die getrocknete Variante wird nur kurz in lauwarmes Wasser eingelegt und kann dann verzehrt werden, z. B. in einem Omelett oder zum Salat. Das Pulver ist ein feines Gewürz für fast alle Speisen.

Eine der besten natürlichen Essbremsen ist Apfelessig. Er kurbelt Verdauung und Stoffwechsel an, sodass der Körper automatisch mehr Fett verbrennt. Studien zeigen, dass Mahlzeiten, die Apfelessig enthalten, für ein besseres Sättigungsgefühl und einen ausgeglichenen Blutzucker- und Insulinspiegel sorgen. Apfelessig schmeckt hervorragend zum Salat oder als Erfrischungsgetränk stark verdünnt mit Wasser und einem Löffel Honig.

Ein paar kleine Fläschchen Sauerkrautsaft gehören ebenfalls in das Fach »Idealgewicht« unseres Wunderelixier-Schränkchens. Fast ganz ohne Kalorien sorgen die darin enthaltenen Milchsäurebakterien für eine gesunde Darmflora und regen noch dazu die Verdauung an. Ein hoher Anteil an dem Schlank-Vitamin-C zieht das Fett aus den Zellen. Ein herrliches Erfrischungsgetränk. Probieren Sie es aus.

Auch die auf den ersten Blick stark kalorienhaltige Avocado ist ein echter Fettkiller. Studien haben gezeigt, dass die einfach ungesättigten Fettsäuren der Avocado als langfristige Energiequellen dienen, anstatt auf direktem Weg in Körperfett umgebaut zu werden. Deshalb hat sie auch einen extrem guten glykämischen Index. Für Ihr Wunderelixier-Fach im Kühlschrank empfiehlt sich die

Avocado in Form von Guacamole, einer feine Paste aus dem Fruchtfleisch, Limettensaft, Salz und Pfeffer. Als kleine, gut haltbare Gläschen, sogar in Bio-Qualität, ist diese mexikanische Spezialität in vielen Supermärkten erhältlich. Natürlich kann man die Guacamole aus einer reifen Avocado und den oben genannten Zutaten auch ganz leicht selbst herstellen. Je nach Geschmack lässt sich das Ganze noch mit Chili, Joghurt oder Koriander verfeinern.

Topinambur, eine aus Nordamerika stammende, kartoffelähnliche Erdknolle, passt auch bestens zum Thema Idealgewicht. Randvoll mit gesunden Ballaststoffen, enthält sie auch noch bis zu 40 Prozent des appetitzügelnden Kohlenhydrats Inulin. Da dieses Kohlenhydrat von den Verdauungsenzymen nicht angegriffen werden kann, gelangt es unverdaut in den Dickdarm. Hieraus resultieren zwei positive Effekte: Erstens hält es uns lange satt und bremst das Hungergefühl, und zweitens stimuliert es das Wachstum der wertvollen Bifidobakterien. Probieren Sie Topinambur als geschmackvolle Alternative zu Kartoffelbrei. Es ist aber auch als Trockenpulver erhältlich, das mit seinem süßlich-nussigen Geschmack vielen Mahlzeiten beigefügt werden kann.

Ganz exotisch, aber sehr effektiv beim Abnehmen hilft Baobab-Pulver. Dies ist der Extrakt aus den Früchten des afrikanischen Affenbrotbaums. Die Baobab-Frucht ist reich an Antioxidantien und übertrifft damit sogar die bekannten Gojibeeren. Ihre Polyphenole wirken entzündungshemmend und können Krebs vorbeugen. Dazu enthält Baobab viel Vitamin C (Stärkung des Immunsystems), Kalium (wichtig für Nerven und Muskeln) und Eisen (Bildung roter Blutkörperchen). Und jetzt kommt der Idealgewicht-Effekt: In einem Esslöffel Baobab-Pulver finden sich ungefähr so viele Ballaststoffe wie in einer Scheibe Vollkornbrot. Baobab regt aber nicht nur die Darmtätigkeit an, sondern kann auch bei der Verdauung die Aufnahme von Kohlenhydraten verlangsamen und somit den Appetit kräftig zügeln.

Verfeinern Sie gerne mit Zimt, z. B. ein schönes Dessert, einen Obstsalat, einen Kaffee oder eine Tasse Kakao? Dann tun Sie auch damit Ihrem Gewicht etwas Gutes. In wissenschaftlichen Studien konnte nachgewiesen werden, dass schon ein bis zwei Gramm Zimt (ca. ein halber Teelöffel) beim Abnehmen helfen. Sowohl der Blutzucker als auch die Blutfettwerte sinken deutlich, eine wichtige Voraussetzung für die Reduktion von Körperfett. Allerdings ist Zimt ein Gewürz für nur mal ab und zu. Denn sein hoher Gehalt an Kumarin kann zu Leberschäden führen. Ideal wegen seines relativ geringen Kumaringehalts ist Ceylon-Zimt. Achten Sie also beim Kauf darauf, woher das Produkt kommt.

Und wenn wir schon beim Genießen sind, dann würde ich Ihnen für Ihr Wunderelixier-Schränkchen auch noch ein paar lecithinhaltige Lebensmittel empfehlen. Lecithin gehört zu den fettlösenden Substanzen, die eine beschleunigte Gewichtsabnahme bewirken. Sie dringen in die Fettzellen ein und verbessern dort den Stoffwechsel. Lecithin hat auch schützende Effekte für Leber, Magen und Darm. Es ist in ausreichenden Mengen enthalten in Eigelb, Sojaprodukten und Buttermilch. Es wird auch als natürlicher Emulgator beispielsweise für Mayonnaise verwendet. Ein Löffel Mayonnaise (mit Eigelb und Lecithin als Emulgator) ist also viel besser als sein Ruf, sofern der Fettgehalt die 25-Prozent-Marke nicht übersteigt.

Auch Zink wirkt wahre Wunder in unserem Fett-, Protein- und Kohlenhydratstoffwechsel. Zink kann bis zu 200 verschiedene Enzyme aktivieren. Es reguliert den Insulinspiegel und bremst so den Dickmachereffekt dieses Hormons. Fünf bis zehn Milligramm pro Tag können als empfohlene Menge angesehen werden. Diese decken Sie mit einer gesunden Mischung aus Leber, Geflügel, Eiern, Meeresfrüchten und Käse ab. Besonders empfehlenswert für unser Schränkchen ist getrockneter Parmesan oder bei starkem Zinkmangel gegebenenfalls auch ein Zinkpräparat.

Wie wäre es zu einem schönen Essen oder zur Entspannung mit einem Gläschen Weiß- oder Rotwein? Das ist keine Sünde in Sachen Idealgewicht. Denn im Wein ist jede Menge Pyruvat (ein Abbauprodukt beim Gärungsprozess) enthalten. Wissenschaftliche Tests zeigen, dass Pyruvat einen großen Einfluss auf die Fettverbrennung hat und zusätzlich die sportliche Leistungsfähigkeit durch bessere Ausbeutung der Fettreserven optimiert. Durch die tägliche Aufnahme von Pyruvat kann das Ziel der Gewichtsabnahme um bis zu 25 Prozent gesteigert werden. Zum Wohl! Auch Hülsenfrüchte, Vollkornprodukte und Geflügel enthalten reichlich Pyruvat.

Ausgewählte Gewürze und Aromen passen ebenfalls bestens in unsere Sammlung der Wunderelixiere für das Idealgewicht. Diese sind Anis, Kümmel, Senfkörner und Knoblauch. Sie alle besitzen verdauungsfördernde Eigenschaften und sind verlässliche Helfer für unser Idealgewicht. Die beste Variante des Knoblauchs ist neben der meist unbeliebten rohen Version der schwarze Knoblauch. Durch Fermentierung und Trocknung behält er alle Eigenschaften des Naturproduktes, verursacht aber keinen Knoblauchgeruch. Zur Erhaltung des Idealgewichts ist schwarzer Knoblauch deshalb sehr empfehlenswert, weil er neben den zahllosen gesundheitsfördernden Eigenschaften bei erhöhten Blutfettwerten eine lipidspiegelsenkende Wirkung hat.

Auch eine schöne Tasse Kaffee oder ein grüner Tee sind Genussprodukte, die uns unserem Ziel näherbringen. Grüner Tee und Mate-Tee aktivieren bestimmte Nervenfasern und können damit die Fettverbrennung positiv beeinflussen. Kaffee (allerdings nur die koffeinhaltige Variante) macht nicht nur wach, sondern stimuliert auch noch die Fettverbrennung. Koffein, das übrigens auch in kleinen Mengen im Kakao enthalten ist, fördert auch die Lipolyse. Dabei wird Körperfett in seine Bestandteile zerlegt und für die Energieversorgung des Körpers eingesetzt und damit verbraucht. Hin und wieder eine Tasse Kaffee oder ein Espresso nach dem Essen bewirken kleine Wunder. Wenn Sie mögen, können Sie zwischendurch auch mal ein paar Kaffeebohnen kauen oder Sie nehmen die feine Variante der Kaffeebohne, umhüllt mit dunkler Schokolade.

Mit all diesen Erkenntnissen werden Sie Schritt für Schritt Ihr Idealgewicht erreichen oder erhalten.

Um den Körper an die Ernährungsumstellung zu gewöhnen, können Sie auch zweimal pro Woche einen »Schlanktag« einlegen. Solche Tage helfen dabei, eingefahrene Ernährungsgewohnheiten wie z. B. ständiges Naschen von Süßigkeiten zu durchbrechen. An diesem Tag kurbeln Sie Ihre Fettverbrennung gezielt an. Starten Sie mit einem ballaststoffreichen Frühstück, damit der Magen nicht ständig knurrt. Als Zwischenmahlzeit gönnen Sie sich etwas Obst (z. B. säuerliche Beeren, eine Banane, einen Apfel) oder etwas rohes Gemüse. Damit füllen Sie Ihren Magen mit kalorienarmen, aber sättigenden Nährstoffen. Am »Schlanktag« ist es auch gut, möglichst viel Wasser oder Tee zu trinken. Mittags und abends gibt es mageres Fleisch oder Fisch und als kleine Beilage nur gesunde Kohlenhydrate. Genügend Eiweiß ist an solchen Tagen wichtig, um den Muskelabbau zu verhindern. Alle bereits erwähnten »Schlankgewürze« unterstützen den Kalorienverbrauch. Insbesondere Chili, Peperoni und Ingwer setzen nach dem Essen besonders viel Energie frei. An den Schlanktagen sind alle Produkte mit einem hohen (schlechten) glykämischen Index wie u. a. Weißbrot, Chips, Bratkartoffeln, Pommes, Kuchen, Kekse, Cornflakes, zucker- oder süßstoffhaltige Getränke tabu.

Zu einem perfekten »Schlanktag« gehört auch ein kleines Bewegungsprogramm. Bereits am Morgen sollten Sie Ihre Muskeln ca. 20 Minuten aktivieren. Hier ist Gymnastik wie Kniebeugen, Liegestützen etc. empfehlenswert. Am Nachmittag oder frühen

Abend gibt es dann noch ein kleines Ausdauertraining. 20 Minuten Joggen, schnelles Gehen oder Radfahren bringen den Kreislauf in Schwung. Nach so einem Tag fühlt man sich richtig gut und das Schöne dabei ist, man leidet keinen Hunger.

Als Betthupferl dürfen Sie sich dann noch wahlweise mit zwei Stückchen schwarzer Schokolade, ein paar Ingwerstäbchen mit Schokoladenüberzug, dunklen Mandelsplittern oder einer kleinen Nuss-Mischung belohnen.

Zum Ausprobieren:

→ **Gesunde Sattmacher:** Auberginen, Brokkoli, Artischocken, weiße und rote Bohnen, Milchprodukte, rohe Karotten, Feigen, Äpfel, Erdbeeren, Vollkornnudeln und Vollkornreis, Haferflocken, Vollkornbrot, Tofu und frischer Fruchtsaft.

→ **Knabberspaß mit Wirkung:** geröstete Mandeln mit Haut, aber ohne Salz. Zwischendurch als Snack (sechs bis acht Stück).

→ **Eine schlanke Bereicherung:** frische bzw. getrocknete Shiitake-Pilze oder Shiitake-Pulver (vier bis fünf Stück bzw. einen Teelöffel zu Salaten, ins Omelett, zu Fleischgerichten oder zu Teigwaren).

→ **Fruchtiger Effekt:** Apfelessig (für Salate oder als Getränk, stark verdünnt mit Wasser und ggf. mit etwas Honig verfeinert).

→ **Erfrischend wirksam:** Sauerkrautsaft, wenn möglich in Bio-Qualität (ein bis zwei Gläser am Tag, wenn es passt, auch zu den Mahlzeiten).

→ **Hilfreicher Genuss:** Guacamole (ein herrlicher Brotaufstrich, probieren Sie ihn mit Vollkorntoast).

→ **Delikate Abnehmhilfe:** Topinambur frisch oder als Trockenpulver, zum Verfeinern, zum Binden von Soßen oder als Alternative zu Kartoffelbrei.

- → **Geheimtipp:** Baobab-Pulver. Eine angenehme Verfeinerung für Müsli, Joghurt oder auch Suppen und Soßen (ca. ein Esslöffel, bei Suppen nicht mitkochen, sondern erst kurz vor dem Essen zugeben, da sonst wertvolle Inhaltsstoffe zerstört werden).
- → **Exotisch bewährt:** reines Zimtpulver (idealerweise aus Ceylon). Gibt Desserts, Backwaren und Warmgetränken einen feinen Geschmack und hilft beim Abnehmen.
- → **Genuss für schöne Momente:** Ein Glas Weiß- oder Rotwein, für den Durst gibt es Wasser dazu.
- → **Aromatische Schlankmacher:** jeweils ein Gewürzstreuer mit Anis, Kümmel, Senfkörnern und Knoblauchpulver.
- → **Geschmackserlebnis mit Wirkung:** Getrockneter schwarzer Knoblauch ist eine echte Geheimwaffe (eine Zehe am Tag, passt zu fast allen Gerichten).
- → **Extrakick:** Kaffee mit Koffein oder grüner Tee. Lecker für zwischendurch sind auch mit dunkler Schokolade umhüllte Kaffeebohnen.
- → **Süßigkeiten zur Belohnung:** Mandelsplitter oder Ingwerstäbchen mit dunkler Schokolade, schwarze Schokolade mit oder ohne Mandeln (zwei Stückchen).
- → **Viel besser als ihr Ruf:** Butter, Käse, Schweinefleisch, Lachs, Ei, Schinken, Frankfurter, Fischstäbchen (nicht frittiert, sondern in der Pfanne mit wenig Öl gebraten), Blutwurst, Erdnüsse, Oliven. Bitte immer in Maßen genießen.

3. Guter Schlaf

Das wunderbare Gefühl, gut geschlafen zu haben, ist durch nichts zu ersetzen.

»Gut schlafen und früh aufstehen verschließt vielen Krankheiten auf wundersame Weise die Tür«, sagt man im traditionellen China. Wenn wir tief und gut schlafen, dann leisten wir damit einen ganz wichtigen Beitrag für unsere Gesundheit. Der Schlaf gibt uns neue Lebenskraft. Im Schlaf regeneriert sich unser Körper. Zellen und Organe werden sprichwörtlich vom Müll befreit, Schäden werden ausgebessert und Träume helfen uns außerdem dabei, seelische Spannungen zu verarbeiten. Guter Schlaf bringt uns also auf äußerst angenehme Weise in Form, damit der Körper am nächsten Tag wieder optimal funktionieren kann.

Und guter Schlaf kann noch mehr: Während wir sanft schlummern, schüttet unser Körper verstärkt das Wachstumshormon HGH aus. Es fördert den Muskelaufbau und aktiviert die Fettverbrennung. Die vermehrte Ausschüttung dieses Hormons senkt auch gleichzeitig den Spiegel des Stresshormons Cortisol. Guter Schlaf macht also schlank und gelassen.

Arthur Schopenhauer hat das einmal so beschrieben: »Der Schlaf ist für den Menschen wie das Aufziehen für die Uhr.« Jeder von uns braucht unterschiedlich viel Schlaf. Sieben bis acht Stunden sind es im Durchschnitt, es gibt aber auch Personen, die etwas mehr brauchen oder mit weniger Schlaf ausreichend regeneriert sind. Die persönlich optimale Schlafmenge hat man dann erreicht, wenn man sich nach dem Aufstehen frisch und ausgeruht fühlt.

Neben der Schlafdauer ist die Schlafqualität für den Erholungseffekt entscheidend. Der reduziert sich ganz erheblich, wenn man nur schwer einschlafen kann oder nachts wiederholt und lange aufwacht. Der Körper wird bei seinen Aufräumarbeiten regelrecht unterbrochen. Das ist ungefähr so, als würde man die Mitarbeiter einer Firma, eine Putzhilfe, einen Arzt oder die Müllabfuhr nach einer Stunde Arbeit wieder nach Hause schicken. Dann bliebe natürlich vieles liegen, viele Patienten unbehandelt oder der Müll würde sich in den Straßen stapeln. Das Ganze wäre dann von Tag zu Tag immer schlimmer.

Auch unser Körper und unsere seelische Verfassung werden durch liegen gebliebene Aufgaben aus Schlafmangel stark belastet. Das kann erhebliche Folgen für unsere Gesundheit und unseren Gemütszustand haben. Wer schlecht schläft, ist nachweislich anfälliger für Krankheiten wie Depression, Diabetes, Fettleibigkeit, Herz-Kreislauf-Probleme, Immunschwäche und allem, was daraus entstehen kann. Daher ist es umso erstaunlicher, dass dem Thema guter Schlaf in unserer hektischen Gesellschaft immer noch so wenig Beachtung geschenkt wird. Immerhin leiden über 25 Prozent unserer Mitmenschen unter Schlafstörungen. Erholsamer Schlaf ist für die Gesundheit aber unerlässlich. Wenn wir schlecht schlafen, dann sollten wir nicht einfach die Augen schließen und dies akzeptieren, denn für fast alle Schlafprobleme gibt es eine Lösung. Gut zu schlafen ist in den meisten Fällen gar nicht so schwierig, wie es vielleicht zu sein scheint, wenn man auf drei Dinge achtet:

→ die richtige Schlafumgebung
→ ein paar Grundregeln
→ eine passende Ernährung

Die wichtigsten Erkenntnisse zur Schlafumgebung und die Grundregeln für guten Schlaf werden wir im nächsten Abschnitt zu »Lebensweisheiten für guten Schlaf« verdichten. Diese werden Ihnen schnell und auf angenehme Art helfen, wieder richtig gut zu schlafen. Im darauffolgenden Abschnitt »Wunderelixiere für guten Schlaf« werden Sie staunen, wie viel man durch die passende Ernährung erreichen kann, und das ganz ohne Schlaftabletten.

Schlaf ist ein wunderbar gesunder Zustand des Gleichgewichts.

Lebensweisheiten für guten Schlaf:

Die erste Voraussetzung, um wirklich gut zu schlafen, ist die richtige Schlafumgebung oder, besser gesagt, eine Wohlfühlatmosphäre. Idealerweise sollte es zunächst einmal im Schlafzimmer ruhig, dunkel und aufgeräumt sein. Räumen Sie alles Unnötige weg. Kein störender Krempel, keine Pflanzen, kein Staubsauger, kein Bügelbrett und möglichst keine oder nur die nötigsten Elektrogeräte. Bei Möbeln und Wänden sollten eher sanfte und kühle Farbtöne überwiegen. Die wirken entspannend. Auch eine dezente Beleuchtung mit Dimmer und eine kleine Leselampe eignen sich bestens für das Wohlfühlschlafzimmer.

Ganz wichtig ist es, vor dem Schlafengehen für ausreichend frische Luft zu sorgen und eine angenehme Raumtemperatur zu schaffen. Es sollte weder eiskalt noch zu warm sein. Der Idealbereich liegt zwischen 16 und 18 Grad. Ist Ihnen nur ein wenig zu kalt oder zu warm, schlafen Sie schlechter ein und wachen nachts häufig auf. Dieser negative Effekt zeigt sich schon bei minimalen Temperaturabweichungen der Körpertemperatur. Achten Sie in diesem Zusammenhang auch auf den richtigen Schlafanzug und die Zudecke. Folgen Sie nicht der alten Tradition, Bettdecken zum Lüften an die frische Luft zu hängen. Insbesondere an feuchten und nebligen Tagen nehmen diese dabei viel Feuchtigkeit auf, die Sie nachts zum Schwitzen oder Frieren bringt. Waschen Sie Ihre Bettwäsche lieber einmal zu viel als einmal zu wenig, denn angenehme Düfte haben einen positiven Einfluss auf unsere

Schlafqualität. Früher legte man einen aromatisch duftenden Apfel neben das Bett. Dieses uralte Hausmittel fördert die Entspannung und einen tiefen Schlaf.

Eine gute Matratze ist natürlich sehr wichtig, damit der Körper bei Nacht entspannt. Sie sollte nicht zu weich, aber auch nicht zu hart sein, sondern so flexibel, dass sie sich an Ihren Körper anpasst, egal, ob Sie auf der Seite oder auf dem Rücken schlafen. Nur wenn Sie rundum bequem liegen, können Sie gut schlafen. Federkernmatratzen sind nur die zweitbeste Lösung. Ihre Metallfedern können sich schlecht auf unseren Schlaf auswirken. Sie verstärken die fast überall in unseren Wohnungen vorhandenen elektromagnetischen Felder (von Steckdosen, Stromleitungen, elektrischen Geräten) und reagieren wie Antennen: Sie nehmen elektromagnetische Strahlung auf und leiten sie direkt an unseren Körper weiter. Das ist dann ungefähr so, als würden wir ein Drittel unseres Lebens auf einer Antenne verbringen. Es gibt sogar Universitätsstudien, die den Verdacht bekräftigen, dass dieser nächtliche Effekt Haut- und Brustkrebs auslösen könnte. Federkernmatratzen können aber auch das Bettklima negativ beeinflussen, indem sie als Luftpumpe fungieren, die bei jeder der zahlreichen Schlafbewegungen kalte Luft an unseren Körper pumpt. Eine Alternative dazu sind Schaumstoffmatratzen, die in vielen Varianten und für jeden Schlaftyp erhältlich sind.

Sehr hilfreich für die optimale Schlafposition ist auch ein geeignetes Kopfkissen. Idealerweise ist es kompakt, fest und gerade groß genug, dass es nur den Kopf und den Nacken stützt. Damit liegen Sie bequem und verspannungsfrei. Wenn es Ihnen so gelingt, in Ihrem Schlafzimmer eine echte Wohlfühlatmosphäre zu schaffen, dann sind das schon einmal beste Voraussetzungen für erholsame Nächte.

Jetzt geht es darum, zusätzlich ein paar Grundregeln zu beachten. Dass man nicht zu spät Abendessen sollte, ist schon bekannt. Solange Magen und Darm intensiv arbeiten, ist erholsamer Schlaf schwierig. Auch koffeinhaltige Getränke sollten wir zu später Stunde möglichst meiden. Sport am Abend hat einen ähnlichen Effekt. Er bringt den Kreislauf in Schwung und ist eher ein Muntermacher als eine Schlafhilfe, auch wenn wir uns dadurch erschöpft fühlen. Machen Sie also lieber einen gemütlichen Abendspaziergang, um von der Aufregung des Tages Abstand zu gewinnen. Bei Wein und Bier ist die Wirkung mengenabhängig. Bei bis zu 0,2 Litern, also einem Gläschen, ist der Effekt eher positiv. Man schläft besser ein. Wenn es mehr wird, dann hat dies immer noch einen positiven Einschlafeffekt, aber die Schlafqualität wird deutlich unruhiger.

Insbesondere bei Einschlafproblemen sollte man auch aufregende Bücher und Filme meiden, weil diese in unserem »Kopfkino« noch lange nachwirken können. Lieber eine leichte Lektüre, bis die Augen zufallen.

Kleine, regelmäßige Rituale sind ebenfalls eine prima Einschlafhilfe. Machen Sie vor dem Schlafengehen etwas, das Ihnen einen Moment der Freude bringt und Sie entspannt. Das könnte der allabendliche Blick aus dem Fenster Richtung Nachthimmel sein, ein paar tiefe Atemzüge frische Luft, das Belohnungsstückchen dunkle Schokolade vor dem letzten Zähneputzen, eine lauwarme Dusche, ein lauwarmes Bad oder sanfte, entspannende Musik kurz vor dem Einschlafen. Und wenn Sie einen Partner haben, dann fällt Ihnen bestimmt noch etwas ein.

Wenn Sie nachts oft nicht abschalten können, weil Sie schon wieder an den nächsten Tag denken müssen, dann planen Sie diesen am besten rechtzeitig vor dem Zubettgehen auf einem kleinen Stück Papier. Damit ist das Thema abgehakt und Sie vermeiden, dass Ihnen nachts tausend Ideen durch den Kopf gehen.

Setzen Sie sich nicht unter Druck, möglichst schnell einzuschlafen, auch wenn es einmal etwas später wird. Es ist ganz egal, ob Sie sofort oder erst nach ein paar Minuten einschlafen. Wichtiger ist in diesem Fall die anschließende Schlafqualität. Genießen Sie den Moment der Ruhe vor dem Einschlafen, denken Sie an etwas Schönes.

Wenn Sie gar nicht müde sind, dann gehen Sie auch nicht ins Bett. Hören Sie auf die Stimme Ihres Körpers und nicht auf die Uhr. Stehen Sie morgens immer zur gleichen Zeit auf, idealerweise auch am Wochenende und im Urlaub. Wenn Ihre innere Uhr einmal darauf eingestellt ist, brauchen Sie fast keinen Wecker mehr und Ihr Körper bekommt auch abends zur entsprechenden Zeit die nötige Bettschwere.

Übrigens: Dass der beste Schlaf immer der vor Mitternacht sein soll, ist ein Mythos. Ausschlaggebend für guten Schlaf ist die biologische Mitternacht, und die liegt zwischen drei und vier Uhr nachts. Die sogenannte Tief- oder Kernschlafphase sollte idealerweise vor dieser Zeit liegen. Dies sind in der Regel die ersten vier Stunden, die dann auch für unsere Erholung entscheidend sind. Wenn wir also gegen 23 Uhr zu Bett gehen, wäre dies die optimale Zeit. Neueste Studien zeigen sogar, dass bei einem intensiven Kernschlaf alle Schlafstunden darüber hinaus auch hin und wieder verkürzt werden können, ohne dass wir uns morgens wie gerädert fühlen.

Ein paar dieser Lebensweisheiten werden Ihnen sicher helfen, damit Sie in Zukunft gut schlafen. Vielleicht beginnen Sie schon heute damit, diese in Ihre Schlafpraxis einzubeziehen; es lohnt sich, denn guter Schlaf ist alles andere als Zeitverschwendung.

 **Gut zu wissen:**

→ Eine Wohlfühlatmosphäre im Schlafzimmer ist Balsam für eine gute Nacht.

→ Nur in einem bequemen Bett kann sich der Körper richtig entspannen.

→ Frische Luft und frischer Duft schaffen ein besseres Schlafgefühl.

→ Metall und Elektrogeräte gehören nicht ins Schlafzimmer.

→ Ein Abendspaziergang ist besser als Abendsport.

→ Wer vor dem Schlafengehen den nächsten Tag plant, wird nachts weniger grübeln.

→ Aufregung vor dem Einschlafen schafft Aufregung in der Nacht.

→ Kleine, schöne Rituale vor dem Zubettgehen fördern die Harmonie im Schlaf.

→ Wichtiger als die Schlafdauer ist die Schlafqualität in der Kernschlafphase.

→ Guter Schlaf ist die Basis für Gesundheit und Wohlbefinden.

Guter Schlaf ist ein medizinisches Wunder, er ernährt die Seele.

Wunderelixiere für guten Schlaf:

Neben einer Wohlfühlatmosphäre im Schlafzimmer und der Beachtung von ein paar Grundregeln spielt die Ernährung eine wichtige Rolle. Bevor wir die Wunderelixiere beschreiben, die das Ein- und Durchschlafen fördern, wollen wir uns ein paar Ernährungsfehler bewusst machen.

Es gibt tatsächlich einige Nahrungsmittel, die den Schlaf erheblich stören können. In der Nacht leisten unsere Leber und die Galle intensive Entgiftungsarbeit. Das funktioniert aber nur dann wirklich gut, wenn sie nicht durch ein fettiges Abendessen belastet werden. Meiden Sie vor dem Schlafengehen Nahrungsmittel, die viel ungesundes Fett enthalten wie z. B. Bratkartoffeln, frittierte Gerichte oder fettiges Fleisch. Auch schwer verdauliche Produkte wie Kohl, Hülsenfrüchte und Rohkost können den Schlaf stören, insbesondere bei Menschen, die zu Blähungen neigen. Nicht empfehlenswert zu später Stunde ist auch Obst, denn die darin enthaltene Fruchtsäure stimuliert den Kreislauf und macht erst einmal wach.

Lassen Sie sich bloß nicht erzählen, dass man abends keine Kohlenhydrate zu sich nehmen darf. Aus wissenschaftlichen Studien weiß man, dass gerade komplexe bzw. gesunde Kohlenhydrate, enthalten in Naturreis, Vollkornbrot, Nudeln oder einem ganz leicht gesüßten Grießbrei, nicht nur müde machen, sondern auch das Einschlafen und die Aufrechterhaltung eines guten Schlafs fördern. Sie unterstützen die Arbeit des Insulins, das dem Tryptophan hilft, gut und schnell ins Gehirn zu gelangen, wo es sich in das Schlafhormon Serotonin umwandelt. Damit dies auch alles rechtzeitig funktioniert, sollten wir die letzte Mahlzeit des Tages spätestens ein bis zwei Stunden vor dem Schlafengehen zu uns nehmen.

Einen ähnlich schlaffördernden Effekt haben mageres Fleisch, Fisch und bestimmte Milchprodukte. Sie fördern die Produktion der bereits bekannten Glückshormone Serotonin und Tryptophan, die auch für schnelles Einschlafen und tiefen Schlaf eine wichtige Rolle spielen.

Nachdem wir nun das eine oder andere Vorurteil hinterfragt haben, können wir die Wunderelixiere für guten und tiefen Schlaf beschreiben.

Beginnen wir zuerst einmal mit den klassischen Hausmitteln. Ein äußerst wohlschmeckendes Gute-Nacht-Getränk ist die seit Großmutters Zeiten bekannte heiße Milch mit Honig. Die im Honig enthaltene Glukose bewirkt, dass das Gehirn das Orexin, ein Hormon, das Nervenzellen anregt, blockiert: beste Voraussetzung für guten Schlaf. Außerdem beeinflusst Milch unsere Psyche, indem wir in halbvergessene Empfindungen der frühen Kindheit eintauchen, als für uns das Fläschchen Milch Ruhe und Geborgenheit verkörperte.

Damit wir keine Schäfchen zählen müssen oder, anders gesagt, um Einschlafschwierigkeiten vorzubeugen, hilft auch ein Tee aus Baldrianwurzeln. Baldrian hat eine entspannende Wirkung und bringt den Körper in einen ausgeglichenen Zustand der Ruhe.

Dass frischer Duft die Schlafqualität steigert, haben wir bereits in unseren Lebensweisheiten gesehen. Als Wunderelixiere hierzu gibt es neben Omas Apfel am Bett auch sogenannte Sleeping Sprays mit Lavendel- oder Kamillenduft, die einfach auf Kopfkissen oder Decke gesprüht werden und den Einschlafprozess sowie die Kernschlafphase positiv beeinflussen. Ihr Vorteil liegt darin, dass die Duftstoffe über einen längeren Zeitraum abgegeben werden.

Weitere leckere Schlafhilfen sind etwas Truthahnfleisch, Emmentaler Käse, Parmesan, Quark und Fisch. Sie enthalten die beiden Hormonen Serotonin und Tryptophan in ausreichender Menge. In Kombination mit komplexen Kohlenhydraten wie z. B. einer kleinen Portion Nudeln, Kartoffeln, Reis oder alternativ einer Scheibe Vollkornbrot, wird ihre Wirkung noch verstärkt. Auch eine Banane ist durchaus empfehlenswert. Einen angenehmen Schlummereffekt haben ebenfalls geröstete Sojabohnen. Sie enthalten über 450 Milligramm Tryptophan pro 100 Gramm.

Ein drittes Hormon, das uns besser schlafen lässt, ist Melatonin. Ein wahrhaftes Wunderelixier zur Produktion dieses Schlafhormons sind Walnüsse. Wissenschaftler haben herausgefunden, dass sich die Melatonin-Konzentration im Blut durch den Genuss von Walnüssen um das Dreifache erhöht.

Auch Sauerkirschen sind reich an natürlichem Melatonin. Ihr Saft kann die Schlafqualität sichtlich verbessern, indem er die störenden Kurzschlafphasen um bis zu 70 Prozent verringert. Ideal wäre, jeweils morgens und abends ein kleines Glas davon zu trinken. Die Sorte mit dem höchsten Melatonin-Gehalt ist die Montmorency-Kirsche. Deren Saft gibt es im Reformhaus sogar als Konzentrat, was die Wirkung noch verstärkt. Als Alternative bieten sich auch getrocknete Sauerkirschen an, die als leckeres Betthupferl genascht werden können.

Ergänzend gibt es auch noch zwei Aminosäuren, die uns dabei helfen, gut zu schlafen: das L-Arginin und das L-Carnitin. Sie sorgen unter anderem dafür, dass das schlafhemmende Zellgift Ammoniak abgebaut wird. Die Aminosäure L-Arginin weitet aber auch die Blutgefäße und fördert damit eine beruhigende Blutdrucksenkung. Einen außerordentlich hohen Gehalt an L-Arginin haben Kürbiskerne (mit 3460 Milligramm pro 100 Gramm) und Erdnüsse (mit über 3000 Milligramm pro 100 Gramm). Das L-Carnitin ist vor allem in Rind- und Lammfleisch in großen Mengen enthalten. Gebratener Hering und getrocknete Steinpilze sind ebenfalls gute L-Carnitin-Lieferanten.

 Zum Ausprobieren:

- → **Traumvesper:** Emmentaler Käse (in Scheiben) und eine kleine Scheibe dunkles Vollkornbrot. Zusammen die ideale Ergänzung.
- → **Erfrischend und beruhigend:** Ein kleiner Vorrat an Sauerkirschsaft oder das Konzentrat aus der Montmorency-Kirsche gehören in das Fach »gut schlafen«.
- → **Schlummertrunk:** Warme Milch mit Honig wie zu Omas Zeiten.

→ **Herrlich entspannend:** ein Tee aus Baldrianwurzeln.

→ **Schlaf aus dem Kühlschrank:** Frischkäse und Quark, aber auch eine kleine Scheibe Fisch oder Fleisch sind immer eine willkommene Abwechslung für ein schlafförderndes Abendessen.

→ **Schlaf aus der Dose:** Der klassische Brathering wird uns gut tun. Am besten mit einer Scheibe Vollkornbrot.

→ **Gute-Nacht-Genuss:** ein Päckchen getrocknete Steinpilze und getrockneter Parmesankäse. Passt bestens zu grünen Salaten und Fleisch.

→ **Zum schläfrig knabbern:** Kürbiskerne, Erd- und Walnüsse. Machen Sie daraus doch eine Mischung und knabbern Sie ein kleines Schälchen beim Fernsehen, Lesen oder bei schöner Musik. Als Alternative empfehlen sich auch getrocknete Montmorency-Kirschen oder knackig geröstete Sojakerne.

→ **Leckere Einschlafhilfe:** eine Scheibe Tofu als Brotbelag oder gegrillt aus der Pfanne.

→ **Wohlfühlduft:** ein Apfel neben dem Bett, frisch gewaschene Bettwäsche, Sleeping Sprays mit Lavendel- oder Kamillenaroma.

→ **Schlummerbrötchen selbst gebacken:** Für zehn Brötchen nehmen Sie 500 g Vollkornmehl, jeweils einen kleinen Teelöffel Salz und Natron, zwei reife gelbe Bananen, 80 ml feines Apfelmus, 50 ml Honig, 125 ml Milch. Zunächst Mehl, Salz, Natron vermischen. Danach den Rest dazugeben, kneten, formen und bei 180 Grad ca. 30 Minuten backen.

4. Kopfschmerzen

Es dürfte sie gar nicht geben und trotzdem, wie durch ein Wunder, sind sie da.

Unser Gehirn ist schmerzunempfindlich, selbst dann, wenn es krank ist. Was wir als Kopfschmerz empfinden, ist also genau genommen nicht der Kopf, sondern die Bereiche außerhalb des Gehirns wie die Hirnhäute und die Knochenhaut, die unseren Schädel auskleiden. Auch die hier verlaufenden Arterien und Venen können schmerzen. All diese Strukturen sind von empfindlichen Nerven durchzogen, die auf viele Störfaktoren reagieren. Auf einmal brummt der Kopf. Das kann ganz schön lästig sein und uns den Alltag kräftig verderben. Dann ist man wirklich nur noch ein halber Mensch.

Wenn Sie gelegentlich oder öfter Kopfschmerzen haben, dann sind Sie kein Einzelfall. Über 70 Prozent der Menschen in Europa leiden unter Kopfschmerzen. Frauen fast doppelt so oft wie Männer. Mediziner und natürlich die betroffenen Menschen sind sehr verzweifelt, wenn sie die Symptome nicht komplett heilen können. Unfreiwillig wird der Kopfschmerz als ständige Begleiterscheinung vieler Lebensumstände akzeptiert. Schnell greift man dann zur Schmerztablette und das immer wieder. Der Kopfschmerz wird zum Bestandteil des Lebens, und man geht der Sache nicht mehr wirklich auf den Grund. Das muss nicht sein, denn mit ein bisschen Ursachenforschung und den richtigen Maßnahmen könnten sich viele Menschen von ihren Kopfschmerzen befreien.

Um dieses Ziel zu erreichen, wollen wir die Kopfschmerzen erst einmal in zwei Gruppen aufteilen. Zur ersten Gruppe (das sind ca. 80–90 Prozent) gehören die indirekten Kopfschmerzen. Man nennt sie auch primäre Kopfschmerzen. Ihnen liegt keine bestehende Krankheit zugrunde. Sie sind sozusagen einfach da. Nur weil auf den ersten Blick keine Ursache erkennbar ist, hat es sich die Medizin leicht gemacht und sie als eigenständige Krankheit definiert. Doch jede Krankheit und jeder Schmerz haben einen Auslöser, und wir sollten uns nicht damit zufriedengeben, jedes Mal aufs Neue zur Schmerztablette zu greifen. Hier lohnt sich insbesondere die Selbstbeobachtung, um mögliche Gründe gut zu identifizieren. Diese könnten z. B. sein: Stress, Verspannungen, psychische Überforderung, zu langes Sitzen, schlechtes Raumklima, unregelmäßige Lebensweise, Flüssigkeitsmangel, Wetterfühligkeit, Schlafstörungen oder auch übertriebener Alkohol- und Nikotingenuss.

Bei der zweiten Gruppe, den direkten Kopfschmerzen, ist es einfacher. Hier liegen die Ursachen in bestehenden Krankheiten. Dazu gehören Infektionen im Hals-Nasen-Ohren-Bereich, Rücken- und Bandscheiben-Erkrankungen, Entzündungen im Gehirn, Zahn- oder Zahnfleischprobleme, zu niedriger oder zu hoher Blutdruck und, so paradox das klingt, die regelmäßige Einnahme von Schmerzmitteln. Wer bei Kopfschmerzen zu häufig Tabletten nimmt, gewöhnt seinen Körper an die Schmerzmittel. Werden die Tabletten dann nicht mehr geschluckt, kann es wiederum zu Entzugserscheinungen in Form von Kopfschmerzen kommen. Ein Teufelskreis.

Bei den direkten Kopfschmerzen ist neben einer Schmerztherapie entscheidend, dass man die auslösende Krankheit behandelt. Für viele der genannten Krankheiten gibt es natürlich auch hervorragende Wunderelixiere, die wir in Kürze kennenlernen werden.

Indirekte Kopfschmerzen, die nicht auf solchen Krankheiten beruhen, sind wohl kaum weniger lästig, können aber gänzlich harmlos sein. Typisch für diese Kategorie sind Migräne, der stechende Kopfschmerz, der Brummschädel und der pochende

Schmerz. Durch ein paar kleine Veränderungen in unserem Tagesablauf und den entsprechenden Wunderelixieren verschwinden diese sehr oft ohne die Anwendung von Medikamenten. Alle Lebensweisheiten und Wunderelixiere, die wir nun beschreiben, sollen dabei helfen, genau dieser häufig auftretenden Art der indirekten Kopfschmerzen vorzubeugen oder sie zu lindern. Es wäre doch schön, wenn wir das Thema Kopfschmerzen ganz vergessen könnten, weil wir erst gar nicht zulassen, dass sie entstehen. Die Chancen dafür stehen gut.

Was wie durch ein Wunder kommt, kann auch wie durch ein Wunder verschwinden.

Lebensweisheiten bei Kopfschmerzen:

Beginnen wir erst einmal mit den kleinen Veränderungen in unserem Lebensalltag. Tägliche Bewegung an der frischen Luft und regelmäßiger, leichter Ausdauersport sind sehr empfehlenswert. Beim Sport ist allerdings Vorsicht geboten. Denn jegliche Übertreibung kann den Kopfschmerz fördern und sogar Migräne-Attacken auslösen.

Wenn Stress, psychische Überlastung oder Druck die Ursachen sein könnten, dann sollte man bewusst darauf achten, sich Zeit für Entspannung zu gönnen: ein kleiner Spaziergang in der Mittagspause, ein Yoga-Kurs oder einfach zwischendurch mal fünf Minuten aus dem Fenster schauen.

Was jetzt kommt, klingt vielleicht etwas langweilig, aber es hat sich bewährt: eine gewisse Konstanz im Tagesablauf zu bewahren. Wer unter der Woche immer früh aufsteht, der sollte am Wochenende nicht unbedingt zu lange ausschlafen. Wer bei der Arbeit viel Tee oder Kaffee trinkt, der sollte an freien Tagen nicht ganz darauf verzichten. Auch regelmäßige Mahlzeiten sind wichtig für ein kopfschmerzfreies Leben. Ein spontan veränderter

Tagesrhythmus am Wochenende oder im Urlaub kann für Menschen, die zu Kopfschmerzen neigen, extreme Auswirkungen haben.

Wenn wir diese Lebensweisheiten berücksichtigen, dann ist es gut möglich, dass es gelingt, Kopfschmerzen deutlich zu lindern oder ganz auszuschalten.

Damit Sie auch die Zeit gut überbrücken, bis diese Veränderungen Wirkung zeigen, gibt es eine medikamentenfreie, oft sehr entspannende Maßnahme, die kurzfristig Abhilfe bei Kopfschmerzen schafft. Vor allem, wenn diese im Stirn- und Seitenbereich auftreten. Geben Sie sich selbst eine kleine, leichte Massage. Dabei fahren Sie mit zwei Fingerkuppen kreisförmig über die Schläfen. Auch an anderen Schmerzpunkten können Sie sich damit Linderung verschaffen, z. B. über den Augenbrauen, hinter den Ohren oder im Nacken. Diese Technik wird auch im Shiatsu oder bei der Akupressur angewandt. Gegebenenfalls nehmen Sie dazu etwas Pfefferminz- oder Eukalyptusöl. Die davon ausgehenden Aromen helfen bei der Entspannung.

Wenn Sie gar keine Vermutung haben, woher Ihre Kopfschmerzen kommen, dann ist es empfehlenswert, für den Anfang Ihrer Therapie ein Kopfschmerztagebuch zu führen. Darin dokumentieren Sie einfach, zu welcher Tageszeit die Kopfschmerzen auftreten, aber auch die Umstände, unter denen das Kopfweh entsteht. Überlegen Sie dabei kurz, was an den Tagen zuvor oder am gleichen Tag passiert ist. Schnell werden Sie herausfinden, dass es Dinge in Ihrem Leben gibt, auf die der Kopf besonders sensibel reagiert. Dinge, die man garantiert verändern kann, aber bestimmt nicht mit Schmerztabletten.

Vielleicht gelingt es nicht immer, aber in den meisten Fällen werden wir herausfinden, warum uns indirekte Kopfschmerzen quälen. Und wir werden ebenfalls feststellen, dass bestimmte Gewohnheiten, der Lebensstil und auch die innere Einstellung ganz häufig die Auslöser sind. So können wir konkret dagegen angehen. Wenn wir uns die Lebensweisheiten gegen den Kopfschmerz zunutze machen, dann ist das wie eine Gebrauchsanleitung für ein kopfschmerzfreies Leben.

Bis die Kopfschmerzen nachlassen, sollten wir immer wieder einen Blick auf die oben genannten Ratschläge werfen, sodass sie uns mit der Zeit in Fleisch und Blut übergehen. Diese Erkenntnisse werden wieder einmal zum roten Faden für mehr Lebensqualität, und wir besiegen den Kopfschmerz mit Köpfchen.

 Gut zu wissen:

→ Bewegung und frische Luft sind beste Verbündete gegen den Kopfschmerz.
→ Regelmäßige kleine Auszeiten und Entspannung schaffen einen klaren Kopf.
→ Psychische Überlastung, Stress und Druck dürfen wir nicht als Dauerzustand akzeptieren.
→ Übertreibungen beim Sport und in der Freizeit fördern den Kopfschmerz.
→ Auch im Urlaub und am Wochenende ist es gut, den täglichen Rhythmus nicht radikal zu verändern.
→ Wir sollten nicht versuchen, uns an Kopfschmerzen zu gewöhnen.
→ In besonders hartnäckigen Fällen hilft ein Kopfschmerztagebuch.

Auf Wunder muss man nur hoffen, wenn es keine Lösung gibt.

Wunderelixiere gegen Kopfschmerzen:

Wenn wir uns die Lebensweisheiten zur Vermeidung und Linderung von Kopfschmerzen zu Herzen nehmen, machen wir schon einmal einen großen Schritt, um diese lästige Qual vielleicht für immer loszuwerden. Sollte uns aber das unangenehme Stechen, Pochen oder Hämmern trotzdem belästigen oder wieder einmal spontan überraschen, dann kommen unsere Wunderelixiere zum Einsatz, und auch damit können wir ganz erstaunliche Ergebnisse erzielen. Dabei unterscheiden wir zwischen Wunderelixieren, die von innen wirken, und solchen, die ihre Wirkung von außen zeigen. Bei den Wunderelixieren, die von innen wirken, ist für jeden Geschmack etwas dabei. Auch hier müssen wir keine bitteren Pillen schlucken.

Das erste Wunderelixier ist, so banal das klingt, Wasser. Täglich sollten wir 1,5 bis 2 Liter stilles Quellwasser oder gutes Leitungswasser trinken. Wie neuere Studien zeigen, könnten viele Kopfschmerzarten schon allein dadurch vermieden oder schnell gelindert werden. Wissenschaftler fanden heraus, dass Wassermangel häufig Kopfschmerzen auslöst, weil fehlende Flüssigkeit neben einer Austrocknung des Körpers und der Verursachung von Sauerstoffmangel auch eine Austrocknung des Gehirns zur Folge hat. Diese kann dann zu Fehlfunktionen in den Nervenzellen führen. Dadurch werden Kopfschmerzen bis hin zu Migräne ausgelöst. Wenn der Kopfschmerz auftritt, empfehlen diese Studien, direkt ein bis anderthalb Liter stilles Wasser zu trinken. Nach einer halben Stunde, spätestens aber nach drei Stunden, sollten die Symptome verschwunden sein, sofern Wassermangel der Grund für die Kopfschmerzen war.

In mehreren Untersuchungen einer Londoner Migräneklinik hat sich diese These bestätigt. Über 60 Prozent der einbezogenen

Kopfschmerzpatienten gaben an, dass sie bereits eine halbe Stunde nach dem Trinken von ca. eineinhalb Litern Wasser beschwerdefrei waren. Bei einem Drittel der Studienteilnehmer kam der positive Effekt spätestens nach drei Stunden. Bisher wurde Wasser als Migränekiller in der medizinischen Literatur kaum beschrieben. Fragen Sie sich also ganz am Anfang Ihres Kampfes gegen Kopfschmerzen, ob Sie ausreichend Wasser trinken.

Wenn Wassermangel nicht die Ursache sein könnte, weil sie bereits genug trinken, dann gibt es noch eine Vielzahl weiterer Wunderelixiere. Viele davon sind ebenfalls flüssiger Natur. Wie wäre es z. B. mit einem Glas Kirschsaft? Kirschen sind ein bewährtes Hausmittel gegen Kopfschmerzen. Ihr Saft, sofern er nicht aus Konzentrat hergestellt ist, zeigt den gleichen Effekt wie die frischen Früchte. Forscher haben herausgefunden, dass der Verzehr von 20 Kirschen eine ähnliche Wirkung haben kann wie eine Aspirin-Tablette. Für den schmerzbefreienden Effekt sind wahrscheinlich die roten Farbstoffe, die sogenannten Anthocyane, verantwortlich.

Wer an starken Kopfschmerzen leidet, sollte sich öfter mal eine entspannende Auszeit nehmen. Das war eine unserer Lebensweisheiten. Wie wäre es dabei mit einer schönen Tasse Kaffee oder einem starken Espresso? Koffein steigert nicht nur die Leistungsfähigkeit unseres Gehirns, sondern kurbelt auch den gesamten Stoffwechsel an. Die Blutgefäße weiten sich, der Herzschlag wird erhöht und die Organe werden besser durchblutet. Diese anregende Wirkung des Koffeins lindert auch – zumindest vorübergehend – den Kopfschmerz. Koffein kann aber noch mehr: Es blockiert die Bildung eines Enzyms, das für die Freisetzung von Prostaglandinen verantwortlich ist. Prostaglandine sind hormonähnliche Substanzen, die unter anderem an der Weiterleitung von Schmerzen beteiligt sind. Sie spielen eine wichtige Rolle bei Kopfschmerzen aller Art wie etwa Migräne oder Spannungskopfschmerzen. In Verbindung mit einem Schuss Zitronensaft wird diese Wirkung noch verstärkt. Aus diesem Grund steckt auch in vielen Schmerzmitteln eine Mischung aus Koffein und Vitamin C. Früher wurde Coca-Cola mit einer Zitronenscheibe sogar zur Therapie gegen Kopfschmerzen eingesetzt.

Falls Sie eher Teetrinker sind, dann probieren Sie eine Tasse schwarzen Tee mit Zitrone. Auch Heilkräutertees zeigen Wirkung. Machen Sie am besten eine Mischung aus Lavendelblüten, Melissenkraut und, falls verfügbar, Waldmeisterkraut (jeweils ein Drittel). Vielfach unbekannt, aber sehr wirkungsvoll ist Weidenrinde, die ebenfalls als Tee in der Apotheke oder im Reformhaus erhältlich ist. Sie enthält Salizylsäure, den Wirkstoff, der auch in Aspirin-Tabletten enthalten ist.

Es gibt auch ein paar Gewürze, die bei Kopfschmerzen Linderung verschaffen. Oregano z. B. ist ein altbewährtes Hausmittel, das Sie reichlich für Salate, Pizza und Pasta verwenden können. Und wenn Sie es noch würziger mögen, dann legen Sie eine frische Ingwerknolle in Ihr Wunderelixier-Schränkchen, oder Sie verwenden getrocknetes Ingwerpulver. Als Gewürz lässt sich Ingwer hervorragend zu Salaten, Suppen, Soßen sowie für fast alle Fisch- und Fleischgerichte verwenden.

Bei den Wunderelixieren, die von außen wirken, starten wir zuerst wieder mit dem Wasser. Versuchen Sie bei Kopfschmerzen einmal eine Wechseldusche. Heiß-kalt ein paarmal wiederholen. Das bringt zum einen kühlende Erleichterung, und die Wärme hat vor allem im Rücken-/Nackenbereich einen lindernden Effekt auf den Kopfschmerz. Alternativ dazu kann man es auch mit Wechselbädern der Füße versuchen – ein Fußbad mit heißem und eines mit kaltem Wasser. Das regt die Durchblutung im ganzen Körper an und hilft somit auch bei Kopfschmerzen.

Aromatische Erleichterung bringen hochwertige ätherische Öle. Probieren Sie Pfefferminz oder Eukalyptus. Schon jeweils ein Tropfen auf den Schläfen kann den Kopfschmerz lindern. Melissengeist ist vor allem in Deutschland ein traditionelles Heilmittel, dessen Wirkungsweise schon seit der Antike bekannt ist. Bereits der berühmte Arzt Paracelsus schätzte die Melisse im 16. Jahrhundert als wirksame Arznei, unter anderem zur Behandlung von Kopfschmerzen. Seit 1826 gibt es Melissengeist sogar in Form eines alkoholhaltigen Kräuterauszugs, erfunden von der Kölner Apothekerin Maria Clementine Martin.

Warum also mit Kanonen, oder anders gesagt, starker Medizin auf Spatzen schießen, wenn uns die Natur so viele Möglichkeiten gibt? Probieren Sie aus, was Ihnen gut tut.

 Zum Ausprobieren:

→ **Erfrischende Erleichterung:** Mindestens 1,5 bis 2 Liter stilles Wasser am Tag trinken. Bei Kopfschmerzen durch Wassermangel helfen oft schon zwei bis drei Gläser, um die Symptome zu lindern.

→ **Fruchtige Hilfe:** Ein kleines Fläschchen Kirschdirektsaft kann wahre Wunder bewirken und sogar eine Schmerztablette ersetzen.

→ **Stark und wirksam:** ein doppelter Espresso, eine Tasse Kaffee oder schwarzer Tee. Idealerweise, wenn man es verträgt, ein kleines Glas Wasser mit einem Schuss Zitronensaft dazu. Für Ihr Schränkchen eignen sich: Espressopulver oder Instantpulver mit Koffein, Zitronensaftkonzentrat, Schwarztee oder auch Instanttee zum Anrühren.

→ **Heilkräutermischung:** getrocknete Lavendelblüten, Melissenkraut und Waldmeisterkraut gemischt. 3 Teelöffel auf 1/4 Liter Wasser (5 Minuten ziehen lassen) ergeben einen feinen Kopfschmerztee.

Alternativ kann es auch Weidenrinde sein. Davon nimmt man
1 Esslöffel für ¼ Liter Wasser.

→ **Aromatische Erleichterung:** Oregano, frisch oder getrocknet.
Ein perfektes Gewürz, das Ihrem Gaumen schmeckt und Ihrem
Kopf gefällt.

→ **Würze und Schärfe mit Wirkung:** frischer Ingwer als Tee
(ca. 2–3 Scheiben in einer großen Tasse aufgebrüht) oder als
raffiniertes Gewürz, klein geschnitten. Eine frische Ingwerknolle
oder Ingwerpulver ergänzt Ihr Schränkchen.

→ **Entspannende Essenz:** ätherisches Pfefferminzöl zum Betupfen
oder Einreiben der Schläfen.

→ **Hilfe von außen und innen:** Als altes Heilmittel bewährt ist der
Melissengeist zum Einreiben oder als trinkbare Variante.

5. Rückenschmerzen

Ein gesunder Rücken ist einfach wunderbar.

Es ist schon dramatisch: Nur jeder fünfte Mensch der modernen
Industrienationen bleibt von Rückenschmerzen verschont. Aktuelle Studien belegen, dass jeder zweite Europäer im Erwachsenenalter sogar regelmäßig Rückenschmerzen hat. Meistens sind sie
harmlos, aber extrem lästig, vor allem dann, wenn sie ständig wie-
derkehren.

Am häufigsten quälen uns die sogenannten Kreuzschmerzen.
Sie entstehen im unteren Bereich der Wirbelsäule. Eindrucksvoll
beschrieben wird diese Art von Schmerz vor allem in der Werbung, wenn sich jemand verzweifelt und mit schmerzverzerrtem
Gesicht an den Rücken fasst, bevor dann das entsprechende Medikament die wohltuende Erleichterung (zumindest vorübergehend) schafft.

Ebenfalls häufig treten Schmerzen im oberen Bereich der Halswirbelsäule auf, die oft als Verspannung oder Nackenschmerzen bezeichnet werden. Gemeinsam haben diese Arten von Rückenschmerzen, dass sie meist von den weichen, aktiven und passiven Bewegungselementen und Haltestrukturen des Rückens ausgehen. Dazu zählen vor allem die Rückenmuskulatur, Sehnen, Bänder, der berühmte Ischiasnerv und die Faszien. Die Faszien sind das Bindegewebe, das unseren gesamten Körper durchdringt und ihn formt. Durch ihren immensen Anteil an Rezeptoren sind sie auch das größte Sinnesorgan des Körpers, was wir insbesondere im Rücken zu spüren bekommen, weil sie sich dort durch seelische und körperliche Einflüsse besonders leicht entzünden.

In 90 Prozent aller Fälle sind Rückenschmerzen »unspezifisch«, das heißt, es liegt ihnen keine Krankheit zugrunde.

Die restlichen 10 Prozent werden durch Veränderungen an der Wirbelsäule oder andere Leiden hervorgerufen. Zu diesen 10 Prozent, den sogenannten spezifischen Rückenschmerzen, zählen z. B. der Bandscheibenvorfall, die Rückenverkrümmung (Skoliose), die Arthrose, der Gelenkverschleiß und die Osteoporose. Hier empfehlen sich auf jeden Fall ein Arztbesuch und eine medizinische Analyse.

Und jetzt kommt die wunderbare Nachricht: Unspezifische Rückenschmerzen können ganz von selbst wieder verschwinden. Durch ein paar wichtige Erkenntnisse und die richtige Ernährung kann man sie dauerhaft verhindern. Kurzum: 90 Prozent aller Rückenschmerzen müssen also gar nicht sein. Aber Vorsicht: Wenn wir nichts unternehmen, oder immer dann, wenn wir vorschnell zu Schmerzmitteln greifen, anstatt die Ursache anzugehen, dann können sich auch unspezifische Rückenschmerzen festsetzen und chronisch werden. Selbst harmlose Rückenschmerzen können dazu führen, dass sich Bandscheiben, Knochen und Gelenke vorzeitig abnutzen und Langzeitschäden entstehen. Damit dies auf keinen Fall passiert, gibt es Lebensweisheiten und Wunderelixiere, die uns helfen, das Leben mit einem stabilen und vor allem schmerzfreien Rücken zu genießen. Abgesehen davon, dass Rückenschmerzen, egal zu welcher Tages- oder Nachtzeit, wirklich lästig sind, schafft ein gesunder Rücken auch mehr Selbstbewusstsein und ein angenehmes Lebensgefühl.

Beginnen wir also am besten gleich damit, uns selbst den Rücken zu stärken.

Wenn unser Lebensstil auf den Rücken drückt, dann bewirken kleine Veränderungen wahre Wunder.

Lebensweisheiten bei Rückenschmerzen:

Gerade bei Rückenschmerzen sind einige Lebensweisheiten wahre Wunderelixiere. Bei 90 Prozent aller Rückenschmerzen lassen sich die Ursachen auf vier Faktoren zurückführen: psychische Probleme (Ängste und Sorgen im Privat- und Berufsleben, Depression), Stress (Zeitdruck, Leistungsdruck), Über- bzw. Untergewicht (oft verbunden mit einseitiger Ernährung, depressiven Essstörungen wie Bulimie oder Anorexie), Tagesablauf (Arbeit, Hobby, Sport). Alle diese Faktoren wirken sich im wahrsten Sinne des Wortes auf die eigene Haltung aus. Unser Rücken trägt sprichwörtlich die ganze Last. Redewendungen wie »sich krumm machen«, »kein Rückgrat haben«, »die Probleme schultern« sprechen Bände. Und dann kommen auch gleich noch die pauschalen Empfehlungen: »Man muss aufrecht durchs Leben gehen« oder »Man darf sich nicht hängen lassen«. Wenn uns aber Probleme und Sorgen quälen, der Stress zu viel wird und uns wieder einmal der Wille fehlt, uns zu bewegen, dann fällt es schwer, die richtige Haltung zu bewahren. Wer unter Strom steht, verspannt seinen Rücken, und das führt früher oder später zu Rückenschmerzen. Deshalb müssen wir Körper und Geist wieder ins Gleichgewicht bringen.

Es ist also wichtig, herauszufinden, was uns wirklich auf den Rücken schlägt. Nehmen Sie sich erst einmal Zeit für eine kurze Bestandsaufnahme. Beantworten Sie stichwortartig folgende Fragen auf einem Blatt Papier:

→ Habe ich Probleme mit der Familie oder mit dem/der Partner/in?
→ Habe ich Probleme am Arbeitsplatz (Stress, Zeitdruck, Leistungsdruck, hohe Belastung)?
→ Fühle ich mich oft angeschlagen oder angespannt?
→ Quälen mich Zukunftsängste oder Sorgen (Beruf, Familie, Finanzen, Sicherheit, Orientierungslosigkeit, wichtige Entscheidungen)?
→ Fällt es mir schwer, andere um Hilfe zu bitten?
→ Geht mir ein »reiß dich zusammen« durch den Kopf, wenn der Rücken schmerzt?
→ Greife ich gerne und schnell zur Schmerztablette?
→ Bin ich öfter schlecht gelaunt?
→ Mache ich bei Schmerzen selten Pausen und Übungen zur Entspannung?
→ Habe ich Über- oder Untergewicht statt ein gesundes Wohlfühlgewicht?
→ Bewege ich mich zu wenig?
→ Wird mein Rücken zu stark oder einseitig belastet (beim Sitzen, beim Tragen, beim Sport)?

Bei jedem »Ja« haben Sie einen potenziellen Auslöser für Rückenschmerzen entdeckt. Jetzt können Sie aktiv werden! Wertvolle Lebensweisheiten und Ernährungsempfehlungen zu den Risikofaktoren Ängste, Sorgen, Stress, Depression und Gewicht finden Sie an den entsprechenden Stellen in diesem Buch. Wenn Sie diesen Empfehlungen folgen, dann werden Sie sehen, wie sich Ihr Rücken schon für kleine Veränderungen bedankt.

Werden Sie aktiv, leiden Sie nicht im Stillen und versuchen Sie auch nicht auf Dauer, die Tage und Nächte mit Schmerzmitteln zu überstehen. Rücken Sie Ihrem Rückenschmerz von allen Seiten zu Leibe.

Zum Thema Gewicht möchte ich Ihnen an dieser Stelle noch einen ergänzenden Rücken-Hinweis geben: Nicht nur Übergewicht, sondern auch Untergewicht kann langfristige Rückenprobleme auslösen. Untergewicht schwächt die wichtigen und stützenden Rücken- und Bauchmuskeln, die der Wirbelsäule Halt geben und die optimale Stellung ausbalancieren. Es kann sich auch schädigend auf die Funktionen wichtiger Gelenke, Knorpel und Knochen auswirken und sogar die Entstehung von Arthritis, Arthrose, Osteoporose bis hin zur Verformung der Wirbelsäule fördern. Im Zweifel gilt: Lieber ein Kilo zu viel als eines zu wenig.

Was den Risikofaktor Tagesablauf betrifft, so achten Sie am besten auf folgende, ganz alltägliche Dinge: Sitzen Sie rückenschonend und entspannt. Nutzen Sie die gesamte Sitzfläche Ihres (Büro-)Stuhls. Achten Sie beim Sitzen darauf, dass die Füße flach auf dem Boden stehen und dass Ober- und Unterschenkel einen Winkel von ca. 45 Grad bilden. Ober- und Unterarme sollten beim Arbeiten idealerweise einen rechten Winkel bilden. Sitzen Sie, auch wenn andere Ihnen das empfehlen, nicht zu lange in einer aufrechten Position. Das ist genau die Sitzhaltung, in der die Bandscheiben und das Rückgrat stark belastet werden. Beim geraden Sitzen steigt der Druck auf die Bandscheiben auf 140 Prozent (aufrecht stehend liegt er bei 100 Prozent). Sitzen Sie auch nicht leicht nach vorne gebeugt. Hier steigt die Belastung sogar auf 200 Prozent. Übrigens, auch wenn man Ihnen das als Kind verboten hat, jetzt dürfen Sie sogar behaglich lümmeln. Das tut dem Rücken gut! Lehnen Sie sich öfter entspannt im Stuhl zurück. Ideal hierfür ist ein flexibler Wippstuhl.

Machen Sie auch öfter mal eine Pause vom Sitzen. Verharren Sie nie länger als 30 Minuten in derselben Position. Stehen Sie betont locker und vermeiden Sie ein Hohlkreuz. Beim Bücken sollte die Hauptbelastung immer auf Ihren Beinen liegen. Gehen Sie ausnahmslos mit geradem Rücken in die Hocke. Heben Sie schwere Gegenstände (wenn überhaupt) nur mit hüftbreiten Beinen und so nah am Körper wie möglich. Achten Sie beim Tragen von Lasten immer auf eine gleichmäßige Verteilung. Nehmen Sie statt einer schweren Einkaufstasche lieber zwei leichtere, jeweils für die rechte und linke Hand, oder besser noch einen Rucksack; so schonen Sie Ihre Wirbelsäule, die Bandscheiben, die Schultergelenke und verbessern auch noch Ihre Körperhaltung.

Vermeiden Sie zu harte Schuhe, die können dem Rücken ziemlich schaden. Gehen Sie öfter barfuß auf weichem Untergrund, auch darüber freut sich Ihr Rücken. Entlasten Sie Ihren Rücken beim Anziehen von Slip, Socken und Jeans, indem Sie sich gegen eine Wand lehnen. Vermeiden Sie, wenn möglich, jede Art von Schonhaltung. Die schadet Ihrem Rücken, weil dabei bestimmte Muskelgruppen übermäßig beansprucht werden und verspannen.

Sorgen Sie für leichte Bewegung und gezielte Entspannung. Das sind wichtige Voraussetzungen für einen gesunden Rücken. Damit erzielen Sie gleich mehrere Effekte. Bewegung kräftigt nicht nur Sehnen, Bänder und Muskeln, sondern sorgt auch für eine verstärkte Durchblutung und die Regeneration des Gewebes, vorausgesetzt, Ihr Körper bekommt die notwendigen Nährstoffe. Dieser Effekt wird durch gezielte Entspannungsphasen noch verstärkt, weshalb insbesondere Sportarten wie z. B. Yoga, Walking, Wandern, leichter Kraftsport mit Gewichten oder Schwimmen sehr empfehlenswert sind. Beim Schwimmen wiederum sind es die Varianten Kraul- oder Rückenschwimmen, bei denen der Körper gestreckt und der Rücken abwechselnd be- und entlastet wird. Wenn Sie nach dem Sport ausruhen, dann am besten in einer Entlastungsposition, in der Wirbelsäule und Ischiasnerv entspannen, z. B. indem Sie sich flach hinlegen und die Unterschenkel mit einer geeigneten Stütze im rechten Winkel hochlagern. Sie werden sehen, wie gut das tut. Außerdem ist diese Position optimal dafür geeignet, dass die Bandscheiben Flüssigkeit für ihre Pufferfunktion aufnehmen.

Entspannen Sie sich auch im Alltag ab und zu durch gezieltes Nichtstun, idealerweise bei klassischer Musik!

Falls Sie Raucher sind, dann sollten Sie den Tabakkonsum aufgeben oder zumindest einschränken. Raucher haben eine deutlich höhere Anfälligkeit für chronische Kreuzschmerzen. Dies erklärt sich u. a. aus der verschlechterten Durchblutung, die zu Arteriosklerose und einer Verminderung der Knochensubstanz führt.

Ein Auslöser für Rückenschmerzen könnten auch Fehlstellungen im Zahn- oder Kieferbereich sein. Menschen, die mit den Zähnen knirschen, ein Knacken im Kiefergelenk spüren, Schmerzen beim Kauen haben oder unter Tinnitus bzw. Kopfschmerzen leiden, können Rückenprobleme oftmals durch einen Zahnarztbesuch lösen. Immerhin treten bei über 60 Prozent der Menschen mit solchen Dentalproblemen auch Rückenschmerzen auf.

Wenn Sie mit diesen Empfehlungen Ihr Rückenprogramm langsam, aber konstant beginnen, und es dazu noch schaffen, das Leben etwas leichter zu nehmen, Stress abzubauen und sich selbst und Ihr seelisches Wohlbefinden mehr in den Mittelpunkt zu stellen, dann muss Ihr Rücken weniger (er-)tragen und hält auch zukünftige Belastungen locker aus.

Tun Sie Ihrem Rücken etwas Gutes. Schon mit einfachsten Mitteln erreichen Sie viel. Und »rücken Sie nicht ab« von Ihren guten Vorsätzen!

 Gut zu wissen:

→ 90 Prozent aller Rückenschmerzen sind unspezifisch und lassen sich durch kleine Veränderungen von Lebenseinstellung und Lebensgewohnheiten leicht beseitigen.

→ »Wenn die Seele weint, tut der Rücken weh.« Kummer, Stress und Überlastung schlagen uns auf den Rücken.

→ Wer unzufrieden ist mit seinem Job, sich über Mitmenschen, Kollegen, Vorgesetze ärgert, hat ein hohes Risiko für Rückenschmerzen.

→ Rückenschmerzen sind ein Warnsignal: Man sollte unbedingt eine Bestandsaufnahme des »persönlichen Wohlbefindens« machen (was will mir dieser Schmerz sagen?).

→ Wir müssen lernen, die Dinge lockerer zu sehen und vielen Problemen langfristig »den Rücken zu kehren«.

→ Übergewicht führt zu starker Belastung des Rückens, Untergewicht »zehrt« den Rücken aus. Beide führen zu chronischen Langzeitschäden.

→ Fehlstellungen im Zahn- oder Kieferbereich, nervöses Knirschen und Zähnepressen können Rückenschmerzen verursachen.

→ Für einen rückenschonenden Tag sollte man sich folgende Fragen stellen: Sitze ich richtig, liege ich richtig, bewege ich mich ausreichend, belaste ich meinen Rücken nicht zu stark und einseitig, hilft mir mein Sport dabei, die Rücken- und Bauchmuskulatur langsam und schonend aufzubauen?

→ Sich morgens ausgiebig zu strecken und zu rekeln bedeutet für den Rücken einen guten Start.

→ »Was gut tut, ist richtig.« Der Rücken liebt Abwechslung – im Büro, beim Sport, beim Entspannen. Still sitzen war gestern.

→ Balsam für den Rücken sind kleine Pausen mit gezieltem Nichtstun.

→ Wer sich bei unspezifischen Rückenschmerzen ins Bett verkriecht oder aufhört, sich zu bewegen, macht genau das Falsche.

→ Rückentraining heißt: Treppe statt Fahrstuhl, Spaziergang statt Sofa, Rücken-Fitness statt Stammtisch, raus ins Freie.

→ Mit seinem Rücken sollte man so umgehen, wie er es verdient.

Auf wunderbare Weise sorgt die Ernährung für einen starken Rücken.

Wunderelixiere gegen Rückenschmerzen:

Auf den ersten Blick haben unsere Stimmungslage, die Ernährung und Rückenschmerzen nicht viel gemeinsam. Doch gerade am Beispiel Rücken zeigt sich, dass Körper, Psyche und Ernährung untrennbar zueinander gehören. Alles, was uns dabei hilft, seelisch ausgeglichen zu sein und den Körper zu kräftigen, tut dem Rücken gut. Neben ein paar rückenschonenden Lebensweisheiten kann man auch mit der richtigen Ernährung auf wunderbare Weise für einen stabilen Rücken sorgen.

Die Grundversorgung mit wichtigen Vitaminen und Mineralstoffen nimmt dabei eine Schlüsselstellung ein. Zink und Calcium in Verbindung mit Vitamin D fördern den Erhalt der Knochensubstanz, entkrampfen die Muskeln und schützen vor Osteoporose. Vitamin K hilft bei der Bildung von Eiweißen im Knochen, Vitamin A beeinflusst das Knochenwachstum. Ma-gnesium und Kalium stabilisieren die Knochen und verbessern die Stressresistenz von Nerven und Muskeln. Vitamin C unterstützt die Bildung von Kollagen im Bindegewebe und stärkt die Gelenke.

Mit einer Mischung aus Hartkäsesorten (Emmentaler oder Parmesan), Gemüse (Karotten, Kohl, Brokkoli, Spinat, Rosenkohl, Avocado, Kürbis), speziellen Früchten (Aprikosen, Pfirsiche, Sanddorn, Äpfel, Zitrusfrüchte), Hülsenfrüchten (Linsen, Erbsen, Bohnen), Sonnenblumenkernen, Cashewkernne, Walnüssen, Kakao, Milch, Eiern, fetten Fischsorten (Lachs, Hering), Meeresfrüchten (Muscheln, Krabben), Innereien (Leber) und einer täglichen Dosis Sonnenlicht (ca. 20 Minuten) ist man bestens versorgt. Vermeiden Sie zu viel Alkohol (der schädigt die Knochenzellen) und schlechtes Fett in der Nahrung (das behindert die Aufnahme von Kalzium im Darm).

Oft deuten Rückenschmerzen auch auf eine Übersäuerung des Körpers hin, insbesondere im Fall von Verspannungen und Muskelbeschwerden. Säurebildende Speisen wie z. B. Fleisch, Weißbrot, Pasta, Weißwein, Weinessig, Zucker können das Gleichgewicht stören. Mit Vollkornprodukten, Kartoffeln, Gemüse, Pilzen und Fisch bringen wir das aber wieder in Ordnung. Bewährte Heilkräuter zum Entsäuern sind Brennnessel und Löwenzahn. Schnelle Hilfe durch ihre wohltuende und entspannende Wirkung von außen schaffen auch Wunderelixiere wie Pferdebalsam, Franzbranntwein und China-Balsam.

Oft hilft auch ein warmes Bad mit einem Badezusatz aus jeweils einem Teelöffel Thymian-Öl, Hopfen-Öl und zwei Löffeln Honig.

Generell lindernd sind natürlich auch eine leichte Massage und wohlige Wärme in Form von natürlichen Wärmepflastern oder Salben aus Cayennepfeffer (sie wirken durchblutungsfördernd und gleichzeitig entspannend auf die Muskeln).

Als natürliche Schmerzmittel lassen sich Teufelskralle oder Weidenrinde anwenden. Es gibt sie in Form von Extrakten, als Tee, als Tabletten oder als Balsam. Ab und an eine Tasse Baldriantee entspannt sowohl den Geist als auch die Muskeln. Bei entzündungsbedingten Rückenschmerzen hat sich auch Kurkuma (als Gewürz für viele Speisen) bewährt.

Vergessen Sie nicht, genug zu trinken. Die Nährstoffversorgung der Bandscheiben und Gelenke klappt nur mit viel Flüssigkeit. Wissenschaftliche Studien zeigen, dass Rückenschmerzen sogar manchmal durch erhöhte Flüssigkeitszufuhr beseitigt werden konnten. Bei degenerativen Erkrankungen und zur Regeneration von Knochen, Knorpeln, Sehnen, Bändern und Gelenken kann das in der Gelatine enthaltene Kollagen bei regelmäßigem Genuss einen schützenden, schmerzlindernden und vorbeugenden Effekt erzielen.

Leider findet man das Kollagen der Gelatine nicht im Pflanzenreich. Als Alternative für Vegetarier empfehlen sich die Vitamine C und K, die großen Stimulatoren für unseren Körper, damit er Kollagen auf natürliche Weise produziert.

Genießen Sie eine reichhaltige Auswahl an rückenfreundlichen Wunderelixieren und hoffentlich bald auch einen entspannten und gesunden Rücken.

 Zum Ausprobieren:

→ **Rücken-Basics:** Emmentaler Käse und Parmesan. Gelbes und grünes Obst und Gemüse, Lachs, Hering, Meeresfrüchte, Leber, Eier, Milch (am besten mit Kakao), Hülsenfrüchte und täglich Sonnenlicht.
→ **Den Rücken in Form knabbern:** Sonnenblumenkerne, Cashewkerne und Walnüsse.
→ **Den Rücken schonen:** wenig Alkohol und wenig schlechte Fette (z. B. aus Schweinefleisch, Transfette aus industrieller Nahrung, frittierte Produkte).
→ **Den Rücken vor Säure schützen:** Lieber Kartoffeln, Obst, Gemüse, Fisch, Obstessig statt Weißbrot, Pasta, Fleisch und Weinessig.

- → **Aktiv-Kur gegen Übersäuerung:** Brennnesseltee, Löwenzahntee oder Löwenzahn- bzw. Rucola-Salat.
- → **Durstlöscher für den Rücken:** 1,5 bis 2 Liter Wasser am Tag. Eine Wohltat für die Bandscheiben.
- → **Entspannung pur:** Ein Tee aus Baldrianwurzeln entspannt nicht nur den Rücken.
- → **Wirkung von außen:** Franzbranntwein, China-Balsam und Pferdebalsam schaffen spürbare Erleichterung.
- → **Wärme tut dem Rücken gut:** ein Badezusatz aus Thymian- und Hopfen-Öl und dazu noch ein bis zwei Esslöffel Honig.
- → **Wärme für unterwegs:** Pflaster und Salben mit Cayennepfeffer-Extrakt.
- → **Entzündungshemmer:** Kurkuma tut dem Rücken gut bei Entzündungen von Muskeln und Gelenken. Würzen Sie Ihre Speisen öfter mal damit.
- → **Natürliche Schmerzmittel:** Teufelskralle und Weidenrinde als Extrakt, Balsam oder Tee schaffen vorübergehende Erleichterung.
- → **Natürlicher Schutz:** Gelatine in Saft oder kaltem Tee auflösen oder als zuckerfreien Wackelpudding genießen. Ideal für jedes Alter.
- → **Die generelle Regel für einen gesunden Rücken:** nicht strapazieren, gut ernähren, in Bewegung bleiben, kein Stress.

6. Magen- und Darmbeschwerden

Ein gutes Bauchgefühl ist einfach wunderbar.

Eigentlich sollten wir von unserem Magen und unserem Darm in vollen Zügen schwärmen. Denn was da geschieht, grenzt wirklich an ein Wunder der Natur. Wenn wir unser Verdauungssystem nicht als etwas Abfälliges und Ekliges abtun, sondern es schätzen lernen und gut behandeln, dann wird es zu unserem besten Freund.

Unser Darm ist nicht nur für das Immunsystem und einen ausgeglichenen Hormonhaushalt verantwortlich, sondern auch für unsere Stimmung, das Wohlbefinden, die Leistungsfähigkeit und ein gesundes Alter. Immer stärker verdichten sich auch die Hinweise, dass der Darm, neben dem Gehirn, sogar für unsere gesamte Gefühlswelt eine wichtige Rolle spielt. Selbst Krankheiten wie Depressionen, Angstgefühle, innere Unruhe, Mundgeruch, Migräne und vorschnelle Hautalterung, aber auch Allergien und Hämorrhoiden können durch unser Verdauungssystem hervorgerufen werden.

Das richtige Körpergewicht wird durch einen gesunden Darm ebenfalls ganz entscheidend beeinflusst.

Unser gesamtes Verdauungssystem redet bei fast allen Themen, bei denen es um unseren Körperzustand geht, kräftig mit. Wir fühlen uns gut, schlecht, euphorisch, motiviert ... Rund 100 Millionen Nervenzellen sind im Darm vernetzt, ungefähr genauso viele wie im Rückenmark. Dieses Bauchgehirn beeinflusst unseren Gemütszustand und unsere Gesundheit sogar stärker, als wir glauben.

80 Prozent aller Informationen werden vom Darm ins Gehirn übertragen. Nur 10 Prozent der Informationen laufen hingegen vom Gehirn in den Darm. Unser Darm ist also ein Wunder der Natur, dessen Kraft wir nutzen sollten. Es geht demnach nichts über einen gesunden Magen und einen gepflegten Darm. Wenn wir ein »gutes Bauchgefühl haben«, dann ist die Welt in Ordnung.

Jetzt schauen wir einmal, wie das geht. Immerhin leiden zwei Drittel aller Frauen und mindestens ein Drittel aller Männer regelmäßig unter Verdauungsproblemen. Wie bei allen körperlichen Beschwerden gibt es auch hier eine Vielzahl von Ausprägungen. Wir wollen uns auf diejenigen konzentrieren, die sehr häufig vorkommen und denen man mit recht einfachen und vielversprechenden Maßnahmen sowie den entsprechenden Wunderelixieren begegnen kann. Fast jeder von uns kennt sie: Magenprobleme wie Völlegefühl oder klassische Verdauungsbeschwerden, Blähungen, Durchfall oder Verstopfung.

Immer häufiger, vor allem bei Frauen, findet sich auch das Problem des Reizdarms. All diesen Beschwerden ist eines gemeinsam. Sie sind eine Störung des Verdauungsprozesses, aber noch keine wirkliche Krankheit. Der Körper sendet hier Signale, dass irgendetwas mit unserer Ernährung und/oder der Lebensweise nicht stimmt. Die wirklich ernsten Krankheiten in unserem Verdauungstrakt, die langfristig entstehen, lassen sich oft schon dadurch vermeiden, dass wir diesen scheinbar harmlosen Beschwerden frühzeitig Einhalt gebieten. Meist nach dem Essen und fast wie aus heiterem Himmel verderben sie uns die gute Laune. Menschen, die unter Blähungen leiden, neigen vielfach auch zu Verstopfung und Völlegefühl, weshalb man diese Themen immer zusammen betrachten sollte. Obwohl es sich manchmal so anfühlt, entstehen Blähungen nicht im Magen, sondern im Darm. Die Ursache lässt sich vereinfacht so beschreiben: Der Darm füllt sich mit Luft, seine Beweglichkeit wird vermindert, er wird träge. Tendenziell führt das dann auch zu Verstopfung. Eine ärztliche oder medikamentöse Therapie ist bei Blähungen und Verstopfung natürlich möglich, aber nur selten wirklich notwendig. Meist lässt sich das Problem mit einer geringfügigen Umstellung von Lebensstil und Ernährung in den Griff bekommen.

Beim Reizdarm sind die Ursachen neben zu viel Fett und Zucker in der Nahrung, Infektionen durch z. B. eine geschädigte Darmbarriere oder Nebenwirkungen von Medikamenten vielfach psychischer Natur. Auslöser sind oft Stress, Ärger und Überlastungssituationen. Auch hier bewahrheiten sich die Wendungen: »Etwas schlägt mir auf den Magen« oder »Das bereitet mir Bauchschmerzen«, obwohl die Beschwerden genau genommen den Darm betreffen. Menschen mit einem Reizdarmsyndrom haben zunächst einmal ein sehr empfindliches Nervensystem im Darm. Dieses reagiert oft übermäßig schnell mit Verdauungsproblemen auf bestimmte Nahrungsmittel. Der zweite Auslöser ist eine gestörte Wechselwirkung zwischen dem Nervensystem des Großhirns und dem des Darms. Bei hoher psychischer Belastung gibt das Gehirn den Stress sozusagen an den Darm weiter.

Ganz egal, wo uns Magen und Darm gerade quälen, wir müssen Abhilfe schaffen. Schon im 16. Jahrhundert hat es der geniale Arzt und Denker Paracelsus auf den Punkt gebracht, indem er sagte: »Der Tod sitzt im Darm.« Mit ein paar darmgesunden Lebensweisheiten und den entsprechenden Wunderelixieren entscheiden wir uns für die positive Variante: einen zufriedenen Magen und einen lächelnden Darm.

Wer seinen Darm entdeckt, erlebt ein Wunder.

Lebensweisheiten für Magen und Darm:

Unser Verdauungssystem erstreckt sich über vier bis sieben Meter Länge. Es beginnt, grob beschrieben, mit der Speiseröhre, unserem Förderband für die Nahrung ins Innere. Dann kommt der Magen, der zunächst die Funktion eines Lagerraums und eines Rührwerks hat. Direkt danach beginnt der Dünndarm mit seinem Zwölffingerdarm, Leerdarm und Krummdarm genannten Abschnitten. In den Dünndarm münden auch der Gallengang aus der Leber und die Bauchspeicheldrüse mit ihren Verdauungsenzymen. Allein der Dünndarm ist drei bis fünf Meter lang und hat durch eine Unmenge an Darmfalten eine fast unvorstellbare Oberfläche von bis zu hundert Quadratmetern, um die Nahrungsbestandteile bestens aufzunehmen. Dann kommt der Dickdarm, der mit vielen Zellen Schleim produziert und damit unseren Stuhl gleitfähig macht, um eine leichte Ausscheidung zu ermöglichen. In seinem letzten Abschnitt, dem Mastdarm, wird der Stuhl gespeichert, damit wir uns idealerweise nur einmal am Tag entleeren müssen. Der starke Analmuskel mit seinen stabilen Venenkanälen sorgt dafür, dass der Darmausgang je nach Bedarf geschlossen oder geöffnet wird.

Wenn wir also Nahrung aufnehmen, liegen ungefähr sieben Meter Verdauung vor ihr. Ein ereignisreicher Weg. Das ist wie ein großer, langer Tunnel, in dem der Verkehr möglichst reibungsfrei funktionieren sollte. Wenn innen drin die Energie ausgeht, die Lüftung versagt oder die Ampelanlagen ausfallen, dann entsteht Chaos. Deshalb gilt es hier ganz besonders, ein paar Regeln zu beachten. Im konkreten Fall des Darms ist es insbesondere die Art und Weise der Ernährung, aber nicht nur. Wer seinen Darm oft grummeln, gluckern und zischen hört oder häufig ein Ziehen und Stechen spürt, sollte daran denken, dass auch die Psyche und unser Lebensstil den Darm beeinflussen. Nicht nur das richtige Essen, sondern unser Denken und Handeln bewirken ebenfalls echte Verdauungswunder. Deshalb besteht die erste wirksame Gegenmaßnahme bei Verdauungsproblemen zunächst einmal darin, einige Gewohnheiten zu ändern.

Wenn es irgendwie geht, sollte man nicht mehr als vier Stunden täglich sitzen. Zumindest ist es wichtig, bei einer sitzenden Tätigkeit immer wieder aufzustehen und sich etwas zu bewegen. Mit einem zehnminütigen »Darm-Fit-Programm« zweimal am Tag kann man schon viel erreichen. Im Büro ist das der Gang zur

Kantine, und wenn diese zu nah ist, dann lässt sich sicherlich ein kleiner Umweg finden. Wenn es irgendwie geht, dann sollte man zwischendurch an die frische Luft gehen, tief durchatmen, die Arme kreisen oder ein paar Meter laufen. Zu Hause kann man Sitzpausen einlegen, indem man sich in bestimmten Zeitabständen anderen aktiven Tätigkeiten wie z. B. dem Haushalt widmet. Wichtig ist die Unterbrechung des Sitzens in regelmäßigen Abständen. Also nicht den ganzen Tag sitzen und dann zwei Stunden Sport treiben, sondern kleine, bewegungsintensive Sitzpausen sind bestens geeignet, um unseren Darm in Schwung zu bringen.

Um den Darm aktiv zu halten, empfehlen sich ergänzend zu den drei Hauptmahlzeiten zwei kleine Zwischenmahlzeiten am Tag. Dann funktioniert auch die Fettverbrennung wie ein Lagerfeuer, in das wir ständig Kohle nachlegen. Es geht nicht aus. Was wir da am besten »nachlegen«, folgt gleich im Abschnitt Wunderelixiere.

Wissenschaftler haben auch herausgefunden, dass unsere Verdauung nicht so gut funktioniert, wenn wir uns beim Essen durch andere Tätigkeiten ablenken lassen oder in großen Gruppen und in einer lauten Umgebung essen. Je mehr wir uns auf den Genuss der Speisen konzentrieren, desto besser funktioniert unsere Verdauung. Auch Gespräche über unangenehme Themen während der Mahlzeiten sollten vermieden werden, weil dann die Psyche die Verdauung negativ beeinflussen kann.

Richtig gut für unser Wohlbefinden sind auch das vergnügliche Vorbereiten von Gerichten und der Genuss von kleinen Vorspeisen. Beide erhöhen die Lust auf das Essen und bereiten die Verdauung auf ihren Einsatz vor. Wenn uns sprichwörtlich »das Wasser im Munde zusammenläuft«, dann ist unsere Verdauung bestens gewappnet für das, was kommt. Wir würden auch keinen Motor in kaltem Zustand auf Höchstleistung beschleunigen. Und noch etwas Wichtiges: Nehmen Sie sich beim Essen genügend Zeit, kauen Sie ausreichend und sprechen Sie möglichst wenig, weil Sie sonst zu viel Luft schlucken, und die bläht.

Die Art und Weise, wie wir auf die Toilette gehen, ist ebenfalls wichtig für unsere Darmgesundheit. Wenn wir aufrecht auf dem Klo sitzen, dann verhindert unser Schließmuskel einen leichten Austritt des Stuhlgangs. Wir müssen viel fester drücken und erreichen dennoch nicht das gewünschte Resultat. Im Gegenteil, das kann zu Verstopfung, Gefäßschäden, Hämorrhoiden und anderen Problemen führen. Auch hier gibt es eine einfache Empfehlung: Beugen Sie sich auf dem Klo weit nach vorn, das lockert den Schließmuskel. Diese Hockstellung wird ja in manchen Ländern auf den sogenannten Stehklos oder wenn es mal dringend ist, auch hinterm Busch praktiziert. Selbst wenn die Oberschenkel dabei zwicken, ungesund ist das nicht.

Wenn wir merken, dass körperliche oder psychische Belastung überhand nehmen, dann sollten wir unserer Verdauung zuliebe auf jeden Fall versuchen, den richtigen Ausgleich zu schaffen. Entspannungsübungen, Yoga oder eine leichte Lektüre sind dabei äußerst hilfreich.

 Gut zu wissen:

→ Magen und Darm sind weit mehr als nur ein Verdauungssystem. Millionen von Nervenzellen sind dort direkt miteinander verbunden.
→ Ein gutes Bauchgefühl ist die beste Voraussetzung für Gesundheit und ein langes Leben.
→ Viele Krankheiten haben ihre Ursache im Darm.
→ Ein gesunder Darm macht auch schlank.
→ Unser Lebensstil ist entscheidend für die Darmgesundheit.

→ Ein tägliches Darm-Fit-Programm mit regelmäßigen Sitz-Unterbrechungen hält unseren Darm in Schwung.

→ Öfter am Tag eine kleine Mahlzeit ist gut gegen Darmträgheit.

→ Beim Essen sollte man sich Zeit nehmen, langsam kauen, sich nicht ablenken lassen, nicht zu viel reden und mit allen Sinnen genießen.

→ Die alltäglichen Probleme gehören nicht an den Tisch.

→ Das Zubereiten und der Anblick von gutem Essen sowie das langsame Beginnen mit einer kleinen Vorspeise motivieren unseren Darm.

→ Auf der Toilette sollten wir niemals aufrecht sitzen.

→ In einem ausgeglichenen Körper steckt auch ein ausgeglichener Darm.

Es gibt kein »Superfood«, aber Lebensmittel mit wunderbarer Wirkung.

Wunderelixiere für Magen und Darm:

Damit unser Darm gar nicht erst die Chance bekommt, sich zu beschweren oder sich mit Gasen zu füllen, müssen wir neben einer Veränderung des Lebensstils natürlich auf unsere Ernährung achten. Bevor wir also zu Tabletten greifen, die zwar schnell und effektiv die Beschwerden lindern, aber nicht die Ursachen bekämpfen, sollten wir den natürlichen Weg gehen, um das Übel langfristig zu überwinden. Tabletten haben oft auch Nebenwirkungen und schaffen damit neue Verdauungsprobleme wie Durchfall oder ein Ungleichgewicht der Darmflora.

Zunächst einmal sind es die Bifidobakterien und Laktobazillen, die unseren Darm gesund erhalten. Wissenschaftliche Studien zeigen, dass durch eine ausreichende Anzahl dieser kleinen Helferchen der Entstehung des Reizdarmsyndroms, von Verstopfung und Blähungen effektiv vorgebeugt werden kann. Sie schaffen beste Voraussetzungen für einen gesunden und beweglichen Darm. Sie senken den pH-Wert, bilden Vitamine und Hormone, verbessern die Aufnahme von Mineralstoffen, kämpfen gegen Krankheitserreger, helfen beim Abbau der Nahrungsreste kräftig mit und können sogar eine geschädigte Darmbarriere reparieren. Eine solche geschädigte oder, bildhaft gesprochen, löchrige Darmwand macht es Erregern und Schadstoffen leicht, von außen in den Darm einzudringen. Wie ein klebriger Film können sich bestimmte Bifidobakterien auf diese geschädigten Darmteile legen und somit die undichten Stellen schließen.

Diese gesunden Bakterienstämme können aber noch viel mehr: Kanadische Forscher machten durch Futterzugabe solcher Bakterien aus ängstlichen Mäusen regelrechte Draufgänger. Sie können indirekt sogar Stress, Angst, Nervosität und Kopfschmerzen beseitigen, den Cholesterinspiegel senken und gute Stimmung schaffen. In jüngster Zeit testet die Wissenschaft, ob sich aus diesen Erkenntnissen eine Mikroorganismen-Therapie entwickeln lässt.

Ihre volle Wirkung entfalten die Darmbakterien allerdings nur, wenn sie regelmäßig und in hoher Konzentration zugeführt werden. Dafür sorgen vor allem probiotische Lebensmittel. Sie enthalten genau diese Mikroorganismen mit ihrem gesundheitsfördernden Einfluss. Inzwischen stehen uns viele dieser Probiotika zur Verfügung. Neben den natürlich fermentierten Lebensmitteln wie z. B. Joghurt, Kefir, Sauerkraut, Kombucha oder Brottrunk (ein probiotisches Gärgetränk, das insbesondere das gesunde Milchsäurebakterium Lactobacillus reuteri enthält), gibt es spezielle, mit Bifidobakterien angereicherte Produkte. Alle helfen sie dabei, unseren Darm mit gesunden Bakterien zu besiedeln.

Damit sich diese guten Bakterien bei uns so richtig wohlfühlen, müssen wir ihnen das passende Futter geben. Nahrungsmittel, die den Darmbakterien ganz besonders gut gefallen, sind die sogenannten Präbiotika. Präbiotika (bitte nicht verwechseln mit den oben genannten Probiotika) sind, ganz einfach gesagt, unverdauliche Nahrungsbestandteile, die Wachstum und Aktivität der Darmbakterien anregen. Sie kommen z. B. in Roggen, Weizen, Hafer, Bananen, Artischocken, Chicorée und Schwarzwurzeln vor.

Aber die Natur hat noch viel mehr zu bieten als Bifidobakterien, prä- und probiotische Nahrungsmittel. Auch Gewürze und Heilpflanzen entfalten eine wunderbare Wirkung und schaffen schnelle Abhilfe bei vielen Verdauungsproblemen. Kümmel (als Gewürz oder Öl) und Anis sind wahre Wunderwaffen gegen Blähungen. Die darin enthaltenen ätherischen Öle vermindern die Oberflächenspannung der Luftbläschen im Darm. Die Gasblasen zerfallen schnell, werden vom Blutkreislauf leicht resorbiert und somit auf natürliche Weise ausgeschieden. Auch Koriander, Zimt und Ingwer fördern unsere Darmgesundheit. Süßholz- und Fencheltees sind ebenfalls sehr empfehlenswert. Ein Geheimtipp ist auch die Wurzel des gelben Enzians aus den mitteleuropäischen Gebirgsregionen. Als Tee zubereitet, regt er die Verdauung an und beseitigt Blähungen und Völlegefühl.

Jetzt, wo wir durch Bakterien und Kräuter schon einmal eine gute Basis geschaffen haben, kommen wir zu den Ballaststoffen. Damit der Darm ordentlich was zu tun hat und erst gar nicht auf die Idee kommt, träge zu werden, sollten wir ihm reichlich Ballaststoffe zuführen. Allerdings ist es ratsam, eine Veränderung der Essgewohnheiten behutsam anzugehen. Lassen Sie sich Zeit, dann kann sich der Darm an seine neue Aufgabe langsam gewöhnen. Ansonsten wird er möglicherweise rebellieren, und das ist ja schließlich nicht unser Ziel. In der Regel gut verträglich und daher für den Anfang geeignet ist Vollkornbrot. Ganz besonders gesund ist Pumpernickel. Dieses tiefschwarze Brot aus Roggenschrot, Roggenmehl und Sauerteig ist nicht nur gut haltbar, sondern auch durch seinen hohen Anteil an Röst- und Ballaststoffen eine Wohltat für unseren Darm. 100 Gramm Pumpernickel decken bereits 30 Prozent unseres täglichen Ballaststoffbedarfs. Pumpernickel hat fast kein Fett und enthält hochwertiges Eiweiß. Bei den Römern bezeichnete man dieses Brot als *bonum panum,* was so viel heißt wie »gutes Brot«. Zur Abwechslung empfehlen sich natürlich auch Vollkornreis, -nudeln und -cerealien.

Gut für einen aktiven und gesunden Darm ist auch Gemüse – außer den stark blähenden Sorten wie Kohl, Lauch, Zwiebeln – und Rohkost. Trockenobst, insbesondere Feigen, Ananas, Papaya, Apfelringe und Pflaumen, schon in kleinsten Mengen, ist ein wohltuender Snack für zwischendurch.

Der Genuss von Bananen und Äpfeln, egal, ob frisch, als Saft, oder Mus, stärkt das Verdauungssystem dank der darin enthaltenen Pektine – gemäß dem alten englischen Sprichwort »an apple a day keeps the doctor away«. Schön zu wissen, dass es noch so viele Alternativen zum täglichen Apfel gibt.

Leinsamen, Weizen- und Haferkleie sind ebenfalls beste Ballaststofflieferanten, die aber immer mit reichlich Flüssigkeit verzehrt werden sollten.

Gut für eine ballaststoffreiche Ernährung sind auch Hülsenfrüchte, Mandeln und Macadamianüsse. All diese Lebensmittel wirken wie wahre »Darmputzer«, erhöhen die Zahl der nützlichen Bakterien und schaffen eine günstige Balance von Mikroorganismen. Das bringt unseren Darm so richtig in Schwung. Blähungen und Völlegefühl haben jetzt fast keine Chance mehr.

Mit vier kleinen Portionen der oben genannten Nahrungsmittel bekommen Sie den Tagesbedarf an dreißig Gramm Ballaststoffen auf genüssliche Art zusammen. Mehr braucht es eigentlich nicht für eine langfristig gute Verdauung. Wenn Ihr Körper auf irgendeines dieser Produkte allergisch reagiert, dann lassen Sie es einfach weg. Versuchen Sie aber immer, in irgendeiner Form einen darmgesunden Ausgleich zu schaffen. Viele Lebensmittel-allergien können mit zunehmender Darmgesundheit von ganz allein wieder verschwinden.

Und noch ein Hinweis, den Sie unbedingt beachten sollten: Wer seine Darmgesundheit konsequent fördern will, braucht unbedingt genug gutes Wasser. Trinken Sie ein bis zwei Liter täglich in kleinen Rationen verteilt über den ganzen Tag. Stellen Sie immer etwas Wasser in Reichweite und genießen Sie ein Gläschen, auch wenn Sie gerade nicht durstig sind. Wenn uns der Durst zur Wasserflasche treibt, dann ist unser Körper oft schon zu trocken. Vermeiden Sie nach Möglichkeit durch Chlor sterilisiertes Leitungswasser, denn Wasser, das komplett steril ist, kann auch unseren Verdauungstrakt sterilisieren.

Jetzt sollte eigentlich einer gesunden Verdauung nichts mehr im Wege stehen. Stellen Sie sich eine Auswahl an Wunderelixieren zusammen, probieren Sie sie aus und entscheiden dann, was davon Ihnen am besten bekommt. Ihr Bauchgefühl wird Sie leiten.

 Zum Ausprobieren:

- → **Probiotische Frische:** ein paar kleine Fläschchen Kombucha, Brottrunk, Apfel- oder Sauerkrautsaft. Ganz nach Geschmack zum Essen oder zwischendurch.
- → **Für eine gesunde Darmflora:** Kefir, das Getränk der Hundertjährigen.
- → **Tägliche Hilfe:** Joghurt oder mit Bifidobakterien angereicherte Produkte.
- → **Futter für gute Bakterien:** Roggenflocken, Schwarzwurzeln, Artischocken (auch aus der Dose), Chicorée, Haferflocken, Bananen.

→ **Ballaststoffreiche Beilagen:** Vollkornnudeln, -reis, -cerealien und Hülsenfrüchte zu Fisch und Fleisch. Weizen- und Haferkleie oder Leinsamen zum Müsli.

→ **Schmackhafter Darmaktivierer:** Pumpernickel bringt den Darm scheibenweise in Schwung.

→ **Gesunde Früchte:** Feigen, Ananas, Papaya, Pflaumen oder Apfelscheiben. Getrocknet sind sie bestens haltbar, immer griffbereit und ein herrlicher Genuss mit dem Prädikat »darmgesund«.

→ **Ein Snack auch für den Darm:** Mandeln und Macadamianüsse.

→ **Entspannte Verdauung:** Fenchel, Süßholz und Enzianwurzel. Als Tee ein feiner Genuss zu jeder Tageszeit.

→ **Gegen Blähungen:** ein Fläschchen Kümmelöl zum Verfeinern von fast allen Speisen und Salaten.

→ **Gewürze für einen aktiven Darm:** Kümmel, Anis, Koriander und Ceylon-Zimt.

7. Allergien

Dass heutzutage so viele Menschen an Allergien leiden, ist wirklich kein Wunder.

Es ist kaum zu glauben, aber wahr: In Europa hat sich die Zahl der Menschen, die an Allergien leiden, in den letzten 20 Jahren mehr als verdoppelt. Und die Zahl der Allergiker erhöht sich ständig weiter.

Allergien zeigen sich auf vielfältige Art, von leichten Irritationen der Haut über starken Juckreiz bis hin zu lebensbedrohlichen Symptomen. Gegen viele Dinge aus der Natur und der täglichen Nahrung, die für uns jahrtausendelang ganz normal waren, sind wir plötzlich allergisch. Das muss uns doch zu denken geben.

Es gibt mehrere Gründe für den starken Anstieg dieses Krankheitsbildes. Einer davon ist die zunehmende oder, besser gesagt, übertriebene Hygiene in unserer sauberen, keimfreien Gesellschaft. Möglichst steril, antibakteriell, hochglanzgepflegt, ja, fast schon klinisch rein muss unsere Umgebung heutzutage sein. Für jeden Anlass gibt es das richtige Mittel, kleine Chemiebomben vom Feinsten. Mikroorganismen und Schmutzpartikel haben so gut wie keine Chance mehr, mit uns in Berührung zu kommen. Unser Immunsystem hat dann nicht mehr viel zu tun. Es wird faul, genau wie ein Darm, der keine Ballaststoffe bekommt.

In diesem Zusammenhang gibt es auch zahlreiche Forschungsarbeiten, die zeigen, dass das Allergierisiko bei Stadtmenschen im Gegensatz zur Landbevölkerung um ein Vielfaches höher ist. Auf dem Land kommt man eben noch, und das schon als Kind, mit der echten Natur in Berührung. Der Kontakt mit Bakterien, Pilzen und vielen weiteren Arten von Mikroorganismen, die frische Luft, Temperaturunterschiede, aber auch das Zusammenleben mit Tieren und der unvermeidbare Hausstaub wirken sich stärkend auf das Immunsystem aus – und noch wichtiger: Sie halten es aktiv.

Weitere Gründe für den rasanten Anstieg von Allergien sind die zunehmende Umweltverschmutzung, der steigende Konsum von Medikamenten, neue chemische Stoffe, die unser Körper nicht kennt, Stress und eine unausgewogene Ernährung mit zunehmend industriell gefertigten Lebensmitteln.

Oft sind auch psychische Ursachen Auslöser von Allergien. Wenn wir in der Werbung ständig hören, dass wir glutenfrei essen sollten, wenn wir bei bestimmten Lebensmitteln immer das Gefühl haben, sie machen uns dick oder könnten uns schaden, dann kann die Psyche zum Selbstschutz eine Allergie gegen solche Produkte entwickeln. Wir machen uns, möglicherweise durch unbegründete Ängste, aus eigener Motivation zu Allergikern. Und wo man gutes Geld verdienen kann, steht auch schon die Industrie bereit. Es ist unfassbar, dass einige Nahrungsmittelhersteller inzwischen schon versuchen, Kleinkinder präventiv (also ohne medizinische Notwendigkeit) mit Lebensmitteln zu versorgen, die keinerlei allergene Stoffe mehr enthalten. Viele Eltern glauben, ihren Kindern damit vorsorglich etwas Gutes zu tun. Wie sich da noch ein intaktes Immunsystem entwickeln soll, ist fraglich.

Wenn unser Körper allergische Reaktionen zeigt, dann hat die Medizin zahlreiche Methoden entwickelt, um die vermeintlichen Auslöser, seien es Lebensmittel, Pollen oder Umweltgifte, zu bestimmen. Das ist sicher wichtig. Meist kommt dann leider nur die Standardempfehlung, diese Stoffe möglichst zu meiden und gegebenenfalls noch ein paar Medikamente einzunehmen. Wenn es aber Menschen gibt, denen all diese Stoffe nichts auszumachen scheinen, wäre es doch vernünftig, einmal darüber nachzudenken, warum wir nicht dazugehören. Vielleicht gibt es ja eine ganz banale Möglichkeit, um unsere Allergie wieder loszuwerden und ein normales Leben zu führen. Mit Medikamenten und Entzug bekämpfen wir nur die Symptome, das ist aber keine langfristige Lösung.

Generell kann man sagen, dass Allergien durch eine Irritation bzw. ein Fehlverhalten unseres Immunsystems ausgelöst werden. Dieses Fehlverhalten basiert, wie beschrieben, in vielen Fällen darauf, dass unser Immunsystem schon in jungen Jahren aufgrund übertriebener Ängste, Hygienemaßnahmen und »moderner« Ernährungsweisen nicht gelernt hat, seine natürlichen Feinde zu bekämpfen. Es war regelrecht unterfordert. Früher, als Kinder, spielten wir draußen auf den Feldern oder im Wald. Wir übernachteten in Zeltlagern oder im Heuschober. Am Lagerfeuer wurde gegrillt und mit schmutzigen Händen gegessen. Heutzutage erleben dies viele Kinder allenfalls noch virtuell auf dem Tablet oder dem Smartphone, weil es bequemer ist oder »zeitgemäße« Aktivitäten bevorzugt werden. Lieber geht man im Großstadtdschungel Pokémons jagen, als einmal im Wald die Natur zu beobachten. Und wenn man dann doch einmal mit Tierhaaren, Staub und Pollen in Kontakt kommt, wird das Immunsystem panisch.

Jedes dritte Kind leidet inzwischen unter Allergien. Indem wir uns sprichwörtlich in Watte hüllen, tun wir unserem Immunsystem nichts Gutes, wir legen es förmlich lahm. Diese Unterforderung kann dazu führen, dass es sich gegen eigentlich harmlose Stoffe richtet und diese bekämpft. Kommen dann noch Ängste, Stress und unbekannte Umweltgifte dazu, dann ist das Chaos perfekt. Der Körper reagiert im wahrsten Sinne des Wortes allergisch.

Alle Allergien, ganz egal, ob in Form von Ekzemen, Neurodermitis, Erkrankungen der Mund- und Nasenschleimhaut, Heuschnupfen, gewissen Formen von Asthma bis hin zu Atemnot und großem Kreislaufschock haben gemeinsam, dass das Gleichgewicht der Abwehrmechanismen gestört ist. Das Immunsystem spielt verrückt. Der Körper wird aggressiv gegen sich selbst.

Ganz ohne Zweifel müssen wir zunächst einmal die Symptome behandeln und die Stoffe herausfinden, gegen die wir allergisch sind. Aber danach sollten wir, neben einer medikamentösen Therapie, den Schwerpunkt auf geeignete Maßnahmen legen, um das verlorene Gleichgewicht wieder herzustellen. Allergien sind kein Schicksal, und man sollte sich bei der Behandlung nicht nur auf die klassische Schulmedizin verlassen. Abgesehen von einer vorübergehenden Erleichterung, aber leider oft begleitet von Nebenwirkungen, kommen wir damit nicht viel weiter. Man kann für sich selbst und eine nachhaltige Heilung sehr viel mehr tun, als alle Antihistaminika es vermögen. Ziel ist es doch letztendlich bei allen Allergien, unser Immunsystem wieder in Ordnung zu bringen. Diesen Prozess nenne ich »Immunadaption«, das heißt, die schrittweise Anpassung an die Normalität.

Damit das Immunsystem vom Gegner zum Freund wird, gibt es wieder einmal zwei entscheidende Ansatzpunkte: die richtige

Einstellung und eine unterstützende Ernährung. Dann geht den Allergien langsam, aber sicher die Luft zum Atmen aus. Unsere psychologische Stärke und ihr Verbündeter (das Immunsystem) beseitigen die Störung aus eigener Kraft.

Man kann auf Wunder hoffen oder sich kleine Wunder schaffen.

Lebensweisheiten bei Allergien:

Allergien müssen kein lebenslanges Schicksal sein. Bereits kleine Veränderungen des Lebensstils und der persönlichen Einstellung können eine magische Wirkung zeigen. Oft trägt allein schon unser Gemütszustand dazu bei, dass sich Allergien entwickeln oder verstärken. So kann Stress z. B. zu einer Übersäuerung des Körpers führen, indem er unseren Säure-Basen-Haushalt verändert. Dadurch können allergische Reaktionen noch schwerer ausfallen. Ein erster Schritt zur Erleichterung ist also der Stressabbau. Wenn wir es schaffen, Stress zu vermeiden oder durch gezielte Entspannung auch in stressigen Zeiten einigermaßen zur Ruhe zu kommen, dann leisten wir damit einen wertvollen Beitrag zur Normalisierung eines aggressiven Immunsystems. Methoden dafür stehen uns reichlich zur Auswahl: Neben der Reduzierung von stressfördernden Aktivitäten helfen insbesondere ein ausgiebiger Spaziergang, das Hören schöner Musik, gute Gespräche mit Freunden und Bekannten sowie Yoga oder Meditation.

Auch leichter Sport schafft Ausgeglichenheit. Allergiker sollten allerdings hier nicht übertreiben, denn sportliche Überanstrengung führt ebenfalls zu einer Übersäuerung des Körpers, und das würde ja nur schaden.

Damit unser Immunsystem wieder gefordert wird und sich nicht ziellos gegen die falschen Dinge wendet, sozusagen aus überschüssiger Kraft, empfiehlt sich eine sanfte Stimulation. Richtig und behutsam gemacht, ist das ein weiterer Schritt zur Immunadaption. Empfehlenswert sind z. B. tägliche kalt-warme Wechselduschen und nach Möglichkeit zwischendurch kalte Armgüsse am Waschbecken. Alternativ gehen auch Gesichtswaschungen oder Fußbäder mit kaltem und warmem Wasser im Wechsel. Ein- bis zweimal wöchentlich darf es auch ein Vollbad sein, idealerweise bei 36 Grad. Allerdings sollte man nach dem Bad den ganzen Körper oder wenigstens die Beine kalt abduschen. In der kalten Jahreszeit ist auch ein Saunabesuch keine schlechte Sache, bringt aber nicht so viel, wie ihm oft nachgesagt wird.

Für alle Empfehlungen gilt: nicht übertreiben, immer im Wohlfühlbereich bleiben.

Denken Sie auch an regelmäßigen Schlaf. Ständiger Schlafmangel schwächt das Immunsystem und kann Allergien begünstigen.

Um Ihr Immunsystem in dieser Phase der Stabilisierung nicht weiter zu verwirren, ist es ebenfalls wichtig, die Schadstoffbelastung zu verringern. Wählen Sie diesbezüglich Ihre Nahrung, Ihre Kleidung, Ihre Wohnungseinrichtung und die Putzmittel gezielt aus. Auf Raumsprays, WC-Duftspüler, aggressive Reinigungs- und Desinfektionsmittel sollten Sie bei Allergien so weit wie möglich verzichten. Auch bei Körperpflegemitteln und Kosmetik ist es gut, auf die Inhaltsstoffe zu achten. Werden Sie skeptisch, wenn mehr chemische Substanzen als hautpflegende natürliche Wirkstoffe enthalten sind.

 Gut zu wissen:

→ Allergien sind oft keine Schicksalsfrage, sondern selbst gezüchtet.
→ Auch unbegründete Ängste vor bestimmten Stoffen und Nahrungsmitteln können den Körper zu allergischen Reaktionen verleiten.
→ Zur Vermeidung bzw. Vorbeugung von Allergien sollten wir uns nicht in »hygienische Watte« packen.

→ Ein Anti-Allergie-Programm besteht aus Maßnahmen zu Stressabbau, gutem Schlaf und der Immunadaption. Gut geeignet dafür
sind Entspannungstechniken, moderater Sport und die direkte
Aktivierung des Immunsystems.

→ Der Heilungsprozess von Allergien beginnt im Kopf. Die Frage nach
dem warum und weshalb sollte jeder für sich selbst beantworten.

→ Allergiker müssen alle Extreme meiden: keinen Leistungssport,
keinen Zeitdruck, keinen psychologischen Zwang. Der sanfte Weg
ist der bessere.

→ Wir dürfen nicht zulassen, dass unser Immunsystem die »falschen
Feinde« angreift.

→ Eine unnötige Belastung mit chemischen Substanzen, Putzmitteln,
Pflegeprodukten oder Schadstoffen aus der Nahrung sollten wir
soweit wie möglich vermeiden.

Kopf und Darm, ein wunderbares Team gegen Allergien.

Wunderelixiere gegen Allergien:

Wenn Lebensweisheiten und Ernährung zueinanderfinden, dann
haben wir die Lösung für fast alle gesundheitlichen Probleme. Bei
Allergien besteht dieser Zusammenhang ganz eindeutig. Denn neben dem Gehirn ist es unser Darm, der zu 80 Prozent die Stabilisierung, Regulierung und Entwicklung des Immunsystems beeinflusst. Nur wenn dieses richtig funktioniert, können wir allergiefrei
sein oder werden. Ist die Darmschleimhaut nicht ganz gesund,
geschädigt oder gar entzündet, was wir meist nicht merken, dann
wird sie durchlässig für Fremd- und Schadstoffe, die ungefiltert in
unseren Körper oder andersherum in den Darm gelangen. Unser
Immunsystem reagiert panisch, es kommt zu Allergien. Neben
kleinen Veränderungen im Lebensstil ist also die richtige Ernährung die zweite tragende Säule bei der Therapie von Allergien. An
dieser Stelle zeigt sich, wie wichtig es war, dass wir das Thema

Darmgesundheit im vorigen Kapitel bereits beschrieben haben. Alle dort empfohlenen Maßnahmen sind sehr hilfreich.

Darüber hinaus gibt es spezielle Ernährungstipps und Wunderelixiere, die wir jetzt kennenlernen.

Zunächst einmal ist es natürlich wichtig, eventuell allergieauslösende Lebensmittel zu vermeiden. Die Einnahme von bestimmten Medikamenten, die unsere Darmflora erheblich stören, wie z. B. Antibiotika, sollten wir immer strengstens auf ihre Notwendigkeit überprüfen. Damit unser Immunsystem wieder ins Gleichgewicht kommt und sich auf die echten Feinde konzentriert, empfiehlt es sich, zu Beginn der Immunadaption unseren Körper zu entgiften. Egal, ob sich Nahrungsgifte, Schwermetalle oder sonstige Substanzen angesammelt haben, mit ein paar simplen Maßnahmen können wir unserem Körper helfen, diese auszuleiten. Auch unsere Leber und die Nieren werden sich darüber freuen.

Bekannt für ihre entgiftende Wirkung sind zwei Algenarten: die Chlorella und die Spirulina. Sie können Giftstoffe in hohem Maße an sich binden und sorgen dafür, dass diese dann nur über den Darm ausgeschieden werden. In wissenschaftlichen Studien hat man festgestellt, dass nach dem Verzehr dieser Algen Heuschnupfen-Symptome deutlich gelindert wurden. Ebenfalls entgiftend wirkt der grüne Farbstoff im Gemüse, das sogenannte Chlorophyll. Besonders reichhaltig findet sich dieser in Brokkoli und Blattgemüse wie Feldsalat, Spinat oder Mangold. Die darin enthaltenen Bitterstoffe entgiften auch unsere Leber, die uns dann noch kräftiger bei der Reinigung des Körpers unterstützen kann. Während einer Entgiftungskur sollte man auch mindestens zwölf kleine Gläser Wasser am Tag trinken.

Wenn Sie Säfte mögen, dann machen Sie sich doch hin und wieder einen grünen Smoothie. Bei den Kräutern sind es vor allem Brennnessel, Löwenzahn und Koriander, die die Entgiftung fördern. Ein ideales Gewürz zur inneren Reinigung ist Kurkuma, entweder pur oder als Bestandteil von Curry. Es zählt in dieser Hinsicht zu den wirksamsten Lebensmitteln. Wenn Sie dazu etwas schwarzen Pfeffer geben, dann wird die Bioverfügbarkeit des Curcumin (Hauptbestandteil des Kurkuma) noch einmal um das Tausendfache verbessert.

Auch Mandeln, Haselnüsse, Sonnenblumenkerne und Sesam leisten wertvolle Dienste, wenn es um das Thema Entgiftung geht – selbstverständlich nur dann, wenn Sie gegen Nüsse nicht allergisch sind. Sie befreien den Körper von Umweltgiften, Medikamentenrückständen und Stoffwechselschlacken. Auch sind sie in der Lage, unsere Verdauung zu regenerieren. Dadurch werden Stoffwechselprozesse in Gang gesetzt, die Organe und Bindegewebe entgiften und das Immunsystem stärken. Wenn Sie also Spaß daran haben, öfter mal ein paar Nüsse zu knabbern, dann könnten Sie ein wahres Wunder erleben.

Ein weitgehend unbekanntes Wunderelixier, insbesondere bei Juckreiz, Hautentzündungen, Asthma und Bronchitis ist ein Pilz namens Reishi, den es bei uns auch als Trockenpulver gibt. In China wird er »Pilz des ewigen Lebens« genannt. In dem 2000 Jahre alten chinesischen Arzneimittelbuch *Shen Long Ben Tsao* zählt er zur Gruppe der hochwertigsten Heilpflanzen. Seine wohltuende Wirkung basiert auf dem hohen Anteil an Triterpenen. Sie wirken ähnlich wie Kortison, indem sie die Histamin-Ausschüttung reduzieren, die unter anderem für Schwellungen, Rötungen und viele andere Symptome von Allergien verantwortlich ist. Der Reishi wirkt auch leberregenerierend und entgiftend. In der traditionellen chinesischen Medizin wird er zudem zur Beruhigung des Geistes, bei Stress, Bluthochdruck und Schlaflosigkeit eingesetzt. In Japan ist er aufgrund seiner immunstärkenden Wirkung sogar als Krebsmittel zugelassen.

Ein Leben ohne Allergien ist für viele von uns in greifbarer Nähe. Die richtige Lebenseinstellung sorgt dafür, dass wir unser Immunsystem nicht auf die falsche Spur bringen. Die Entgiftung des Körpers beseitigt die Altlasten und verhindert, dass sich neue, gefährliche Stoffe in uns breitmachen, und ein gesunder Darm schafft dann das natürliche Gleichgewicht, das keine Allergien mehr duldet.

Zum Ausprobieren:

→ **Reinigende Kraft aus dem Meer:** Getrocknete Chlorella- und Spirulina-Algen sind sehr hilfreich zur Entgiftung unseres Körpers. Die Einnahmedauer sollte ca. sechs bis zwölf Wochen betragen.

→ **Grüne Kraft gegen die Allergie:** Smoothies (hier die grüne Variante) gibt es fertig zubereitet in Portionsfläschchen.
Zur Selbstherstellung nimmt man: 200 ml Wasser, 150 g zerkleinertes Blattgemüse (Spinat, Brokkoli, Mangold …) und je nach Geschmack etwas Orangensaft, Erdbeeren, Ananas, Banane oder Mango. Ab in den Mixer und fertig!

→ **Grüner Kräutertee:** Brennnessel und Löwenzahn als Teemischung. Etwas herb im Geschmack, aber gut bekömmlich.

→ **Die Mischung machts:** Kurkuma und schwarzer Pfeffer in einem Glas gemischt. Ein wirklich hocheffizientes Gewürz bei Allergien.

→ **Ihr persönlicher Knabberspaß:** Mandeln, Haselnüsse und Sonnenblumenkerne mischen. Ein wahres Wunderelixier für alle, die Nüsse essen dürfen.

→ **Seit 2000 Jahren bewährt:** Der Reishi-Pilz wird bei uns in der Regel als Trockenextrakt angeboten. Ein außergewöhnliches Wunderelixier, nicht nur bei Allergien.

8. Depression

Es ist ein wunderbares Gefühl, aus eigener Kraft eine
Depression zu überwinden.

Bestimmt hat sich jeder von uns schon einmal deprimiert gefühlt. Unangenehme Phasen in unserem Leben sind ganz normal und nicht bedenklich. Es wird immer wieder einmal Zeiten geben, in denen wir nicht gut drauf sind. Das sind dann depressive Verstimmungen, ausgelöst durch Gefühle wie Kummer, Trauer, Enttäuschung, Wut, Angst oder seelischen Schmerz. Diese Gefühlszustände haben oft positive Nebeneffekte. Sie helfen uns, eine schwierige Situation zu überwinden oder schützen uns im Fall der Angst vor übertriebenem Wagemut, indem sie unsere Aufmerksamkeit verstärken. Tränen, Traurigkeit, Wutausbrüche haben also durchaus ihre Berechtigung und sind sogar wichtig für das langfristige Glück. In der Regel lassen sich diese Gefühle aus eigener Kraft überwinden. Danach haben wir oft mehr Elan und Energie als vorher und sind auf weitere zukünftige Probleme besser vorbereitet.

Bei einer echten Depression ist das hingegen deutlich anders: Da treten nicht nur die oben beschriebenen Verstimmungen auf, sondern man zieht sich auch räumlich und innerlich stark zurück. Man spürt weder Energie für Aktivitäten noch Lust an der Gesellschaft anderer. Man fühlt sich schuldig und enttäuscht, schließt sich vom Leben aus und verkriecht sich in seiner Wohnung. Aber eigentlich sehnt man sich im Stillen danach, dass irgendjemand draußen den tiefen Schmerz spürt und einem eine helfende Hand reicht.

Körperlich schwach und erschöpft, kann man sich auf nichts mehr konzentrieren. Sogar die Nächte werden zur Qual, weil man vor lauter Grübeln über die Probleme nicht einschlafen kann.

Angstgefühle und finstere Gedanken werden dominant. Schon beim Aufstehen fühlt man sich müde und zerschlagen. Weil einem schon am Morgen die Energie fehlt und man weniger leisten kann, sinkt meist auch das Selbstwertgefühl. Oft bestrafen sich depressive Menschen noch selbst. Die Magersucht oder Anorexie ist dafür ein weitverbreitetes Beispiel. Vielfach verschreiben sich depressive Menschen auch ganz extrem dem Ausüben von Sport bis zur körperlichen Erschöpfung, weil sie nur so ihre Depression aushalten können.

Gründe für eine Depression gibt es viele: Ungerechtigkeit, der Verlust einer geliebten Person, eine Trennung, starke Frustration, Stress und psychischer Druck, eine sozial unerträgliche Situation oder eine große Diskrepanz zwischen dem, was ist, und dem, was man sich wünscht, eine schwere Krankheit oder das scheinbare Fehlen einer Perspektive.

Das Thema Depression ist sehr komplex. Man muss ihm mit einer klaren Lösung begegnen. Es scheint, dass die Schulmedizin diese Lösung für sich schon gefunden hat: Medikamente und noch mehr Medikamente. Psychopharmaka mit ihren gravierenden Nebenwirkungen werden eingesetzt, um die schlimmen Auswirkungen der Depression zu mildern. Das kann kurzfristig wirksam sein. Oft sind diese Pillen zumindest vorübergehend auch notwendig. Auf lange Zeit jedoch zeigt diese Art der Ruhigstellung allerdings keine überzeugenden Ergebnisse, außer in den Kassen der Arzneimittelindustrie. Dort haben sich die Umsätze mit Antidepressiva exponentiell entwickelt. Kein Wunder, denn nach einer aktuellen Statistik leidet jeder zehnte Mensch weltweit unter Depressionen oder Angstzuständen.

Genau betrachtet ist eine Depression nichts anderes als eine negative Art, sich selbst, die anderen und die Welt, in der wir leben, zu sehen. Wir fühlen uns als Opfer und machtlos gegenüber dem, was geschieht. Das können wir ändern, indem wir uns und die Welt mit anderen Augen betrachten. Auf den ersten Blick klingt dies recht einfach, ist es aber nicht. Jeder, der unter Depressionen leidet, kennt die vielen Sprüche wie: »Das muss man positiv sehen«, »Das ist doch gar nicht so schlimm«, »Kopf hoch, es wird schon« und so weiter. Man lächelt dann seinen Ratgeber freundlich an, redet nicht weiter über das Thema, verschweigt die wahren Gefühle, und kaum ist man zu Hause, da packt einen die Depression von Neuem.

Deshalb möchte ich allen Betroffenen hier ein paar Werkzeuge an die Hand geben, um wirklich rauszukommen aus diesem schrecklichen Gefühlszustand. Da sich Depressionen, die nicht durch körperliche Ursachen wie z. B. eine Störung des Hirnstoffwechsels, Krankheiten, hormonelle Störungen, chronische Schmerzen etc. ausgelöst wurden, vorwiegend im Kopf, das heißt in unserer Psyche abspielen, sind es hier vor allem hilfreiche Lebensweisheiten, die uns aus der gedanklichen Sackgasse führen. Wenn wir diese Lebensweisheiten mit ein paar Wunderelixieren kombinieren, die sich zu diesem Thema bestens bewährt haben, dann ist die Chance groß, dass wir eine Depression auch ohne »harte Medikamente« überwinden.

*Bereits ganz kleine Maßnahmen können wunderbar
befreiend wirken.*

Lebensweisheiten bei einer Depression:

Zuerst einmal ist es ganz wichtig zu wissen, dass eine Depression keine unheilbare Krankheit ist. Jeder kann sie überwinden und aus dem tiefen Loch der Hoffnungslosigkeit, Antriebslosigkeit oder der inneren Leere herauskommen. Vielleicht hilft es, an Beispiele berühmter Menschen zu denken. Der Maler Vincent van Gogh, die Komponisten Wolfgang Amadeus Mozart, Ludwig van Beethoven und Gustav Mahler (der sogar von Sigmund Freud behandelt wurde), aber auch Politiker wie Willy Brandt oder Revolutionäre wie Che Guevara – sie alle haben schwere Phasen einer Depression durchlaufen und danach Großes bewirkt.

Depression ist kein Einzelfall und schon gar nichts, wofür man sich schämen muss. Also reden Sie offen mit gut vertrauten Menschen über Ihre Gefühle. Die Liebe oder die Freundschaft von Personen, die Ihnen nur das Beste wünschen, kann in vielen Fällen eine hervorragende Medizin gegen Ihre Depression sein. Wenn Sie es zulassen, könnten diese Menschen Ihnen helfen, das Leben aus einer neuen Perspektive zu betrachten, und Sie sogar mit ihrer Lebensfreude anstecken. Sollten Sie aus bestimmten Gründen und Lebensumständen im Moment keine Bezugspersonen haben, denen Sie voll vertrauen oder die Ihnen helfen können (weil sie damit einfach überfordert wären), dann gibt es auch andere Wege, »Hilfe von außen« zu finden. Scheuen Sie sich in diesem Fall nicht, einen guten Psychologen aufzusuchen. Er könnte Ihnen helfen, die Probleme aus einem ganz anderen Blickwinkel zu sehen. Wenn Sie merken, dass Sie es allein nicht schaffen, dann gehen Sie diesen Weg. Warten Sie nicht zu lange, denn es gibt keinen Grund, die Unterstützung durch andere nicht zuzulassen.

Übrigens, auch viele Bücher, insbesondere von Menschen, die selbst depressive Phasen überwunden haben, können in solch schwierigen Zeiten wertvolle Ratschläge geben.

Wie bei vielen Dingen im Leben, so ist auch bei einer Depression der erste Schritt der wichtigste, um eine Kette von positiven Ereignissen in Gang zu setzen. Ganz am Anfang müssen wir uns klar machen: Depression hat nichts mit Faulheit zu tun, und man muss sich auch nicht als Versager fühlen, wenn man an einer Depression leidet. Selbstvorwürfe und Schuldgefühle sind hier völlig fehl am Platz. Wir sollten uns nicht bestrafen, im Gegenteil, wir müssen alles geben, damit es uns bald wieder besser geht. Mit dieser Grundeinstellung nehmen wir jetzt stetig und konsequent unserer Depression die Luft zum Atmen. Egal, ob wir vorübergehend schlecht drauf oder wirklich depressiv sind, neben dem Gespräch mit guten Freunden oder einem Psychologen sollten wir all die Werkzeuge einsetzen, die nun beschrieben werden. Nur damit bringen wir unser »Fahrzeug« wieder richtig zum Laufen, und schließlich steht ja noch eine große Reise bevor.

Beginnen wir damit, so schwer es auch fällt, uns für jeden Tag einen kleinen Plan mit Aktivitäten zu machen, die trotz der Depression möglich sind. Denn wenn wir nur im Bett oder auf dem Sofa bleiben und uns Zeit geben zu grübeln, dann wird die Stimmung noch schlechter. Also nehmen wir am besten schon am Abend zuvor ein Blatt Papier zur Hand und schreiben auf, wie wir den nächsten Tag verbringen wollen.

Hierzu nun ein paar Empfehlungen. Beginnen Sie den neuen Tag mit einem kleinen »Guten-Morgen-Programm« im Bad: Nehmen Sie zuerst einmal eine warme Dusche und das Duschgel mit Ihrem Lieblingsduft. Dann gönnen Sie sich die notwendige Pflege, sodass Sie sich richtig wohlfühlen in Ihrer Haut. Nehmen Sie sich 20 Minuten Zeit im Badezimmer, diesen wohltuenden Effekt werden Sie lange spüren. Danach genießen Sie auf jeden Fall ein gutes Frühstück, selbst wenn Sie dazu ein paar Minuten früher aufstehen müssen. Kein Kaffee to go und keine Thermoskanne für unterwegs. Wissenschaftliche Studien belegen, dass Menschen, die mit Genuss und Zeit frühstücken, gerade in schwierigen Phasen mehr Ausdauer, Ausgeglichenheit und bessere Laune haben.

Nutzen Sie Tage, an denen Sie nicht arbeiten müssen, oder die freie Zeit nach der Arbeit für Spaziergänge und leichte Aktivitäten. Lassen Sie sich auch bei schlechtem Wetter nicht davon abhalten. Gehen Sie mindestens einmal am Tag raus an die frische Luft – in den Wald oder auf eine grüne Wiese. Spüren Sie die Natur, die Hitze, die Kälte, den Regen und den Wind. Wissenschaftler einer englischen Universität haben herausgefunden, dass 75 Prozent der Menschen, die einen Wald- oder Wiesenspaziergang gemacht haben, ganz egal, bei welchem Wetter, anschließend deutlich besser gelaunt und glücklicher waren. Diese Aktivität lenkt bestens von den ständigen Grübeleien ab. Die Studie zeigte auch, dass Menschen, die durch ein überdachtes Einkaufszentrum bummelten, hinterher angespannter waren als zuvor.

Suchen und praktizieren Sie ein schönes Hobby, um die Gegenwart zu genießen. Machen Sie leichten Sport wie Gymnastik, moderates Jogging, Wandern oder Schwimmen. Besser noch sind Aktivitäten in der Gruppe wie Yoga, Tanzen und Ballspiele. Das ist nach Meinung vieler Experten genauso gut wie ein Antidepressivum, vorausgesetzt, Sie haben Spaß dabei. Orientieren Sie sich dabei an ganz normalen Menschen, niemals an Talenten, Profis oder Leistungssportlern. Setzen Sie sich keinem Zwang aus und sich selbst auch nicht unter Druck.

Schaffen Sie eine Wohlfühlatmosphäre. Tragen Sie bequeme Kleidung, wann immer es geht. Stellen Sie in Ihrer Wohnung Dinge auf, die Sie glücklich machen oder an schöne Momente erinnern. Kleine Geschenke, Andenken oder Fotos eignen sich hier besonders gut. Hören Sie schöne, klassische Musik. Dank wissenschaftlicher Studien weiß man, dass 30 Minuten klassische Musik – insbesondere von Beethoven, Mozart und Vivaldi – so entspannend und beruhigend wirkt wie 10 Gramm Valium. Dabei reduzieren sich Herzschlag, Blutdruck, Atemfrequenz und sogar Angstgefühle.

Gehen Sie ab und zu einmal ganz bewusst und konzentriert in sich selbst. Es gibt eine Art von Meditation, mit der Sie auch zu Hause einen absoluten Entspannungszustand erreichen können.

Schon 5 bis 10 Minuten schenken Ihnen neue Kraft und innere Stärke. Setzen Sie sich dazu ganz entspannt im Schneidersitz auf den Boden, auf das Sofa oder einen bequemen Stuhl (mit beiden Füßen auf dem Boden). Halten Sie den Oberkörper aufrecht und legen Sie Ihre Hände auf die Knie. Daumen und Zeigefinger der beiden Hände bilden einen Kreis. Achten Sie darauf, dass Sie in dieser Sitzposition nichts stört: Nichts sollte zu hart sein, drücken oder spannen. Atmen Sie dabei tief und ruhig. Dann schließen Sie die Augen und stellen sich einen Ort vor, an dem Sie jetzt gerne wären. Das kann ein schöner Strand sein, eine Wiese, ein Berg, ein See, ein nettes Restaurant oder eine Gruppe von Menschen – lassen Sie Ihrer Fantasie freien Lauf. Genießen Sie dieses herrliche Gefühl, für kurze Zeit aus dem Alltag auszubrechen. Je öfter Sie das machen, desto mehr werden Sie die befreiende Kraft einer solchen Meditation spüren, weil Sie Lust bekommen, Ihre Vorstellung auch in der Realität wieder einmal zu erleben. Für den Anfang genügen schon zehn Minuten am Tag. Wenn Ihnen das Spaß macht, gönnen Sie sich durchaus auch eine halbe Stunde, immer dann, wenn Ihnen danach ist.

Mit all diesen Maßnahmen werden Sie schon bald wieder erste Glücksmomente verspüren. Zusätzlich ist es auch sehr hilfreich, ein Glückstagebuch zu führen. Tragen Sie darin Dinge ein, die Sie im Leben besonders stolz oder glücklich gemacht haben oder in Zukunft glücklich machen könnten, und dann versuchen Sie, jeden Tag ein schönes Ereignis hinzuzufügen. Es findet sich immer etwas. Wenn das alles funktioniert – und was spricht schon dagegen –, dann können Sie langsam, aber sicher den Blick wieder nach vorn richten. Setzen Sie sich kleine und realistische Ziele. Mit jedem Erfolgserlebnis wächst Ihr Selbstbewusstsein und die Depression zieht sich zurück.

Aus Erfahrung weiß man, dass trotz dieser erfreulichen Veränderung die negativen Gefühle und Denkweisen hin und wieder zurückkommen. In solchen Fällen sollte man versuchen, diese nicht zu ernst zu nehmen. Es ist wichtig zu wissen, dass solche Rückfälle im Stadium der Heilung ganz normal sind. Eine Erkältung verschwindet schließlich auch nicht über Nacht.

Eines ist aber sicher: Selbst wenn wir unser altes Selbstvertrauen noch nicht ganz wiedergefunden haben, wir sind nicht mehr so verletzlich wie ein kleines Pflänzchen. Inzwischen ist aus uns schon ein widerstandsfähiges Gewächs geworden, das einige Unwetter überstanden hat und dem ein Gewitter oder die verschiedenen Jahreszeiten nicht mehr so schnell etwas anhaben können, weil seine Wurzeln fest mit der Erde verbunden sind. Also dranbleiben, die Dinge weiter festigen, bis alles wieder in Ordnung ist. Wie bei einer Erkältung, die man vollständig ausheilen sollte, damit sie nicht verschleppt wird und uns viel zu lange quält, müssen wir auch lange Depressionsphasen konsequent ausheilen. Denn sonst werden sie nicht nur chronisch, weil wir uns daran gewöhnen, sondern sie werden auch zu einem hervorragenden Nährboden für allerlei gesundheitliche Probleme. Menschen, die zu depressiver Verstimmung neigen oder lange daran leiden, haben ein bis zu dreifach höheres Risiko, an vielen anderen Erkrankungen wie z. B. bakteriellen Infektionen, Kopfschmerzen, Rückenschmerzen, Magen-Darm-Beschwerden, Herpes, Libidoverlust, Diabetes und Herzinfarkt zu erkranken. Ihre körperlichen Abwehrkräfte sind im Vergleich zum Bevölkerungsdurchschnitt deutlich herabgesetzt. Also sagen wir der Depression den Kampf an! Wie immer mit hilfreichen Lebensweisheiten und den richtigen Wunderelixieren.

Jetzt, da wir wissen, dass uns die richtige Einstellung viel dabei helfen kann, die dunklen Gedanken der Depression zu vertreiben und Platz für neuen Lebensmut zu schaffen, sollte uns nichts mehr aufhalten. Wenn sich unsere Einstellung verändert, dann finden wir auch wieder das Glück, den Sinn und die kleinen Freuden des Lebens. Also grübeln wir nicht länger, machen wir uns selbst keine Vorwürfe mehr, vergessen wir auch bitte das Selbstmitleid. Es ist gar nicht so schwer, aus eigener Kraft das Leben neu zu entdecken.

Beginnen wir damit, die Lebensweisheiten umzusetzen, die von nun an schöne Gefühle auslösen. So kommt die Sonne endlich durch den dichten Nebel und erfüllt uns mit Freude und einem angenehmen Gefühl. Damit uns in diesem Prozess die Energie nicht ausgeht, gibt es selbstverständlich auch beste Wunderelixiere.

Unterstützend und falls nötig, bietet die Medizin eine neue, sanfte Behandlung an: die sogenannte Magnetfeldstimulation. Erste Ergebnisse sind sehr vielversprechend. Dabei wird die Gehirnregion stimuliert, die uns Lebensfreude empfinden lässt. Möglicherweise ist das eine gute Ergänzung zu unserer neuen Lebenseinstellung und den Wunderelixieren.

 Gut zu wissen:

→ Die Depression ist eine Krankheit mit allerbesten Heilungschancen, aus eigener Kraft, mit dem Kopf und evtl. mit Unterstützung anderer.
→ Viele berühmte Menschen haben Depressionen überwunden und danach Großes bewirkt.
→ Alles, was man bei einer Depression fühlt und empfindet, ist nichts anderes als ein gemeiner Trick der Krankheit.
→ Mit einem persönlichen Fahrplan überwinden wir die Depression: den Folgetag am Abend planen, aufstehen und den Körper pflegen, frühstücken, regelmäßige Pausen, einmal täglich an der frischen Luft bewegen, Kälte, Wärme, Freude, Genuss bewusst spüren, 15 Minuten meditieren, sich mit schönen Dingen umgeben.

- Leichter Sport und ein schönes Hobby sind wirkungsvolle Helfer bei Depressionen.
- Klassische Musik schafft innere Harmonie. Besonders entspannend sind unter anderem Mozarts »Eine kleine Nachtmusik«, Beethovens »Für Elise« oder »Die vier Jahreszeiten« von Vivaldi.
- Schöne Momente sollte man in einem Glückstagebuch festhalten.
- Erinnern Sie sich regelmäßig an Dinge, auf die Sie stolz sein können.
- Geben Sie jedem Tag ein Ziel und schenken Sie sich eine kleine Belohnung.
- Die Depression vergeht, wie sie kommt: langsam, aber sicher.

Kleine chemische Wunder schaffen ein neues Lebensgefühl.

Wunderelixiere gegen Depression:

Die Depression wird uns nicht unterkriegen. Im Gegenteil, wahrscheinlich werden wir stärker aus ihr hervorgehen. Dabei spielt natürlich auch die Ernährung eine entscheidende Rolle. Dass sich Wunderelixiere direkt auf unseren Gemütszustand auswirken können, haben wir bereits beim Thema Glück gesehen. All diese schon bekannten Wunderelixiere, die uns glücklich machen, helfen natürlich auch bei depressiven Verstimmungen. Springen Sie am besten zur Auffrischung nochmals zu den Wunderelixieren für das Glück zurück. Für den speziellen Fall der Depression legen wir aber noch einmal nach, damit wir auch wirklich keine Chance ungenutzt lassen.

Bei Menschen, die unter einer Depression leiden, ist immer ein Mangel an chemischen Botenstoffen – den sogenannten Neurotransmittern – festzustellen. Diese Botenstoffe sind kleine chemische Wunder. Sie spielen eine wichtige Rolle für unseren Gefühlszustand. Die bekanntesten Vertreter sind das Serotonin und das Dopamin. Beide haben wir ja schon als Glückshormone kennengelernt.

Ebenfalls sehr wichtig sind Nährstoffe wie essenzielle Fettsäuren, Magnesium oder die Vitamine B6, B9 und B12. Ein Mangel daran verhindert die Produktion der Neurotransmitter. Eine ausreichende Versorgung des Körpers mit diesen Nährstoffen trägt also ganz wesentlich dazu bei, die Entwicklung einer Depression zu bremsen. Auch die richtigen Fette, in diesem Fall die Zufuhr von Omega-3-Fettsäuren, wirken sich positiv bei der Behandlung von Depressionen aus. Sie finden sich in Lachs, Thunfisch, Leinsamen, Leinöl, Walnussöl oder Chiasamen.

In einer der zahlreichen wissenschaftlichen Studien gab man einer Gruppe von Menschen, die an Depressionen erkrankt waren, täglich über einen Zeitraum von drei Monaten hinweg 1,2 Gramm Omega-3-Fettsäuren. Dabei wurden die depressiven Symptome erheblich schwächer. Auch das Risiko eines Rückfalls in den Folgejahren lag im Vergleich zu einer Placebo-Gruppe (ebenfalls Menschen mit Depressionen, die aber ein Omega-3-freies Placebo erhielten) fast vollständig bei null. Die schützende und antidepressive Wirkung der Omega-3-Fettsäuren kann mithilfe von Vitamin D noch verstärkt werden, weil diese Kombination den Serotoninstoffwechsel im Gehirn positiv beeinflusst. Mithilfe der Sonne kann der Körper selbst 80 Prozent seines Vitamin-D-Bedarfs herstellen. Dazu sollten wir uns aber mindestens jeden Tag (im Winter solange es hell ist) 20 Minuten an der frischen Luft bewegen. Die restlichen 20 Prozent werden über die Nahrung aufgenommen. Schaffen wir den täglichen Spaziergang nicht, dann müssen wir nachhelfen. Diese Erkenntnis ist wichtig, denn ein großer Teil der mittel- und nordeuropäischen Bevölkerung leidet heutzutage unter Vitamin-D-Mangel. Das ist sicherlich auch ein Grund für die ständig steigende Zahl an Depressionen. Vitamin D in nennenswerten Mengen ist z.B. in Eigelb, in Rinderleber, in Emmentaler Käse, Butter, rohen Champignons und blauem Fisch enthalten.

Zwei weitere natürliche Stoffe zur Therapie von Depressionen sind Safran und Kurkuma. Beide haben sich als sehr wirksame Antidepressiva erwiesen. In mehreren Studien hat sich gezeigt, dass sich schon nach sechs Wochen positive Ergebnisse zeigen. Safran und Kurkuma sollen sogar genauso gut oder besser wirken als das Medikament Fluoxetin, das eines der meistverschriebenen Antidepressiva ist.

Auch ein paar Heilpflanzen sind wahre Wunderelixiere bei einer Depression. Hier wären Melisse, Johanniskraut, Rosenwurz, Safran und Lavendel besonders zu erwähnen. Sie sind gut als Tee zu trinken.

Bei Depressionen gibt es also längst andere Wege und hervorragende Alternativen zu Psychopharmaka. Wirklich schade, dass die klassische Medizin, aber auch die Psychologie dem Weg der Ernährung als Begleittherapie zu wenig Beachtung schenkt. Es lohnt sich, die Wunderelixiere auszuprobieren, bevor man zur Chemiekeule greift. Sie helfen dabei, finstere Gedanken zu vertreiben, und schaffen Platz für neue Lebensfreude.

 Zum Ausprobieren:

→ **Omega-3, ganz delikat:** Jeweils ein Fläschchen Leinöl und Walnussöl. Delikat und antidepressiv zum Kochen und zum Salat.

→ **Omega-3, mit Biss:** eine Packung Chia- und/oder Leinsamen. Ein Teelöffel davon mit Kräuterquark ergibt einen leckeren Dip oder ein gutes Salatdressing. Auch zum Müsli eine stimmungsbelebende Ergänzung.

→ **Edle Gewürze für ein Lächeln:** Kurkuma und Safranpulver. Passen hervorragend zu Reisgerichten, Hähnchen, Lachs und asiatischem Wok. Ein Geschmack, den Sie bald nicht mehr missen möchten.

→ **Gute Laune tanken aus der Dose:** Vitamin D für das Wunder-elixier-Schränkchen gibt es sogar in kleinen Dosen. Thunfisch, Sardinen und Hering sind schmackhafte Vitamin-D-Bomben. Mit einem Spiegelei dazu ist der Tag gerettet. Probieren Sie auch mal einen Thunfischsalat mit Tomaten, Zwiebeln, einem harten Ei und Würfeln vom Emmentaler Käse. Das macht Laune.

→ **Teegenuss, der fröhlich stimmt:** Melissen- und Lavendeltee, aber auch Johanniskraut und Safran gehören in das Fach Depression unseres Wunderelixier-Schränkchens. Vor allem nachmittags und abends ein Genuss.

→ **Glücksgefühle:** Werfen Sie an dieser Stelle noch einmal einen Blick auf die Wunderelixiere für das Glück. Damit tun Sie sich auch bei depressiven Verstimmungen immer etwas Gutes.

9. Herz-Kreislauf-Erkrankungen

Unser Herz ist ein kleines Wunder im Brustkorb.

Unser Herz ist weit mehr als der Motor unseres Körpers. Es hält uns am Leben und sorgt dafür, dass Sauerstoff und Nährstoffe zu den Körperzellen gelangen. Die Transportwege dafür sind die Arterien und Venen, unsere Lebensadern. Ein optimaler Blutkreislauf kommt allen Organen zugute. Er hält Körper und Geist frisch und gesund. Unser Herz schenkt uns aber auch gute Gefühle durch eine Vielzahl von Nerven und ein eigenes Gedächtnis, wie neueste Forschungen zeigen.

Die Gesundheit eines so wichtigen Organs sollte uns doch im wahrsten Sinne des Wortes »am Herzen liegen«. Statistisch gesehen wird aber leider jeder zweite Bewohner eines modernen Industriestaates im Laufe seines Lebens mit einer Herz-Kreislauf-Erkrankung wie Bluthochdruck, Venenleiden, Schlaganfall oder Herzinfarkt konfrontiert. Dieses vermeintlich hohe Risiko können wir allerdings aus eigener Kraft erheblich reduziert. Es beginnt schon damit, dass wir die klassischen Hauptrisikofaktoren minimieren. Hierzu zählen vor allem das Rauchen, starker Alkoholkonsum, Stress und Übergewicht. Sie stellen den Teil der Ursachen für Herzbeschwerden, Bluthochdruck, Mangeldurchblutung, Arterienverkalkung und Gefäßschäden dar, den jeder von uns selbst beeinflussen kann. Diese Krankheitsbilder sind oft die Vorboten von Herzinfarkt oder Schlaganfall. Damit es erst gar nicht so weit kommt, schauen wir uns jetzt das Thema etwas genauer an, um dann unser persönliches Risiko bestmöglich zu verringern.

Beginnen wir mit dem Bluthochdruck. Er kommt schleichend, tut nicht weh, schädigt aber konstant unsere Blutgefäße und unser Herz. Anzeichen für Bluthochdruck können Kopfschmerzen, Abgeschlagenheit, Schwindel oder Kurzatmigkeit sein. Bluthochdruck kommt nicht aus heiterem Himmel, sondern ist ein Zeichen dafür, dass im Körper irgendetwas nicht stimmt. Neben organischen Ursachen kann es folgende Gründe für Bluthochdruck geben: Übersäuerung des Körpers, Ablagerungen in den Blutgefäßen und Stress. Durch permanente Übersäuerung des Körpers verdickt das Blut und der Blutfluss wird vermindert. Das Herz muss dann deutlich kräftiger pumpen, der Blutdruck steigt.

Die Ursachen für eine Übersäuerung sind meist falsche oder einseitige Ernährung, zu geringer Wasserkonsum und Schlafmangel. Bluthochdruck durch Ablagerungen in den Blutgefäßen entsteht immer dann, wenn unsere Venen und Arterien geschädigt werden. Der Körper beginnt, diese Schäden – vergleichbar mit einer Reparatur von Schlaglöchern auf der Straße – provisorisch zu flicken. Die Blutgefäße werden, um es bildhaft zu beschreiben, gekittet. Unsere Gefäßwände sind dann nicht mehr schön glatt, rund und elastisch, sondern durch die »Reparatur-Ablagerungen« eher starr, spröde und verengt. An diesen neu entstandenen Engpässen kann das Blut nur mit höherem Druck ausreichend fließen. Der Blutdruck wird erhöht. Diese reparaturbedürftigen Schäden werden hauptsächlich durch Stresshormone, Medikamente, Schlacken und Säuren verursacht. Sie schädigen unsere Blutgefäße entweder direkt oder auch indirekt, indem sie die Menge an freien Radikalen steigern. Zu viele freie Radikale lösen dann chronische Entzündungen und die beschriebenen Folgeschäden an den Wänden der Blutgefäße aus.

Auch ein Mangel an Folsäure, den Vitaminen B6 und B12, Calcium, den Vitaminen D und K können die Arteriosklerose (das ist der lateinische Name für Arterienverkalkung) mitverursachen. All diese Schäden und anschließenden Reparaturen an den Blutgefäßen gehen noch solange gut, bis irgendwann einmal ein kleines, zirkulierendes Gerinnsel aus Blutplättchen, ein sogenannter Thrombus, an den immer enger werdenden Flickstellen hängen bleibt und das Gefäß wie ein Pfropfen verschließt. Wenn dieser Fall eintritt, dann sprechen wir je nach Ort des Geschehens von Herzinfarkt, Schlaganfall oder anderen Arten der Embolie. Der Schlaganfall entsteht durch eine plötzliche Durchblutungsstörung im Gehirn. Die Blutgefäße, die das Gehirn versorgen, verschließen sich, und es kommt zu einem schnellen Absterben vieler Gehirnzellen. Zur Risikogruppe für Schlaganfälle gehören Menschen mit Bluthochdruck und Diabetes mellitus (Zuckerkrankheit).

Auch für unser Herz ist es wichtig, dass das Blut ohne Hindernisse fließen kann. Drei große Blutgefäße, die sogenannten Herzkranzgefäße, versorgen diesen hochaktiven Muskel mit Blut und Sauerstoff. Bei einem Herzinfarkt verschließt sich ein meist schon geschädigtes Herzkranzgefäß durch den oben beschriebenen Thrombus. Der betroffene Teil des Herzmuskels wird nicht mehr mit dem notwendigen Sauerstoff versorgt und stirbt ab. Auch in diesem Fall ist die häufigste Ursache eine bestehende Arteriosklerose, die wir ja bereits kennen.

Jetzt, nachdem wir etwas Ursachenforschung betrieben haben, wird es uns leicht fallen, Antworten auf die Frage, wie wir unser Herz-Kreislauf-System möglichst gesund erhalten, zu finden. Das sollten wir nicht dem Zufall überlassen, denn wenn wir ein paar Lebensweisheiten im wahrsten Sinn des Wortes beherzigen und die Wunderelixiere kennen, mittels derer unsere Gefäße elastisch und gesund bleiben, dann wird unser Herz noch lange fröhlich schlagen.

Es ist schon verwunderlich, dass der Mensch jeden Tag sein Haar in Ordnung bringt, nicht aber sein Herz.

Lebensweisheiten bei Herz-Kreislauf-Erkrankungen:

Wussten Sie, dass bei vielen Naturvölkern dieser Welt Herz-Kreislauf-Erkrankungen so gut wie unbekannt sind und auch in den beschriebenen Langlebigkeitszonen bisher nur eine kleine Rolle spielten? Das bedeutet doch im Umkehrschluss, dass auch wir nicht schicksalsbedingt daran erkranken müssten. Wir tun es aber. Hauptverantwortlich für den sprunghaften Anstieg dieser Art von Krankheit ist der neue Lebensstil in den modernen Industriegesellschaften. Wir sprechen hier, so paradox das klingt, von Wohlstandskrankheiten. Dazu zählen auch Diabetes und viele Rückenleiden. Stress in Beruf und Freizeit, Hektik, Zeitdruck, Leistungsdruck, industriell gefertigte Ernährung und hoher, oft unkontrollierter Medikamentenkonsum sind das ideale Futter für diese Krankheitsbilder.

Je mehr wir beschleunigen, desto kürzer wird unser Leben. Das ist eigentlich eine gute Erkenntnis, denn wenn wir einen

Gang zurückschalten und wieder etwas bewusster leben, dann fühlen wir uns erstens besser, bleiben zweitens gesünder und haben letztendlich mehr Zeit. »Wenn du es eilig hast, dann gehe langsam«, sagt man in China. Diese Lebensweisheit ist sicher auch gut für unser Herz.

Wir haben es in der Hand, wie hoch das Risiko für eine Herz-Kreislauf-Erkrankung ist, sowohl in positiver als auch in negativer Hinsicht. Selbst bei einer genetischen Vorbelastung können wir sehr viel tun, und es ist nie zu spät, damit anzufangen. Dass das Ganze auch noch Spaß machen kann, sehen wir gleich.

Beginnen wir doch ganz banal mit einem guten Frühstück. Vergessen wir den schnellen Keks oder den Kaffee im Vorübergehen. Stehen wir lieber ein halbe Stunde früher auf und frühstücken in Ruhe, denn wer nicht frühstückt, schadet seinem Herz. Renommierte US-Wissenschaftler haben herausgefunden, dass Menschen, die morgens nicht oder nur spärlich frühstücken, ein bis zu 27 Prozent erhöhtes Risiko für Herz-Kreislauf-Erkrankungen haben. Sie hatten 27 000 Männer über 16 Jahre lang beobachtet. Besonders gefährlich ist das Weglassen des Frühstücks im Alter zwischen 45 und 60 Jahren. Hier erhöht sich das koronare Risiko um 50 Prozent. Beim Auslassen des Frühstücks können mehrere Faktoren zu dem gesundheitsschädlichen Effekt führen. Neben dem Mangel an wichtigen Nährstoffen wie Vitaminen, Ballaststoffen, Wasser und ungesättigten Fetten, die unseren Blutkreislauf stabil halten, bringen wir die Ernährungsgewohnheiten völlig durcheinander. Die normalen Schwankungen des Blutzuckerspiegels geraten außer Kontrolle. Zwischendurch werden dann, immer wenn sich der Hunger meldet, süße Snacks zugeführt. Die Studie hat auch gezeigt, dass Menschen, die nicht frühstücken, oft hektischer sind als andere, ihre Schlafphasen nicht unter Kontrolle haben und mehr rauchen.

Anscheinend etwas komplizierter wird es für viele von uns

beim Thema Stress. Wer fühlt sich nicht hin und wieder oder gar ständig gestresst? Dabei ist es wichtig zu wissen, dass positiver Stress unsere Gesundheit nicht belastet. Wie schon bekannt, müssen wir uns über einen gefüllten Terminkalender mit Dingen, die wir gerne tun, keine Gedanken machen. Kritisch wird es, wenn körperliche oder psychische Belastungen über das normale Maß hinausgehen oder auf Zwang beruhen. Dann haben wir schädlichen Stress. Der entsteht recht schnell, wenn die Anforderungen unsere persönlichen Fähigkeiten und Möglichkeiten übersteigen. Die typischen Stressfaktoren sind Leistungsdruck, Lärm, familiäre oder berufliche Probleme sowie Leistungssport. Der Körper reagiert mit der Ausschüttung von Stresshormonen, die uns noch mehr anregen. Ein Teufelskreis, denn diese Stresshormone führen über einen längeren Zeitraum nicht nur zu Schlafstörungen, Depressionen und Konzentrationsschwäche, sondern auch zu Bluthochdruck und Mangeldurchblutung. Um diesen negativen Stress zu mindern, muss man nicht sein ganzes Leben umkrempeln, sondern nur ein paar Stellschrauben anders fixieren.

Viele Empfehlungen, die uns helfen, den Stress zu bewältigen oder ihn gar nicht erst entstehen zu lassen, haben wir in den vorangehenden Kapiteln bereits gelesen: praktiziertes Glück, Entspannung, besser schlafen, das Leben vereinfachen, den Terminkalender »entschärfen«, gute Gespräche führen …

Wichtig, um zukünftig Stress zu vermeiden, ist es auch, sich nicht ständig selbst unter Druck zu setzen, nicht immer alles perfekt machen zu wollen und sich schon gar nicht über andere zu ärgern.

Weitere Risikofaktoren, die ausschließlich in unserer Hand liegen, haben wir bereits erwähnt: zu viel Alkohol, Rauchen und Bewegungsmangel. Wenn wir täglich über 30 Gramm Alkohol konsumieren – das sind ungefähr 0,25 Liter Wein oder 0,4 Liter Bier –, steigt das Risiko für Bluthochdruck um das Doppelte. Wie immer liegt der Schaden in der Übertreibung. Wie wir nachher noch sehen werden, schadet Rotwein in kleinen Mengen einem gesunden Herzen nicht (Vorsicht allerdings bei Herzmuskelschwäche, da ist Alkohol absolut tabu). Auch das Rauchen trägt zur Entstehung von Durchblutungsstörungen bei. Nikotin, zusammen mit sonstigen Giften und Schwermetallen, kann unserem Körper großen Schaden zufügen. Zur Vorbeugung sollte man das Rauchen am besten sofort bleiben lassen. Egal, wie lange man bisher schon geraucht hat, sobald wir damit aufhören, verringert sich das Risiko einer koronaren Erkrankung relativ schnell.

Einen großen Beitrag zur Herzgesundheit leistet auch regelmäßige Bewegung. Und die muss gar nicht kräftezehrend sein. Wenn wir dreimal wöchentlich körperlich aktiv sind und dabei insgesamt 1500 bis 5000 kcal verbrauchen, zeigt sich bereits ein positiver Effekt. Alles, was darüber hinausgeht, bringt keinen erheblichen Zusatznutzen und kann sogar schaden.

Integrieren wir nur zwei der bisher beschriebenen Empfehlungen in unser Leben, dann sinkt die Wahrscheinlichkeit für ein Herz-Kreislauf-Problem schon um bis zu 30 Prozent. Das sind doch beste Aussichten für ein gesundes Herz. Nehmen wir uns also die folgenden Lebensweisheiten zu Herzen. Wir werden reichlich dafür belohnt.

 Gut zu wissen:

→ Die Hauptrisikofaktoren für Herz-Kreislauf-Erkrankungen sind: Rauchen, zu viel Alkohol und Bewegungsmangel.
→ Stress erhöht den Blutdruck, schädigt unsere Lebensadern und belastet das Herz.
→ Je mehr wir beschleunigen, desto kürzer wird unser Leben.

→ Tiefer, erholsamer und regelmäßiger Schlaf ist Entspannung pur für unser Herz.

→ Mit einem guten Frühstück beginnt unser Fitnessprogramm für einen gesunden und stabilen Kreislauf.

→ Bewegung hält uns gesund, übertriebener Sport strapaziert unser Herz und übersäuert den Körper.

→ Aktivitäten, die von Herzen kommen und die wir gerne tun, sind auch gut fürs Herz.

Unser Wunderwerk Herz kommt nicht aus dem Rhythmus, wenn wir es gut versorgen.

Wunderelixiere bei Herz-Kreislauf-Erkrankungen:

Neben den empfohlenen Lebensstiländerungen leistet auch die richtige Ernährung einen wichtigen Beitrag zur Vorbeugung von Herz-Kreislauf-Erkrankungen oder zu deren Besserung.

Zunächst einmal sollten wir dafür sorgen, dass unserem Körper alle notwendigen Nährstoffe zugeführt werden, die er braucht, und dass wir bestimmte Stoffe, die unseren Kreislauf schädigen, nicht im Übermaß konsumieren. Eine besondere Schutzfunktion für unser Herz haben Gemüse und Hülsenfrüchte, die reich an Ballaststoffen, Folsäure, den Vitaminen B, C und E sowie Kalium sind. Hierzu zählen vor allem Spinat, Mangold, Bohnen, Brokkoli und Linsen.

Ein echter Geheimtipp sind die in der spanischen Region Valencia oder in Afrika angebauten Erdmandeln. Es gibt sie als Flocken oder getrocknet. In Spanien genießt man auch eine wunderbar schmeckende Erdmandelmilch, die sogenannte Horchata. Erdmandeln regenerieren unseren Körper von innen durch viele Ballaststoffe, herzgesundes Kalium, Eisen, Zink und gesunde Fette.

Beim Obst empfehlen sich insbesondere Bananen und Orangen. Bananen enthalten viel Kalium, das nicht nur den Blutdruck senkt, sondern auch den Blutkreislauf stabilisiert. Orangen enthalten neben Vitamin C ebenfalls Kalium. Diese Zusammensetzung sorgt für den Abtransport schädlicher Giftstoffe und normalisiert den Natriumspiegel, der bei überhöhten Werten zu Bluthochdruck führen kann. Granatäpfel und Johannisbeeren gleichen durch ihren hohen Anteil an Antioxidantien einen Überschuss an freien Radikalen in unserem Körper aus. Das ist wichtig für gesunde Adern und ein stabiles Immunsystem. Wenn frische Granatäpfel oder Johannisbeeren nicht verfügbar sind, dann gibt es auch fermentierte Granatapfelextrakte, die mit etwas Wasser verdünnt einen fruchtig-süßen Saft ergeben. Wasser- und Honigmelonen unterstützen die Fließfähigkeit des Blutes und beugen so der Entstehung von gefährlichen Blutgerinnseln vor. Bestimmte frisch gepresste Säfte stärken und schützen ebenfalls das Herz. Da sie nicht gekocht werden, bleiben die frucht- bzw. gemüseeigenen Enzyme erhalten, was für ein gesundes Herz äußerst wichtig ist. Eine der besten Saftmischungen besteht aus Karotten, Ingwer und Sellerie. Diese Kombination senkt auf natürlichem Weg den Blutdruck, hilft bei der Regeneration von zerstörtem Körpergewebe, regt die Entspannung der arteriellen (blutdruckregulierenden) Muskeln an und verbessert die Gefäßerweiterung.

Unterschätzt wird auch oft die Wunderwaffe Bienenhonig. Die darin reichlich enthaltenen Polyphenole fangen aggressive Substanzen in unserem Körper ab und fördern damit die Durchblutung; ein guter Dienst für unser Herz.

Richtig gesund ist auch der Knoblauch. Das darin enthaltene Allicin hat einen gefäßerweiternden Effekt, wirkt als natürlicher Blutverdünner und senkt auch noch den Cholesterinspiegel. So kann das Auftreten von Schlaganfall, Herzinfarkt und Thrombose deutlich reduziert werden. Beim Erhitzen geht das Allicin allerdings verloren, deshalb sollte Knoblauch frisch oder in Form von schwarzem (fermentiertem) Knoblauch gegessen werden. Der schwarze Knoblauch hinterlässt so gut wie keinen Mundgeruch und hat einen leicht süßlichen Geschmack. Als Alternative stehen auch Knoblauchpräparate zur Verfügung.

Ebenfalls besten Ruf als altes Heilmittel genießt die Zwiebel. Sie ist ein echtes Allroundtalent für ein gesundes Herz. Sie hat ähnliche Eigenschaften wie der Knoblauch, darüber hinaus reguliert sie auch noch den Blutzuckerspiegel. Eine frische Zwiebel am Tag erfreut unser Herz.

Ein hervorragendes präventives Wunderelixier ist auch die Chinamorchel (Mu-Err-Pilz). Kleine Mengen davon helfen bereits, das Blut fließfähig zu halten, um Schlaganfall- und Herzinfarktrisiken zu vermindern.

Die essenzielle Aminosäure L-Arginin, die wir bereits zum Thema »guter Schlaf« kennengelernt haben, hat auch beste Eigenschaften für unsere Herzgesundheit. Sie verbessert den Blutfluss, fördert den Muskelaufbau, stärkt das Immunsystem, optimiert die Fettverbrennung und wirkt sogar noch stärkend auf die Potenz. Zwar kann unser Körper L-Arginin auch selbst herstellen, aber in Zeiten von Krankheit, körperlichem oder psychischem Stress und bei zu viel Sport kann sie schnell zu Mangelware werden. Dann sollten wir für einen Ausgleich sorgen. Die Lebensmittel mit dem höchsten L-Arginin-Gehalt sind Kürbiskerne und Erdnüsse. Große Mengen davon befinden sich auch in Mandeln, Weizenkeimen, Sojabohnen, Haselnüssen, Garnelen, Schweine- und Kalbfleisch, Sardinen, Lachs und Edamer.

Wie wichtig das Frühstück ist, haben wir bereits erwähnt. Allerdings ist auch entscheidend, was wir essen. Hier empfehlen sich Vollkornprodukte. Ideal sind z. B. Vollkornbrot oder Haferflocken. Das Eiweiß ernährt die Muskeln und unterstützt die Fettverbrennung. Die komplexen Kohlenhydrate und die vielen Ballaststoffe sowie ungesättigte Fettsäuren senken das schlechte

Cholesterin. Dazu ein frisch gepresster Saft und eine Banane, und der Start in den Tag stimmt.

Jetzt kommen wir zu den Fetten, von denen viele deutlich besser sind als ihr Ruf. Nur die Zufuhr bestimmter, schlechter Fette (insbesondere Transfette) wirkt sich schädlich aus. Auch gesättigte Fette sollten nur sehr moderat genossen werden. Allerdings gibt es dabei eine erstaunliche Ausnahme: das reine Butterfett, in der ayurvedischen Medizin Ghee genannt. In neuesten US-amerikanischen Studien stellte sich heraus, dass Ghee, sogar täglich in großen Mengen verzehrt, nicht nur die Cholesterinwerte senken kann, sondern auch zu einer deutlich besseren Herz-Kreislauf-Verfassung führt. Das war ein überraschendes Ergebnis, denn Ghee enthält 70 Prozent gesättigte Fettsäuren, die ja bisher immer als höchst gefährlich in Sachen Cholesterin bezeichnet wurden. Im Ayurveda, der traditionellen indischen Heilkunst, wird Ghee schon seit Jahrtausenden eingesetzt. Die Herstellung von Ghee ist recht einfach: Die Butter wird erhitzt und der dabei entstehende Schaum aus Wasser, Milchzucker (Laktose) und Eiweiß wird abgeschöpft. Reines Butterfett, also Ghee, bleibt übrig. In der indischen Küche ist Ghee das am häufigsten verwendete Speisefett. In groß angelegten Studien konnte entsprechend gezeigt werden, dass z. B. männliche Inder, die mehr als ein Kilo Ghee im Monat verzehrten, ein reduziertes Risiko für Herz-Kreislauf-Erkrankungen hatten.

Weiter geht es mit den altbewährten guten Fetten, den sogenannten ungesättigten Fetten, auf die wir keinesfalls verzichten sollten. Sie sind eine wichtige Energiequelle für unseren Körper, sie halten die Zellen elastisch, schützen die Adern und liefern Baustoffe für bestimmte Hormone. Für die Herzgesundheit spielen gute Fette eine tragende Rolle, da die wasserlöslichen Vitamine A, D, E, K und auch das Karotin nur mit ihrer Hilfe verwertet werden können.

Dagegen sollten wir bestimmte gesättigte Fette, vor allem aus fettigem Fleisch und fetter Wurst, nur in kleinen Mengen verzehren. Wenn wir zu viel davon essen und sie nicht verbrauchen, dann erhöhen sie den Spiegel des schlechten LDL-Cholesterins und können unsere Adern verstopfen.

Bei der gefährlichsten Variante, den Transfettsäuren, ist starke Zurückhaltung geboten. Sie erhöhen das Risiko für Herzkrankheiten ganz erheblich. In natürlichen Nahrungsmitteln kommen sie erfreulicherweise, wenn überhaupt, nur in kleinen Mengen vor. Sie entstehen unter anderem beim Prozess der künstlichen Härtung von Pflanzenölen. Da gehärtete Pflanzenöle gut formbar, besser haltbar und auch noch hitzebeständig sind, arbeitet die Lebensmittelindustrie besonders gerne damit. Quer Beet kann man sie entsprechend finden: in Light-Produkten, denen man damit mehr Festigkeit verleiht, in Backwaren und Frittiertem, in Keksen, Pizzen, Kartoffelchips, salzigen Snacks, in Margarine und in vielen sonstigen Arten von Fertigprodukten, ja sogar in den allseits beliebten Frühstücksflocken und Tütensuppen.

Um Transfettsäuren zu entlarven, achten Sie am besten auf das Etikett. Allerdings muss der Transfettsäuregehalt eines Lebensmittels, zumindest in Europa, bisher nicht angegeben werden. Wenn auf der Packung beispielsweise steht: »enthält gehärtete Fette« oder »pflanzliche Fette, zum Teil gehärtet«, ist das ein Hinweis auf Transfette. Auch wenn Sie zu Hause frittieren und braten, sollten Sie Ihrer Gesundheit zuliebe Öle nicht über 180 Grad erhitzen, denn bei zu hohen Temperaturen besteht ebenfalls die Gefahr, dass sich Transfettsäuren bilden. Zum Garen bei hoher Hitze oder zum Anbraten von Fleisch empfiehlt es sich, sehr hitzebeständige Kokosfette oder speziell als Bratöle deklarierte, raffinierte Pflanzenöle (z. B. Soja-, Erdnuss-, Sonnenblumen-, Olivenöl), in denen der Anteil von einfach ungesättigter Ölsäure besonders hoch ist, zu verwenden. Auf keinen Fall sollten Sie kalt gepresstes natives Olivenöl (vergine oder extra vergine), Butter oder Margarine zum scharf Anbraten verwenden, denn diese bilden schon ab 160 Grad die gefährlichen Transfettsäuren.

Die guten Fette, und davon gibt es reichlich, lassen sich in zwei Klassen einteilen: die einfach ungesättigten Fette und die mehrfach ungesättigten Fette. Die einfach ungesättigten Fette kann unser Körper leicht verdauen. Die darin enthaltene Ölsäure senkt sogar den Cholesterinspiegel. Produkte, die einfach ungesättigte Fette enthalten, sind: Olivenöl, Erdnussöl, Erdnüsse, Walnüsse und Avocados. Auch die weitgehend unbekannten Pekannusskerne besitzen eine ideale Kombination der Vitamine A und B, Lecithin, Magnesium, Kalzium, Kalium, Eisen und Proteine. Sie tun den Nerven, dem Gehirn und den Muskeln gut und sind durch ihren hohen Omega-3-Gehalt Balsam für Herz, Gefäße und Kreislauf.

Figurbewusste müssen sich, ähnlich wie bei Walnüssen, durch den hohen Fettgehalt nicht abschrecken lassen. Wer es mit dem Knabbern nicht übertreibt, kann sein Gewissen beruhigen: Erstens wirkt sich ihr hoher Anteil von 30 Prozent an Ballaststoffen günstig auf die Figur aus, und zweitens bringen die Pekannüsse auch positive Effekte bei erhöhtem Blutdruck und Cholesterinspiegel. Ihr feiner, leicht süßlich-herber Geschmack ist sehr angenehm.

Die für unseren Stoffwechsel und die Herzgesundheit so nützlichen ungesättigten Fettsäuren sind einfach unentbehrlich. Sie unterscheiden sich in Omega-3 und Omega-6. Omega-3-Fettsäuren finden sich ausreichend in den sogenannten Fettfischen wie Lachs, Makrele, Hering, Sardinen, Thunfisch und den bereits erwähnten Wal- und Pekannüssen. Omega-6-Fettsäuren sind eher in Pflanzenölen anzutreffen, insbesondere in Soja- und Weizenkeimöl. In einem ausgewogenen Verhältnis beugen sie der Arterienverkalkung am besten vor.

Um das Herz gesund zu erhalten, muss man sich also keineswegs so einschränken, dass das Leben keinen Spaß mehr macht. Ganz im Gegenteil, die Auswahl an guten, gesunden Produkten ist groß. Wichtig ist, dass wir die für unsere Gesundheit wirklich hilfreichen Produkte in unsere Ernährung einbeziehen. Eigentlich ist unser Herz ein Lebenskünstler, denn es liebt auch den Genuss. Erstens kann es sich durch sein Nervensystem tatsächlich an den schönen Dingen erfreuen, und zweitens sind Genießerherzen auch gesund. Genießen Sie ruhig einmal ein Gläschen Rotwein, denn wer hin und wieder kleine Mengen Rotwein trinkt, kann sein Risiko für eine Kreislauf-Erkrankung gegenüber einem Absti- nenzler damit verringern. Diesen Nachweis hat die Zusammenfas- sung von 13 Studien an mehr als 200 000 Menschen erbracht, die auf einem Kardiologenkongress in München präsentiert wurde. Selbst Menschen, die einen Herzinfarkt überlebt hatten, wiesen bei einem Konsum von bis zu zwei kleinen Gläsern Rotwein pro Tag höhere Werte des guten HDL-Cholesterins auf als diejenigen, die keinen Rotwein tranken.

Die herzgesunde Kraft der Trauben (ganz ohne Alkohol) steckt auch in schonend gepresstem Traubenkernöl und frisch geschrotetem Traubenkernmehl. Beide sind echte Wunderelixi- iere. Das Öl eignet sich hervorragend zum Verfeinern von fast allen Gerichten und Salaten. Mit dem Mehl lässt sich wunderbar backen.

Inzwischen auch gut erhältlich sind Chiasamen oder Produkte, die daraus hergestellt werden. Sie sind eine reichhaltige Quelle von Mineralien, Ballaststoffen, Antioxidantien, sowie Omega-3- und Omega-6-Fetten, dazu regulieren sie auch noch den Blutzucker- spiegel auf natürliche Art. 100 Gramm Chiasamen haben so viele Ballaststoffe wie 400 Gramm Leinsamen, die gleiche Menge an Antioxidantien wie ein Kilo Orangen, den Calciumgehalt von 500 ml Milch und den Omega-3-Fettgehalt von einem Kilo Lachs. Ein echtes »all inclusive Herz-Power-Produkt«. Was will man mehr?

Es ist wirklich schön zu sehen, welche kleinen und großen Wunder die Natur mit ihrem vielfältigen Angebot vollbringen kann. Eine reichhaltige Apotheke, die uns auf eine ganz einfache und meist genussreiche Art viel Gesundheit schenkt, uns glücklich macht und das Wohlbefinden steigert.

Jetzt wollen wir aus diesem großen Angebot die Produkte zusammenstellen, die im Fach Herzgesundheit unseres Wunderelixier-Schränkchens auf keinen Fall fehlen sollten.

৺◯৻ Zum Ausprobieren:

- → **Zum Start in den Tag:** Vollkornbrot mit Honig oder mit Olivenöl und Frischkäse. Müsli mit Vollkornhaferflocken, Joghurt, Nüssen und Chiasamen. Dazu frisch gepresster Saft und eine Banane.
- → **Herzerfrischend:** ein Saft aus Sellerie, Karotten und Ingwerwasser. Sellerie und Karotten frisch in den Mixer. Ein Teelöffel Olivenöl (nativ bzw. extra vergine) dazu. Mit Ingwerwasser verdünnen. Für einen Liter Ingwerwasser einen Esslöffel klein gewürfelten Ingwer in heißem Wasser 10 Minuten ziehen lassen. Danach in den Kühlschrank stellen. So ist es immer griffbereit.
- → **Herzkraft aus Saft:** Fruchtextrakte oder Direktsaft aus Granatäpfeln und Johannisbeeren.
- → **Süßes Wunder:** Ein Glas naturreiner Bienenhonig ist ein Muss für unser Schränkchen. Gut macht er sich auf dem Frühstücksbrot. Das erfreut unser Herz.
- → **Lecker und gesund:** Linsen und Bohnen. Mindestens zweimal pro Woche empfiehlt sich ein Gericht mit Hülsenfrüchten.
- → **Für die volle Wirkung:** Brokkoli, Mangold, Spinat, am besten nur gedämpft oder roh im Salat.
- → **Feiner Pilzgeschmack:** Die Chinamorchel gibt es in Europa

meist getrocknet oder als Pulver. Sie verleiht vielen Speisen eine besondere Note.

→ **Bewährte Hausmittel:** Knoblauch, getrocknet oder fermentiert (schwarzer Knoblauch), und eine Zwiebel am Tag.

→ **Fast unbekannt:** Erdmandeln oder Chufas. Sie haben einen kokosähnlichen Geschmack und können z. B. als Chufamilch (»Horchata de Chufa«) getrunken oder als Flocken zum Frühstück gegessen werden. Die luftgetrocknete Mandel lässt sich knabbern, nachdem man sie ca. zwei Stunden in Wasser oder Milch eingeweicht hat.

→ **Ein kleines Ölsortiment:** jeweils ein Fläschchen kaltgepresstes Öl von: Oliven, Erdnüssen, Weizenkeimen, Walnüssen und Soja. Je weniger Sie die Öle erhitzen, desto besser für Ihre Gesundheit.

→ **Zum Kochen und Braten:** Ghee (reines Butterfett); ein überraschend herzgesunder Geschmacksträger. Gut für die Pfanne sind auch raffiniertes Sonnenblumen-, Kokos-, Soja-, Oliven- und Erdnussöl.

→ **Die Kraft der Traubenkerne:** Traubenkernmehl und Traubenkernöl. Das sind echte Turbos für Ihre Herzgesundheit.

→ **Immer wieder Nüsse:** im Müsli, als Knabberspaß, in Salaten, im Obstsalat ... Fürs Herz empfiehlt sich eine Mischung aus Walnuss-, Haselnuss- und Pekannusskernen.

→ **Dreifachwirkung:** Kürbiskerne, Erdnüsse, Mandeln, Weizenkeime, Sojabohnen, Garnelen, Schweine- und Kalbfleisch, Sardinen, Lachs und Edamer enthalten besonders viel L-Arginin: gut fürs Blut, das Immunsystem und die Fettverbrennung.

→ **Auf Ihre Gesundheit:** Gönnen Sie sich hin und wieder ein Gläschen Rotwein. Das entspannt und tut gut, außer Ihr Arzt hätte etwas dagegen einzuwenden.

10. Krebs

Glauben Sie an ein Wunder und tun Sie alles dafür, dass es in Erfüllung geht.

Neben den Herz-Kreislauf-Erkrankungen ist Krebs die große Krankheit des 21. Jahrhunderts. Allein schon der Name macht vielen Menschen Angst, und deshalb ist es auch nicht verwunderlich, dass in den Medien dreimal so viele Artikel zu Krebs als zu den immer noch häufigeren Herz-Kreislauf-Krankheiten veröffentlicht werden.

Und es ranken sich viele Mythen um das anscheinend so geheimnisvolle Leiden: Zu enge Büstenhalter verursachten Brustkrebs, Krebs habe seelische Ursachen, es gebe den Krebskiller schlechthin, Verletzungen könnten Tumore auslösen, Zucker füttere die Krebszellen und vieles mehr. Glauben Sie bloß nicht alles, was zu diesem Thema erzählt und geschrieben wird, denn auch Haifische können Krebs bekommen, und sie essen weder Zucker noch tragen sie zu enge BHs. Aber, und das ist die gute Nachricht, sie erkranken viel seltener an Krebs, weil ihr Immunsystem sehr stark ist und sich ihre Lebensweise und ihre Ernährung seit Jahrtausenden kaum geändert haben.

Die Entstehung von Krebs lässt sich nicht oder nur in ganz seltenen Fällen auf einen einzigen Auslöser reduzieren, und genauso wenig gibt es das eine Mittel zur Vorsorge oder die einzig wahre Empfehlung, die uns vor allem Übel schützt. Es ist das Zusammenspiel von mehreren Faktoren, wie immer im Leben, das über unser Risiko entscheidet. Eines ist allerdings wahr: Es besteht berechtigte Hoffnung, dass wir den Kampf gegen den Krebs gewinnen können, und das aus zwei guten Gründen. Erstens werden immer bessere Medikamente und Behandlungsmethoden entwickelt, die im Fall einer Erkrankung Lebensqualität und Heilungschancen deutlich erhöhen. Zweitens, weil die neueste Krebs-forschung anschaulich beweist, dass viele Krebserkrankungen kein Schicksal sind. Ganz im Gegenteil. Krebs ist zu einem hohen Teil das Resultat unserer Lebensgewohnheiten. Es besteht ein si-gnifikanter Zusammenhang zwischen zahlreichen Krebsarten und unserem Lebensstil, vor allem in den modernen Industriegesell-schaften.

Ähnlich wie bei den Herz-Kreislauf-Erkrankungen sind die größten Risikofaktoren für Krebs das Rauchen, übermäßiger Alkoholgenuss, eine unausgewogene Ernährung, starkes Über-gewicht und eine einseitige, unnatürliche Lebensweise, verbunden mit chronischem Bewegungsmangel. Die Wissenschaft ist sich in-zwischen einig, dass 75 Prozent aller Krebserkrankungen durch kleine, aber konstante Veränderungen unseres Lebensstils verhin-dert werden könnten. Auch die Heilungschancen lassen sich da-durch ganz erheblich beeinflussen. Selbst wenn Sie in Ihrer Familie schon einen Krebsfall haben, der auch für Sie eine genetische Vor-belastung bedeuten könnte, dann sollten Sie sich darüber bewusst sein, dass man zwar ein Gen in sich tragen kann, das die Krebsan-fälligkeit erhöht, dass die Entwicklung der Krankheit aber trotz-dem von vielen weiteren Umständen abhängig ist. Wir müssen uns also keineswegs hoffnungslos in unser Schicksal fügen.

Fast alle Menschen dieser Welt tragen anormale Zellen – die Vorläuferzellen von Krebs – in sich. Diese entstehen durch kleine Kopierfehler bei Millionen von Zellteilungen während eines Le-bens. Es läuft eben nicht ständig alles perfekt. Auch unser Körper funktioniert nicht immer ganz exakt, und dann ist eine neue Zelle eben nicht so, wie sie sein sollte. Je mehr wir unseren Körper stra-pazieren, desto höher ist die Wahrscheinlichkeit einer solchen Fehlbildung. Das ist so ähnlich, als ob wir in Hektik wären und dabei den einen oder anderen Fehler machen. Je älter wir werden, desto mehr Zellteilungen haben wir bereits hinter uns, deshalb steigt die Wahrscheinlichkeit für Fehlentwicklungen mit den Lebensjahren. Bei über der Hälfte aller Menschen richten diese anormalen Zellen allerdings keinen Schaden an, das heißt, sie entwickeln sich nicht zu gefährlichen Krebstumoren.

Die Schlussfolgerung liegt auf der Hand: Rein biologisch gesehen tragen wir alle das Krebsrisiko in uns. Unser Körper ist aber auch in der Lage, das Ausbrechen der Krankheit zu verhindern, und dies aus eigener Kraft. Immer dann, wenn wir den Krebsvorläuferzellen geeignete Bedingungen bieten, können sie sich recht einfach zu Krebszellen entwickeln. Das passiert vor allem, wenn wir die körpereigene Schutzfunktion, unser Immunsystem, schwächen, unseren Körper mit Giftstoffen und durch Übersäuerung belasten, Entzündungen nicht ausheilen und zu wenig schützende Stoffe durch unsere Ernährung zuführen. Immer dann, wenn wir in irgendeiner Weise das natürliche Gleichgewicht unseres Organismus durcheinanderbringen, schaffen wir beste Voraussetzungen, damit sich zunächst harmlose Krebsvorläuferzellen bilden, die sich dann später ganz ungestört zu tödlichen Krebszellen weiterentwickeln können. Das geht in der Regel sehr langsam, ohne Vorwarnung und ohne Schmerzen, ähnlich wie bei vielen Herz-Kreislauf-Erkrankungen. Auch einen überhöhten Blutdruck, der langfristig großen Schaden anrichtet, spüren wir am Anfang nicht. Und plötzlich ist die Krankheit da. Doch selbst in diesem Fall können wir, je nach Stadium der Krankheit, viel dazu beitragen, um eventuell wieder ganz gesund zu werden.

Mit wenigen Ausnahmen wird die Entstehung und Heilung von Krebs also ganz entscheidend von unserem Lebensstil und unseren Ernährungspraktiken geprägt. Und deshalb ist das Wissen darüber mindestens genauso wichtig wie regelmäßige Vorsorgeuntersuchungen. Es geht darum, dass wir dem Krebs den Nährboden entziehen, und ihm so die Chance nehmen, unser Leben zu gefährden.

*Erst wenn wir über Krankheiten nachdenken, können wir viel
über ein wunderbar gesundes Leben lernen.*

Lebensweisheiten bei Krebs:

Lebensstil, Ernährung und Krebsrisiko hängen zusammen. Da
sind sich die Wissenschaftler aller Länder einig. Zwar gibt es auch
einige Krebsarten, vor denen man sich zumindest nach aktuellen
Erkenntnissen kaum schützen kann, aber gerade gegen die häufig
vorkommenden Varianten kann man viel tun. Durch unser eigenes Verhalten können wir das Krebsrisiko erheblich reduzieren
oder unserem Körper dabei helfen, sich von einer Krebserkrankung bestmöglich zu erholen.

Zunächst einmal geht es darum, die Hauptrisikofaktoren wie
Rauchen und Alkoholmissbrauch auszuschließen. Damit senken
wir nicht nur das Risiko für Lungen- bzw. Leberkrebs, sondern
auch für viele andere Krebsarten erheblich.

An nächster Stelle kommt das Thema starkes Übergewicht.
Viele Gründe machen es zu einem Risikofaktor für Krebs, insbesondere dann, wenn es mit Bewegungsmangel und einer
falschen Ernährung in Verbindung steht.

Selbstverständlich sollten wir auch Arzneimittel nur dann nehmen, wenn sie wirklich notwendig sind, gemäß der alten Regel: so
viel wie nötig, so wenig wie möglich. Medikamente können unseren Organismus ganz schön aus dem Gleichgewicht bringen und
Fehlfunktionen auslösen, die das Krebsrisiko erhöhen.

Recht gut vermeiden lässt sich auch der direkte Kontakt mit
chemischen Giftstoffen. Diese sind hauptsächlich in Putzmitteln,
in Pflanzen- oder Holzschutzmitteln, in Lacken, Sprays und teilweise sogar in Kosmetika enthalten. Um eine schädliche Belastung mit diesen Chemiebomben zu verringern, sollte man sie mit
Bedacht oder im Zweifel gar nicht verwenden. Nicht alles, was gut
riecht und schön aussieht, ist auch gesund.

Wenn wir es schaffen, die bisher genannten Risikofaktoren einigermaßen zu begrenzen, dann gehören wir schon zu der glücklichen Gruppe mit einer deutlich verringerten Wahrscheinlichkeit, überhaupt an Krebs zu erkranken oder rückfällig zu werden. Aber wir können durch ein paar kleine Veränderungen in unserem Leben, die eine schützende Wirkung entfalten, noch weit mehr für unsere Gesundheit tun.

Starten wir mit dem Thema Bewegung. Körperlich aktive Menschen erkranken statistisch gesehen seltener an bestimmten Krebsarten wie z. B. Darmkrebs, Brustkrebs, Lungenkrebs und Prostatakrebs. Dabei ist es nicht nur die Bewegung selbst, die das Krebsrisiko vermindert, sondern ihr Einfluss auf das Körpergewicht. Starkes Übergewicht ist ja, wie wir bereits wissen, ein großer Risikofaktor. Bewegung hält unseren Energiehaushalt im Gleichgewicht. Bewegung kann aber auch noch ein bisschen mehr. Sie normalisiert die Konzentration von Geschlechtshormonen, den Insulinspiegel, wirkt ausgleichend auf chronische Entzündungen und stärkt das Immunsystem, allesamt Faktoren, die bei der Krebsentstehung eine nicht unwesentliche Rolle spielen. Es lohnt sich also, aktiv zu sein. Ideal sind mindestens drei Stunden moderate Bewegung pro Woche oder dreimal 30 Minuten anstrengender Sport, aber immer ohne Überlastung und nur das, was uns wirklich gefällt. Für den Fall, dass Sie aufgrund einer Erkrankung oder sonstiger gesundheitlicher Einschränkungen schwach sind, genügt sogar schon mehrmals pro Woche ein kleiner Spaziergang an der frischen Luft.

Nach aktuellem Wissensstand gibt es keinen Unterschied zwischen Bewegung im Beruf, im Hobby oder beim Sport. Wichtig ist, dass man bei der Auswahl der Aktivität auf seine Gesundheit achtet und all das vermeidet, was Probleme an Knochen, Bändern, Herz-Kreislauf oder sonstigen Schwachstellen des Körpers verursachen kann. Denken Sie daran: Jede durch zu viel Sport verursachte Entzündung liefert dem Krebs neue Nahrung. Versuchen Sie also nicht, mit Bandagen, Schmerzmitteln und anderen Tricks Sport zu erzwingen. Im Zweifel gilt es, moderate Bewegungsformen wie schnelles Gehen, Fahrradfahren, Tanzen, Golfspielen oder Wandern zu bevorzugen. Sportarten wie schnelles oder langes Joggen, Skifahren, Tennis, Squash, Handball, Fußball und sogar Aerobic beinhalten ein hohes Verletzungs- und Überlastungspotenzial, führen oft zu Übersäuerung, Schwächung des Immunsystems und chronischen Langzeitschäden, die uns wiederum anfälliger für Krebserkrankungen machen. Also Vorsicht bei Übermotivation, das kann langfristig nur schaden. Wie wahr ist doch das altdeutsche Sprichwort: »Zu viel ist ungesund.«

Vor allem in der Rehabilitationsphase bei Krebserkrankungen ist es unerlässlich, geistig aktiv zu bleiben und die Seele zu pflegen. Lesen und Arbeiten, wenn irgendwie möglich, ist wichtig. Damit tun Sie Ihrer Genesung etwas Gutes. Lassen Sie sich im Fall einer Erkrankung bloß nicht hängen oder zu übermäßigem Schlaf verleiten. Begegnen Sie Ängsten mit Entspannungstechniken und pflegen Sie unbedingt einen intensiven Kontakt zu Freunden und Verwandten. Machen Sie Ihre Erkrankung durch schöne Musik oder Theater- bzw. Kinobesuche erträglich. Schaffen Sie neue Perspektiven, um das Gleichgewicht wieder herzustellen, kehren Sie zur Normalität zurück. Psychologisches Wohlbefinden ist sehr wichtig für den Heilungsprozess.

Auch negativer Stress oder die ständige Angst vor einer möglichen Erkrankung können das Krebsrisiko erhöhen. Dass Stress die körpereigenen Abwehrkräfte schwächt und so Entzündungen fördert, wissen wir bereits.

Stress ist aber oft auch der indirekte Hauptauslöser für krebsgefährliche Verhaltensweisen wie Tabakkonsum, zu viel Alkohol oder ungesunde und unregelmäßige Ernährung. Zwar hat jeder Mensch einen unterschiedlichen Stresslevel, unserer Gesundheit zuliebe sollten wir aber auf jeden Fall darauf achten, dass wir unsere Grenzen nicht überschreiten, auch nicht hin und wieder.

 Gut zu wissen:

→ Zahlreiche Krebserkrankungen können durch den richtigen Lebensstil und gesunde Ernährung verhindert werden.
→ Es gibt viele Möglichkeiten, auch nach einer Krebserkrankung wieder völlig gesund zu werden.
→ Egal, ob Vorbeugung oder Bewältigung: Wir kämpfen nicht gegen das Schlechte, sondern für das Gute.
→ Wir sollten uns niemals aus Angst von Gerüchten und einseitigen Empfehlungen leiten lassen.
→ Kein Tabakkonsum, wenig Alkohol und ein normales Gewicht vermindern das Krebsrisiko ganz entscheidend.
→ Jede Art der Übertreibung und starker Stress schaffen den Nährboden für Krebs.
→ Viele unnatürliche Dinge wie Medikamente, chemische Putzmittel und synthetische Pflegeprodukte können das Krebsrisiko erheblich verstärken.
→ Das beste Rezept gegen Krebs besteht aus vier Säulen: regelmäßige körperliche Aktivität, geistige Beanspruchung, Lebenslust und gute Ernährung.
→ In der Unentschlossenheit und Trägheit liegt eine große Gefahr.

Wenn plötzlich etwas geschieht, an das wir nicht geglaubt haben,
dann nennt man das ein Wunder.

Wunderelixiere gegen Krebs:

Auch was die Ernährung betrifft, werden wir erst einmal mit Gerüchten, Halbwahrheiten, Sensationsmeldungen und Horrorbotschaften bombardiert. Es wäre wirklich interessant, einmal alle Nahrungsmittel aufzulisten, die irgendwann unter Verdacht gestellt wurden, Krebs auszulösen, und danach eine zweite Liste mit dem zu erstellen, was uns zum Essen dann noch übrig bleibt. Wahrscheinlich nicht mehr viel. Vielleicht eine Bio-Karotte und ein Müsli aus Bio-Obst mit Körnern zum Frühstück. Zum Mittagessen Gemüse mit Tofu (doch Vorsicht, Tofu könnte giftiges Aluminium aus dem Herstellungsprozess enthalten). Und abends wird die Auswahl dann schon schwierig. Das Komische dabei ist, dass unsere Großeltern sich darüber so gut wie keine Gedanken gemacht haben, statistisch gesehen aber seltener an Krebs erkrankten. Zwar werden wir heutzutage immer älter, aber was wirklich zählt, ist doch, wie lange wir dabei gesund bleiben.

Die Menschen in den Langlebigkeitszonen dieser Welt, die zumindest bisher nur wenige industriell gefertigte Produkte, aber ansonsten sehr abwechslungsreich essen, zeigen anschaulich, dass man sich keinesfalls zu sehr einschränken muss. Und genau da liegt die wirklich wichtige Erkenntnis. Indem wir viele Produkte ignorieren oder ablehnen, fehlen unserem Körper wichtige Stoffe im Kampf gegen den Krebs. Wir sollten wieder mehr auf die Natur und unseren gesunden Menschenverstand vertrauen. Keinesfalls sollten wir uns zu sehr von der Industrie, ihren Werbeversprechen und irgendwelchen findigen Geschäftsideen leiten lassen.

Wenn wir also nahrungstechnisch eine wirklich sinnvolle Liste mit Ratschlägen erstellen wollen, was wir nicht oder nur in sehr moderaten Mengen essen sollten, dann stehen da ganz oben viele industriell gefertigte oder stark veränderte Produkte. Hierzu zählen unter anderem alle Varianten von stark bearbeitetem Fleisch und Fisch (überwiegend Wurst- und Räucherwaren), Backwaren mit gehärteten Fetten, Dosen- und Tütensuppen sowie Fertiggerichte, die voll mit künstlichen Zutaten sind, vieles, was ungewöhnlich lange haltbar oder zu stark gesüßt ist, und eigentlich alles, was auf den ersten Blick in keinster Weise an ein natürliches Lebensmittel erinnert.

Auch industriell hergestellte Nahrungsergänzungsmittel und Vitaminpräparate brauchen wir in der Regel nicht. Sie können sogar, wenn sie nur mal rein vorsorglich eingenommen werden, das Krebsrisiko noch erhöhen.

Achten Sie also in erster Linie auf eine möglichst natürliche und ausgeglichene Ernährung: Obst, Gemüse, Fisch, Fleisch (am besten frisch und in moderaten Mengen), ergänzt um Hülsenfrüchte, Getreide und Nüsse. Etwa 400 Gramm Obst und Gemüse pro Tag haben einen schützenden Effekt gegen Krebs von Speiseröhre, Blase, Darm, Kehlkopf, Lunge, Magen, Mund und Rachen. Um sich vor Darmkrebs zu schützen, wird empfohlen, nicht mehr als etwa 500 Gramm industriell bearbeitete Fleischwaren pro Woche zu verzehren. Was den Alkohol betrifft, so kann ein übermäßiger Konsum das Risiko für Brust-, Darm-, Kehlkopf-, Leber-, Magen-, Mund-, Rachen- und Speiseröhrenkrebs erhöhen. Gesunde Frauen können aber bedenkenlos zwei kleine Gläser Bier oder ein Gläschen Wein genießen. Bei Männern ist es sogar die doppelte Menge.

Bei allem Genuss sollten wir natürlich auch immer auf unser Gewicht achten. Mit einem normalen Gewicht – und das haben wir je nach Alter mit einem BMI (Body Maß Index) von 19–24 bei Frauen und 20–25 bei Männern – ist unser Körper in Bestform. Zahlreiche BMI-Rechner (z. B. im Internet) zeigen Ihnen ganz einfach Ihren persönlichen Wert, indem Sie Ihr aktuelles Gewicht, Ihre Körpergröße, Ihr Geschlecht und Ihr Alter angeben. Es ist übrigens ganz normal, dass man mit zunehmendem Alter auch etwas mehr an Gewicht haben kann. Neuesten Studien zufolge weiß man, dass ein leichtes Übergewicht sogar lebensverlängernd wirken kann.

Und noch ein wichtiger Hinweis: Untergewicht (also übertriebenes Abnehmen) kann die Krebsgefahr auch erhöhen, weil dann schützende Fette, entzündungshemmende Substanzen und wichtige Immunmodulatoren fehlen.

Schön zu wissen ist, dass wir zur Krebsvorsorge oder Rehabilitation eigentlich gar keine großen Einschränkungen in unserer Ernährung brauchen. Im Gegenteil, die Vielfalt hält uns gesund. Innerhalb des großen Angebotes an Lebensmitteln gibt es noch ein paar Produkte, die eine ganz besondere Rolle in der Krebsprävention oder Nachsorge spielen. Das sind Nahrungsmittel, die eine überdurchschnittliche Menge an krebsvorbeugenden oder tumorhemmenden Stoffen enthalten oder in der Lage sind, krebserzeugende Substanzen aus dem Körper zu leiten. In Fachkreisen nennt man diese Zusammensetzung auch antikarzinogen. Dazu zählen in erster Linie Antioxidantien, Omega-3-Fettsäuren, Bitterstoffe und Chlorophyll, Folsäure, Flavonoide, B-Vitamine, Curcumin und Polysaccharide.

So sind z. B. Gemüsesorten wie Brokkoli, Kohlrabi, Steckrüben, Grünkohl, Weißkraut, Radieschen, Rettich, Brunnenkresse, Löwenzahn, Rucola und Rosenkohl prall gefüllt mit vielen dieser biologisch aktiven Inhaltsstoffe, die in der Lage sind, krebserzeugende Substanzen aus dem Körper zu leiten, noch bevor diese überhaupt die Chance haben, Zellschäden herbeizuführen. Sie machen auch bereits veränderten Zellen das Überleben deutlich schwer. Speziell die Kohlgemüse haben sogar ein geniales Dreiergespann aus Indolen, Sulforaphanen und Phenolsäuren gegen Krebszellen, besonders bezüglich Darm-, Speiseröhren-, Brust- und Schilddrüsenkrebs. Anders als viele andere Gemüse sind alle

Kohlsorten sehr kochresistent, das heißt, sie behalten ihre gesunden Inhaltsstoffe weitgehend.

Auch Senf und Meerrettich schmecken nicht nur gut, sondern sind echte Helfer bei der Krebsvorsorge. Tomaten empfehlen sich insbesondere wegen ihres Inhaltsstoffs Lycopin. Eine klinische Langzeitstudie zeigte, dass sich das Risiko von Prostatakrebs um fast 30 Prozent reduzieren kann, wenn Männer mindestens einmal täglich Tomatengerichte oder tomatenhaltige Produkte verzehren. Um die volle Wirksamkeit dieses Stoffes zu erreichen, sollte die Tomate vor dem Genuss erhitzt sein. Daher sind Tomatensaucen, Tomatenmark, gedämpfte Tomaten oder Tomatensuppe die besten Lycopin-Quellen.

Zwei tolle Verbündete sind auch Knoblauch und Kurkuma. Dem im Knoblauch enthaltenen Allicin werden antikarzinogene Eigenschaften zugesprochen. Es kann sich an Krebszellen anheften, in sie eindringen und sie zerstören, ohne dabei die gesunden Zellen anzugreifen. Amerikanische Wissenschaftler eines Krebsforschungsinstituts haben schon 2003 entdeckt, dass bei einer Injektion von Allicin in den Blutkreislauf von Krebspatienten Krebszellen in bestimmten Stadien der Krankheit effektiv bekämpft werden können, und das ganz ohne schädliche Nebenwirkungen.

Das Wundergewürz Kurkuma haben wir bereits in anderen Abschnitten kennengelernt, aber auch hier sei es noch einmal erwähnt, denn es zählt es zu den herausragenden Antikrebsgewürzen überhaupt. Speziell in Indien, wo das Gewürz eine lange Tradition hat, belegen viele Studien, dass bereits ein halber Teelöffel Kurkuma am Tag eine präventive Schutzfunktion gegen Krebs aufweisen kann. Ein Forscherteam aus München konnte ebenfalls belegen, dass Kurkuma, oder genauer gesagt dessen Bestandteil Curcumin, die Metastasenbildung sowohl bei Brustkrebs als auch beim Prostatakarzinom verringert bzw. hemmt.

Granatäpfel, Himbeeren, Brombeeren, Blaubeeren, Kirschen

und Erdbeeren enthalten besonders starke Antioxidantien, Vitamine und biologisch aktive Farbstoffe. Sie zählen zu den besten Früchten im Kampf gegen den Krebs. Zahlreiche Studien zeigen, dass sie nicht nur das Immunsystem stärken, sondern auch krebshemmend, entzündungshemmend und hemmend auf die Ausbreitung von Krebszellen im Körper (Metastasen) wirken können. Auch die Inhaltsstoffe von Zitronenschalen sind eine wahre Geheimwaffe im Kampf gegen viele Krebsarten. In Labortests konnte gezeigt werden, dass sich durch den Verzehr eines Extrakts aus Zitronenschalen Krebszellen vor allem in Darm, Brust, Lunge und Prostata zurückgebildet haben. So ein Extrakt lässt sich zu Hause bequem herstellen, indem man unbehandelte Zitronenschalen zerreibt.

Auch Fisch spielt bei der natürlichen Krebsvorbeugung eine wichtige Rolle. Insbesondere Makrele, Hering, Sardine, Lachs und Thunfisch sind reich an Omega-3-Fettsäuren. Walnüsse und Olivenöl (extra vergine) sind in dieser Hinsicht ebenfalls bestens geeignet. In einer spanischen Megastudie (sieben Jahre zwischen 2003 und 2009; 7500 Personen aus sieben Provinzen) hat man herausgefunden, dass das Brustkrebsrisiko durch den regelmäßigen und reichlichen Verzehr von nicht erhitztem Olivenöl (ca. vier Esslöffel pro Tag) um bis zu 66 Prozent gesenkt werden kann. Vermutet wird, dass dies auf den hohen Anteil von Polyphenolen, die sich vor allem im kaltgepressten Olivenöl befinden, zurückzuführen ist. Die Statistik zeigt auch, dass in südeuropäischen Ländern, in denen viel Olivenöl konsumiert wird, die Brustkrebsrate niedriger ist als in nördlichen Gebieten. Innerhalb Spaniens gibt es sogar noch einmal einen regionalen Unterschied. In den Regionen des Nordens ist die Brustkrebsrate höher als in Andalusien, wo das Öl zum Großteil produziert und wahrscheinlich auch öfter konsumiert wird. Ebenfalls reich an diesen Polyphenolen sind Kakao und dunkle Schokolade.

In der traditionellen chinesischen Medizin werden auch einige Pilze beschrieben, die in der Krebsvorbeugung und -therapie Erfolge zeigen. Wie bereits erwähnt, finden diese Pilze in Japan sogar in der neueren Medizin erfolgreiche Anwendung. Zu den wichtigsten Pilzen in der Krebstherapie zählen: Maitake (Klapperschwamm), Agaricus blazei murrill (Mandelpilz), Shiitake, Reishi und Coriolus (Schmetterlingstramete). Sie haben zuerst einmal eine antioxidative und entgiftende Wirkung, außerdem enthalten sie die insbesondere zur Krebsvorsorge wichtigen B- und D-Vitamine. Aber noch interessanter ist ihr Gehalt an Mehrfachzuckern, den sogenannten Polysacchariden (komplexe Kohlenhydrate, bestehend aus einer großen Anzahl von Einfachzuckern). Die Wissenschaft der biologischen Krebsmedizin schreibt ihnen durch die direkte Stimulation natürlicher Killer- oder Fresszellen eine abwehrstärkende bzw. krebshemmende Wirkung zu.

Der Pilz mit dem höchsten Polysaccharidgehalt ist der Maitake. Er enthält auch Beta-D-Glucane, die auf ganz besondere Weise wichtige Fresszellen unseres Immunsystems unterstützen, die Tumore erkennen und vernichten. Der Maitake kann deshalb nicht nur vorbeugend sein, sondern sich auch günstig auf den Krankheitsverlauf auswirken, und dies bei den unterschiedlichsten Krebsvarianten, insbesondere in Brust, Darm, Lunge, Magen und Leber. In Japan ist der Maitake als Krebsmedikament zugelassen.

Weniger bekannt, aber ähnlich hilfreich ist der Mandelpilz (Agaricus blazei murrill). Im brasilianischen Bundesstaat São Paulo, wo der Pilz seine Heimat hat und regelmäßig verzehrt wird, sind Krebserkrankungen deutlich seltener.

Der Shiitake-Pilz enthält das Polysaccharid Lentinan und ist seit einiger Zeit neben Japan auch in China und den USA als therapiebegleitendes Krebsmedikament zugelassen.

Die Polysaccharide des Coriolus, aus denen inzwischen ebenfalls Krebsmedikamente hergestellt werden, haben hemmende

Effekte, insbesondere auf Krebsarten wie Brust- und Prostata-krebs, bei denen teilweise hormonelle Einflüsse eine Rolle spielen.

Neben der Krebsvorbeugung sind zum Genuss (in Salaten oder Pilzgerichten) hauptsächlich der Shiitake und der Maitake geeignet. Bei einer bestehenden Erkrankung werden von manchen Therapeuten ausgewählte Pilze auch in Form von konzentrierten Trockenextrakten gewählt.

Es ist fast unglaublich, was wir durch eine gesunde Ernährung speziell im Kampf gegen Krebs erreichen können. Und das Schöne dabei ist, dass wir keineswegs auf viele gute Dinge verzichten müssen. In der Krebstherapie ist das Wohlbefinden sehr wichtig. Abstinenz und Trübsal sind in Sachen Krebs sicher nicht das Zauberwort. Wir sollten das ganze »Arsenal an Waffen« nutzen, das uns die Natur bietet. Deshalb geht es hier auch um Wunderelixiere, die unbedingt Teil Ihres Ernährungsplans werden sollten. Damit tun wir uns viel Gutes für ein glückliches und gesundes Leben voller schöner Momente, denn schließlich haben wir ja nur eins.

Genießen wir also all die leckeren Produkte, die nebenbei helfen, uns vor Krebs zu schützen. In Ihrem Wunderelixier-Schränkchen sollten Sie sie immer griffbereit haben.

Zum Ausprobieren:

- **Delikate Vorsorge:** etwas Rotwein und dunkle Schokolade in kleinen Portionen.
- **Gesundheit kann so gut schmecken:** reines Kakaopulver. Zwei bis drei Teelöffel mit Kuhmilch, Sojamilch oder Mandelmilch sind ein herrliches Getränk zu jeder Tageszeit.
- **Für eine starke Abwehr:** frische Früchte oder deren Saft: Granatäpfel, Himbeeren, Blaubeeren, Kirschen und Erdbeeren.
- **Sauer macht gesund:** biologische Zitronenschalen, klein gerieben. Das gibt Salaten, Suppen, Soßen und Fischgerichten eine ganz besondere Note.
- **Gesunde Schärfe:** mittelscharfer bzw. scharfer Senf oder Meerrettich. Zu allen möglichen Gerichten ein leckerer Genuss.
- **Fruchtige Allzweckwaffe:** Tomatenmark, gekochte Tomaten, Tomatensuppe oder Tomatensoße. Verwenden Sie alle reichlich zum Kochen.
- **Beste Vorbeugung:** wenn nicht frisch, dann im Glas: Sauerkraut, Grünkohl, Weißkraut, Kohlrabi, Rosenkohl, Brokkoli jeweils roh oder gedämpft, Radieschen, Rettich, Brunnenkresse, Löwenzahn und Rucola im Salat.
- **Heilkraft in Gelb:** reines Kurkuma oder auch Curry. Herrlich exotischer Geschmack für Wok-Gerichte, Eintöpfe, Gemüse und Hühnchen.
- **Der »Alleskönner«:** Knoblauch, am besten getrocknet oder in der fermentierten geruchsfreien Form des schwarzen Knoblauchs. Auch Knoblauchextrakte sind wirkungsvoll.
- **Immer hilfreich:** Thunfisch, Hering, Makrele, Sardine, Lachs. Ein kleiner Vorrat (frisch oder aus der Dose) sollte niemals fehlen.
- **Wirkung auf die feine Art:** Olivenöl können Sie gar nicht genug verwenden. Wichtig dabei ist die Qualität. Nehmen Sie nur die

höchste Qualitätsstufe mit der Bezeichnung »nativ« oder »extra vergine« (erste Kaltpressung).

→ **Unglaubliche Kräfte:** Shiitake-Pilze gibt es frisch und getrocknet. Andere Pilzsorten wie Reishi und Maitake sind getrocknet oder als Trockenextrakt einfacher zu erhalten.

→ **Je nach Geschmack:** Kombinieren Sie aus dem bunten Angebot doch selbst ein paar individuelle Rezepte, die Sie vor Krebs schützen. Guten Appetit!

Kapitel III: Wohlbefinden

*Wenn man das Leben für eine Wundertüte hält, dann
geschehen die schönsten Überraschungen.*

1. Das Leben könnte so schön sein

Wie wir unser Leben empfinden, ist immer eine Frage der Einstellung. Eigentlich sind es nur vier Faktoren, die uns die Chance geben, zufrieden zu sein und den Alltag mit Optimismus zu erleben. Wohlbefinden ist genau genommen nichts anderes, als das Zusammenspiel von guter Laune, Zuversicht, einem regen Geist und Aktivitäten, bei denen wir uns jung fühlen. Wenn wir es schaffen, Wohlbefinden wirklich zu unserem Lebensprinzip zu machen, dann haben wir auch größte Chancen, alt zu werden und dabei gesund zu bleiben. Entsprechend dieser Philosophie ist das letzte Kapitel aufgebaut.

Wir entdecken die Geheimnisse der guten Laune und hilfreiche Methoden, um Stress zu vermeiden. Dann werden wir sehen, dass alle von uns ein Leben ohne Angst und große Sorgen führen können. Danach beschreiben wir, wie wichtig ein gut funktionierendes Gehirn für unser Wohlbefinden ist. Selbstverständlich werden wir auch darüber sprechen, wie man sich bis ins hohe Alter jung fühlen kann, um die Freude am Leben nicht zu verlieren.

Um alle diese Ziele zu erreichen, gibt es Lebensweisheiten und Wunderelixiere. Freuen wir uns also auf das bevorstehende Wohlfühlprogramm mit den Themen:

→ Mehr Optimismus und weniger Stress
→ Ein Leben ohne Angst und Sorgen
→ Fit im Kopf und aktiv im Leben
→ Alt werden und jung bleiben

Im Prinzip geht es darum, dass wir bekannte Sätze wie »Das Leben könnte so schön sein« oder »Warum muss das ausgerechnet mir passieren?« nicht mehr sagen müssen, sondern uns auf jeden neuen Tag freuen, weil wir uns wohlfühlen.

Natürlich gibt es Momente im Leben, wo es knüppeldick kommt. Wenn schlimme und unerwartete Dinge geschehen, dann können wir die Uhr auch nicht zurückdrehen, aber wir können uns fragen, ob wir aus irgendeinem Grund vielleicht selbst dafür verantwortlich sind. Falls ja, haben wir die große Chance, daraus etwas zu lernen und bestimmte Dinge in unserem Leben zu verändern. Immerhin wissen wir bereits, dass Glück und Gesundheit oft keine Frage des Schicksals sind. Vieles von dem, was geschieht, ist die Konsequenz aus unserer inneren Einstellung, dem Lebensstil und der Ernährung. In diesem Fall müssen wir einfach nur lernen, uns etwas mehr um uns selbst zu kümmern.

Es gibt aber auch einiges, was wir nicht beeinflussen können. Das ist im Leben nun mal so. In diesen Fällen sollten wir darauf vorbereitet sein, mit solch unangenehmen Situationen umzugehen. Es macht doch keinen Sinn, ständig oder allzu lange über etwas zu grübeln, was nicht in unserer Macht steht. Für uns alle und auch für unsere Mitmenschen ist es angenehmer, wenn wir versuchen, das zu akzeptieren, was wir nicht ändern können, und das Beste aus jeder Situation zu machen. Auch die Bewältigung von schwierigen Phasen ist eine Einstellungssache. Und ganz egal, welche Schicksalsschläge uns treffen, wir müssen versuchen, unsere innere Stabilität so rasch wie möglich wiederzufinden, damit wir hoffnungsvoll und mit Zuversicht durchs Leben gehen. Wir dürfen uns die gute Laune schon gar nicht durch irgendwelche banalen Dinge, kleinen Ärgernisse oder das Verhalten anderer verderben lassen.

Ganz erstaunlich ist, wie sich das Phänomen Stress fast unauffällig in unserem Alltag fest etabliert hat. Sicher kennen Sie Sprüche wie: »Keine Zeit, bin im Stress« oder »Das stresst mich ohne Ende«. Bedenklich dabei ist, dass viele Menschen bereits glauben, ein Leben ohne Stress sei gar nicht möglich. Doch welche Schäden Stress in Bezug auf unsere Gesundheit anrichten kann, haben wir ja bereits gesehen. Zumindest den negativen Stress wie Hektik, Zeitdruck, Leistungszwang, Überforderung etc. sollten wir nicht einfach so akzeptieren. Und egal, in welcher Form der Stress uns trifft, er ist meist hausgemacht. Es ist nicht die Arbeit, es sind nicht die Kinder, es sind nicht die anderen, es sind einzig und allein wir selbst, die zulassen, dass der Stress unser Leben bestimmt. Vielleicht ist es unser Perfektionsdrang, wir wollen den anderen vieles recht machen, wir fürchten, etwas zu verpassen, wir sind davon überzeugt, dass eine Sache extrem wichtig ist, und wir nehmen uns selbst bzw. andere Menschen (insbesondere deren Kritik) viel zu ernst. Manchmal fliehen wir auch regelrecht in den Stress. Wir brauchen das Gefühl der Aufregung, weil wir uns sonst innerlich leer oder unnütz fühlen.

Mit etwas Geschick, ein paar einfachen Tricks und Wunderelixieren, die wir weiter unten beschreiben, kann man den Stress ausschalten und das sollten wir tun, einzig und allein für unser Wohlbefinden und eine gesunde Zukunft.

Allzu oft lassen wir uns durch Ängste und Sorgen plagen, die unser Leben dann zur Hölle machen. Wir grübeln, befürchten, zweifeln, verschieben. Die Welt heutzutage ist ja so unsicher geworden, glauben viele. Überall lauern Gefahren, Krankheiten, Schicksalsschläge, Enttäuschungen und gefährliche Verlockungen. Fast unglaublich, was alles passieren kann. Unsere moderne Industriegesellschaft trägt kräftig dazu bei, dass wir uns bloß nicht zu wohlfühlen: Denn nur wer Ängste und Sorgen hat, wird zum Marketing- und Konsumopfer. Altersvorsorge, Versicherungen, Schönheitsoperationen, Vitaminpräparate, Schlankheitsprodukte, Anti-Aging – die Liste lässt sich beliebig fortsetzen. Es gibt ganze Industriezweige, die davon profitieren, wenn wir Ängste und Sorgen haben. In Wirklichkeit und bei genauem Nachdenken bleibt allerdings fast nichts übrig, vor dem wir wirklich Angst haben müssten oder um das wir uns ernsthaft sorgen sollten. Am besten erlauben wir doch gar nicht erst, dass uns die Gesellschaft dermaßen beeinflusst, und hinterfragen mit gesundem Menschenverstand, ob es tatsächlich einen Grund gibt, ängstlich zu sein. Finden wir dann ein echtes Motiv, so können wir uns immer noch überlegen, wie sich das Problem am besten lösen lässt. Bei näherer Betrachtung verlieren viele Dinge ihren Schrecken, denn nichts wird schließlich so heiß gegessen, wie es gekocht wird. Viele Dinge, die wir befürchten, treten gar nicht ein. Schon allein, indem wir Klarheit über bestimmte Themen gewinnen, verschwindet die Angst ganz von selbst. Weiter unten werden wir sehen, wie einfach es ist, Ängste und Sorgen loszuwerden, damit wir uns rundum wohlfühlen.

Klar denken zu können und bis ins hohe Alter einen regen Geist zu besitzen, unser drittes Thema in diesem Kapitel, wünscht sich wahrscheinlich jeder. Dennoch ist die Gefahr groß, dass unser Gehirn, insbesondere durch die ständig steigende Lebenserwar-

tung, diese Fähigkeit verliert. Wir können nicht früh genug dam
beginnen, unseren Kopf aktiv zu halten. Unser Gehirn hat die
große Gabe, bis ins hohe Alter leistungsfähig und fit zu bleiben,
wenn wir es ausreichend beschäftigen. Dafür gibt es eine Vielzahl
an Möglichkeiten und Wunderelixieren, die viel bewirken. Und
wenn wir in unseren Gedanken aktiv sind, dann ist es unser Körper auch. Alles beginnt im Kopf. Selbst im hohen Alter oder im
Fall einer Krankheit sind es geistige und körperliche Aktivitäten,
die uns jung halten. Auch dafür gibt es ganz hervorragende Empfehlungen, damit wir nicht stehenbleiben, denn wer rastet, der
rostet.

Man sagt, dass Menschen, die selbstbewusst sind und sich in
ihrer Haut richtig wohlfühlen, ein gepflegtes Äußeres zwar schätzen, aber weniger Wert auf oberflächliches Styling legen.

Zweifellos ist es schön, wenn man noch im hohen Alter gesund
und »etwas jünger« aussieht. Um von vornherein falschen Vorstellungen vorzubeugen: Die ewige Jugend gibt es nur im Prospekt,
und die gesamte Anti-Aging-Industrie hat noch nichts entdeckt,
was uns wirklich daran hindert, mit der Zeit älter auszusehen. Das
heißt aber noch lange nicht, dass wir den Alterungsprozess in Sachen Aussehen nicht gewaltig hinauszögern könnten. Dazu bedarf
es normalerweise keiner Schönheitsoperationen, Botox-Spritzen
und all den teuren, künstlichen Verjüngungskuren. Denn auch
hier gibt es bewährte Methoden und Wunderelixiere, die sich
ganz erheblich auf unser körperliches Erscheinungsbild auswirken. Ein hochwirksames Anti-Aging geht auch ohne Chemie und
ärztliche Eingriffe. Ganz egal, wie alt Sie sind, es ist nie zu früh
und nie zu spät für Ihr persönliches Wohlfühlprogramm.

Genießen Sie die Lebensweisheiten und Wunderelixiere der
nächsten Seiten, damit Sie sich in jeder Lebenslage so richtig
wohlfühlen.

'erbar, man muss es nur durch die richtige

...oten.

Wir brauchen keine rosa Brille, um die Welt mit anderen Augen zu sehen. Schon mit ein bisschen Optimismus fühlen wir uns gleich viel wohler. Optimisten und gut gelaunte Menschen sind einfach Glückspilze, weil sie damit ihrer Gesundheit einen guten Dienst erweisen und andere Menschen mit ihrer positiven Aura anstecken.

Optimisten sind nachweislich weniger anfällig für Stress. Wenn jemand als Optimist geboren wird, dann ist das ein wunderbares Geschenk der Natur. Aber auch, wenn einem diese Gabe nicht unbedingt in den Genen liegt oder wenn die aktuellen Lebensumstände nicht gerade zum Lachen sind, dann gibt es viele Möglichkeiten, die Dinge positiv zu sehen und die Laune zu verbessern.

Optimisten sind Menschen mit einer zuversichtlichen, fröhlichen und lebensbejahenden Grundhaltung. Man findet sie sogar in Extremsituationen, in denen viele andere oft verzweifeln. Das Gegenteil davon nennt man Pessimisten oder Bedenkenträger. Der Optimist sorgt sich erst dann, wenn etwas Schlimmes passiert, nicht schon im Vorfeld, und damit spart er sich viel Kraft und schlechte Laune. Der Optimist ist davon überzeugt, dass es in fast jeder Situation neue Chancen und Möglichkeiten gibt. Er denkt in Lösungen, nicht in Problemen und ist sogar in der Lage, auch wenn es einmal hart kommt im Leben, ein Problem zeitweise zu verdrängen, bis der erste Schock vorüber ist. Erst einmal tief durchatmen, nicht sofort reagieren, vielleicht bei einer Tasse Kaffee oder Tee entspannt nachdenken, eine Nacht darüber schlafen und dann versuchen, das Problem nach eingehender Analyse mit

Zuversicht zu lösen. Meistens hilft diese Methode. Natürlich gibt es auch ganz besonders harte Fälle, in denen selbst ein Optimist seinen guten Glauben verliert.

Wenn er es aber schafft, zuversichtlich zu bleiben, dann stellt er sich zwei Fragen: Was kann im schlimmsten Fall passieren? Worauf kommt es jetzt besonders an? Damit verlieren selbst viele Befürchtungen und Hiobsbotschaften recht schnell ihren Schrecken. Eine erste Erleichterung macht sich breit, weil sich eine Lösung findet oder zumindest ein Weg in die richtige Richtung.

Der Versuch, das Leben etwas optimistischer zu sehen, lohnt sich, denn dann verbessern sich auch unser gesamtes Wohlbefinden und unsere Gesundheit spürbar. Gute Laune, Zuversicht und Hoffnung machen uns widerstandsfähiger gegen Krankheiten und stärken die Selbstheilungskräfte des Körpers.

Vielleicht könnten wir ja etwas optimistischer sein, wenn bloß der Stress nicht wäre. Ein echter Störfaktor für unser Wohlbefinden. Dass zu viel Stress sogar unsere Gesundheit schädigt, wissen wir ja bereits. Das Immunsystem gerät aus den Fugen, der Blutdruck steigt, die Nieren und das Bindegewebe können sich krankhaft verändern, ganz zu schweigen von den seelischen Auswirkungen. Stress, oft auch ausgelöst durch Verzweiflung und Hilflosigkeit als natürlicher Feind unseres Wohlfühlprogramms, muss also verschwinden. Dazu gibt es zwei unterschiedliche Methoden – eine schädliche und eine hilfreiche.

Zur schädlichen Methode gehören Alkohol, Tabak und Medikamente, darunter vorwiegend Beruhigungspillen und Schlafmittel. Damit ändern wir aber gar nichts an den Ursachen und ruinieren schrittweise unsere Gesundheit.

Die wesentlich bessere Methode ist es, Stress und eine negative Grundstimmung durch ein paar kleine Maßnahmen zu verringern und gleichzeitig die Ursachen abzuschaffen. Also denken wir doch erst einmal darüber nach, was uns im Moment unglücklich macht, die Laune verdirbt oder Stress bereitet. Wenn wir die folgenden Fragen in Ruhe (ganz ohne Stress) beantworten, wird uns das helfen, die Ursachen zu erkunden und die Lebensweisheiten abzuleiten, die zukünftig eine neue Lebensqualität ermöglichen. Alle Fragen lassen sich mit »Ja« oder »Nein« beantworten:

→ Denke ich oft an Probleme, schon bevor etwas passiert ist?
→ Reagiere ich bei schlechten Nachrichten eher hektisch und überstürzt?
→ Neige ich dazu, immer alles schnell und sofort zu erledigen?
→ Fühle ich mich verpflichtet, stets für andere da zu sein?
→ Frage ich mich öfter nach dem Sinn des Lebens?
→ Suche ich ständig nach Anerkennung und Wertschätzung?
→ Habe ich einen Beruf, der nicht meinen Vorstellungen entspricht?
→ Darf ich keine Fehler machen?
→ Habe ich manchmal das Gefühl, eher Opfer als Herr der Lage zu sein?
→ Antworte ich auf jede Nachricht (Telefon, E-Mail, Facebook, WhatsApp ...) sofort?
→ Setze ich oft die falschen Prioritäten?
→ Gibt es in meinem Privat- oder Berufsleben zwischenmenschliche Konflikte?
→ Überfordert mich meine Arbeit oder meine Familie?
→ Kann ich nicht »Nein« sagen, auch wenn es nötig ist?
→ Fällt es mir schwer, gute Vorsätze umzusetzen?

Immer dann, wenn Sie mit »Ja« geantwortet haben, könnten Sie etwas ändern. Und nun mal ganz ehrlich, wie viele Fragen haben Sie mit »Ja« oder einer der Varianten davon (meistens, öfter, hin und wieder, geht ja nicht anders ...) beantwortet? Erschrecken Sie jetzt aber nicht: Selbst wenn Sie die Hälfte mit »Ja« beantwortet haben, dann wäre das noch ganz normal. Wichtig ist doch nur, dass Sie sich dessen bewusst sind und in Zukunft vielleicht das ein oder andere ändern. Für Ihr persönliches Wohlbefinden und ein Leben ohne Stress.

Optimismus und Zuversicht rücken viele Dinge auch in dunklen Stunden in ein wunderbares Licht.

Lebensweisheiten für mehr Optimismus und weniger Stress:

Es ist schon ein gutes Zeichen, dass Sie sich die Mühe gemacht haben, so viele Fragen zu beantworten. Damit gehen Sie einen großen Schritt in Richtung Wohlbefinden. Immer dann, wenn wir eine dieser Fragen mit »Ja« beantworten, haben wir auch eine Ursache für Stress, Hoffnungslosigkeit oder schlechte Laune erkannt. Dann können wir damit beginnen, etwas zu verändern. Und das machen wir jetzt. Wir folgen den Fragen, überlegen uns Lösungen und leiten dann daraus ein paar Lebensweisheiten ab. So werden wir zum Optimismus-Manager in eigener Sache.

→ Wenn wir oft an Probleme denken, schon bevor etwas passiert ist, dann sollten wir zunächst einmal wissen, dass über die Hälfte aller Probleme, über die wir uns Sorgen machen, gar nicht eintritt. Dagegen passieren oft unerwartet viele schöne Dinge, an die wir im Voraus gar nicht denken.

→ Schlechte Nachrichten, die wie ein Gewitter und aus heiterem Himmel über uns hereinbrechen, verlieren einen Teil ihres Schreckens, wenn es uns gelingt, nicht vorschnell oder panisch zu reagieren. Erst einmal tief durchatmen. Nachdem wir wieder einigermaßen gefasst sind, können wir damit beginnen, über eine Lösung nachzudenken. Wenn es sich um einen Schicksalsschlag handelt, an dem wir nichts ändern können, dann ist es wichtig, die Situation zu akzeptieren und das Beste daraus zu machen.

→ »In der Ruhe liegt die Kraft«: Diese Lebensweisheit gilt nicht nur für schlechte Nachrichten, sondern auch, wenn wir dazu neigen, immer alles schnell und sofort erledigen zu wollen. Lieber eins nach dem anderen als alles zugleich. Und morgen ist ja auch noch ein Tag.

→ Nur wer mit sich selbst zufrieden ist, ist auch für andere Menschen eine Bereicherung. Wer sich trotz schlechter Laune dazu verpflichtet fühlt, erst einmal für andere Menschen da zu sein, der tut sich und den anderen nichts Gutes.

→ Die Frage nach dem Sinn des Lebens muss man sich eigentlich gar nicht stellen. Oft ist diese Frage nur ein Akt der Verzweiflung in extrem schlechten Situationen. Selten denkt man darüber nach, wenn es einem wirklich gut geht. Dann genießt man einfach, denn der Sinn des Lebens liegt im Leben selbst. Wenn wir irgendwann einmal sagen können, vieles von dem, was ich getan habe, war richtig, und wenn wir so gut wie nichts bereuen, dann ist dies wahrlich der größte Sinn, den uns ein Leben schenken kann.

→ Für unser Wohlbefinden ist es wichtig, dass wir uns selbst treu bleiben und an uns glauben. Wer sich zu sehr nach Anerkennung, Wertschätzung und Zugehörigkeit sehnt, wirkt nur verspannt. Wirklich selbstbewusste und gelassene Menschen kommen viel besser bei ihren Mitmenschen an als solche, die sich ständig von Lob und Akzeptanz der anderen ernähren müssen.

→ Wenn wir einen Beruf haben, der weniger aus »Berufung«, sondern aus Bequemlichkeit, finanzieller Motivation oder fremdbestimmt gewählt wurde und so gar nicht unseren Vorstellungen entspricht, dann wird es höchste Zeit, einmal über Alternativen nachzudenken. Warum nicht etwas ganz

Neues wagen oder die gewohnte Routine verlassen? Weshalb nicht einmal eine Auszeit, um sich selbst zu entdecken oder ein Gespräch mit dem Chef über neue Perspektiven? Werden Sie sich darüber bewusst, wie viele Berufsjahre Sie noch vor sich haben.

→ »Nur wer sich die Freiheit nimmt, Fehler zu begehen, bleibt gut gelaunt und wird mit Glück belohnt«, sagt eine alte indische Weisheit. Für unser Wohlbefinden sollten wir niemals den Anspruch haben, perfekt zu sein. Erstens halten wir das sowieso nicht durch, zweitens versetzt uns das permanent in Stress und drittens bleibt uns keine Zeit, auch einmal an die schönen Dinge des Lebens zu denken.

→ Wir sollten uns von nichts und niemandem antreiben lassen, nicht im Beruf und auch nicht in der Freizeit. Wenn andere die Kontrolle über unser Handeln übernehmen, dann werden wir zu Opfern oder Marionetten und zappeln am Faden.

→ Das Streben, ständig präsent und verfügbar zu sein, sollten wir ebenfalls und schnellstmöglich aus unserem Leben verbannen. Wir müssen nicht immer sofort reagieren, wenn neue Nachrichten oder Fragen bei uns eintreffen. Auch die besten Freunde werden verstehen, wenn sie hin und wieder warten müssen. Dafür haben wir aber dann zu einem späteren Zeitpunkt den Kopf wieder frei und noch gute Laune dazu. Außerdem: Wie wahrscheinlich ist es denn, dass man einen wichtigen Anruf verpasst, wenn man sein Handy einmal ausgeschaltet lässt, dass man den Arbeitsplatz verliert, weil man einen Fehler macht, dass man eine Frist versäumt und gleich dafür bestraft wird? Wie wahrscheinlich ist es, dass wir einen Freund verlieren, nur weil wir einmal eine E-Mail nicht beantworten? Und selbst, wenn dieser Fall eintreten sollte, wer sagt denn, dass man dann keine Lösung findet oder mit dem Problem nicht ganz gut leben kann?

tig für ein zufriedenes Leben ist es, die richtigen
ı zu setzen. Wenn wir einen Berg besteigen wollen,
h die Aussicht vom Gipfel zu genießen, dann
ı wir uns auch zunächst einmal um die passende
Kleidung, entsprechendes Schuhwerk und eine gute Wander-
karte, um nicht vom Weg abzukommen. Während der
Wanderung kommen wir wahrscheinlich nicht auf die Idee,
uns von tausend anderen Dingen ablenken zu lassen. Wir
wollen ja sicher und gesund ankommen. Und dann werden
wir belohnt mit einem herrlichen Gefühl. Auch in allen
anderen Lebenssituationen schaffen wir so viele kleine
Erfolge. Und mit jedem Erfolg tanken wir Kraft, um uns
danach wieder neuen Prioritäten zu widmen. Wir sind
fokussiert auf ein Ziel. Störungen, die uns dabei behindern,
dieses zu erreichen, geben wir erst gar keine Chance. Es tut
so gut zu wissen, was man will.

→ Zwischenmenschliche Konflikte können uns ganz schön in
Stress versetzen oder uns die Laune verderben. Die gibt es
überall. Im Beruf mit Kollegen, mit Geschäftspartnern und
im Privatleben. Zur Bewältigung gibt es einen bewährten
Lösungsansatz: das »Aktiv-Gespräch«. Aus der Konflikt-
forschung weiß man: Acht von zehn kritischen Situationen
können damit beseitigt werden. Auch wenn es Ihnen fast unmöglich erscheint, mit der betreffenden Person zu sprechen,
ein Versuch lohnt sich. Es wird gelingen, wenn Sie sich an ein
paar kleine Regeln halten.
Nehmen Sie sich für das Gespräch genau 30 Minuten Zeit.
Sorgen Sie für eine ungestörte und entspannte Atmosphäre.
Klammern Sie Themen, die nichts mit dem Konflikt zu tun
haben, konsequent aus. Das Gespräch dient ausschließlich
dazu, dem anderen zuzuhören und ihn zu verstehen. Jeder
der beiden Gesprächspartner übernimmt für 15 Minuten

die Rolle des Sprechers. Gestartet wird jeweils mit dem Satz »Ich möchte gerne, dass Sie (bzw. du) von mir wissen (bzw. weißt) ...«. Dabei erklärt er die Motive für sein Verhalten. Zwischendurch fragt der Sprecher den Zuhörer immer wieder, ob er all das verstanden hat, was letztendlich die Konfliktursache ist. Das Gespräch dient dazu, die Meinung und die Gefühle des anderen zu verstehen. Vorwürfe und zynische Kommentare bleiben für beide Seiten tabu. Nach jeweils 15 Minuten haben beide Seiten das Wichtigste gesagt. Danach fangen wir erfahrungsgemäß an, uns zu wiederholen. Deshalb brechen wir das »Aktiv-Gespräch« nach 30 Minuten ab. Nun kann jeder über das Thema nachdenken und seine Meinung, sein Verhalten sowie seine Vorurteile gegenüber dem anderen ändern. Mit ein wenig Einsicht und gutem Willen lassen sich damit viele Konflikte lösen.

→ Wenn uns die Arbeit oder das Familienleben überfordern, dann müssen wir lernen, loszulassen. Wer immer alles gleichzeitig und zu viel auf einmal machen will, der wirkt gehetzt, schlecht gelaunt und erschöpft. Er gibt alles und ist doch nie zufrieden. Eine asiatische Weisheit sagt diesbezüglich ganz zutreffend: »Irdische Götter sind zumeist im Stress.« Manchmal ist weniger mehr, und selten werden wir dafür belohnt, dass wir uns für andere aufopfern. Im Gegenteil, oft wird dieses Verhalten ausgenutzt, bis wir völlig erschöpft die Segel streichen. Jeder von uns hat eine Leistungsgrenze, und die sollten wir nicht überschreiten.

→ Üben Sie sich im »Nein« sagen, wenn Sie »Nein« meinen. Kein guter Mensch auf dieser Welt wird Ihnen böse sein, wenn Sie nicht jeden Wunsch erfüllen. Das ist sogar förderlich für eine vertrauensvolle Beziehung. Ihre Mitmenschen wissen, woran sie mit Ihnen sind. Überlegen Sie bei jeder Entscheidung, ob Sie das wirklich wollen oder nicht. Und wenn Sie »Ja« sagen, dann sollte das aus Überzeugung und von Herzen kommen.

→ Und zum Schluss war da noch das Thema mit den guten Vorsätzen. Jeder von uns kennt das. Wir nehmen uns ganz tolle Dinge vor, sind überzeugt, dass wir es schaffen, und plötzlich platzen unsere guten Ideen wie Seifenblasen. Das neue Fahrrad steht im Hinterhof, der Fremdsprachenkurs ist abgebrochen, die schöne Reise ist verschoben, das interessante Buch wurde gar nicht gekauft, man verbringt viel zu viel Zeit im Internet oder mit Smalltalk auf dem Handy... Das Ergebnis: Wir fühlen uns schlecht, weil wir wieder einmal unser Ziel nicht erreicht haben.

Gute Vorsätze lassen sich leichter realisieren, wenn wir drei Regeln beachten. Erstens sollten wir prüfen, ob unsere gute Absicht tatsächlich zu uns passt. Muss z. B. Fitness in unserem Leben eine wichtige Rolle spielen, oder sind wir vielmehr ein Geistes- oder Genussmensch? Sind Theater oder Ballett wirklich Dinge, die uns glücklich machen, oder gehen wir viel lieber ins Kino? Brauchen wir tatsächlich eine bestimmte Fremdsprache? Sollten wir uns schon wieder etwas Neues vornehmen, bevor wir das alte Ziel erreicht haben?

Am besten, wir fassen am Anfang erst einmal den Vorsatz, keine unangenehmen »guten Vorsätze« zu fassen. Wenn wir uns dann dennoch und aus Überzeugung für eine Aktivität entscheiden, ist es zweitens wichtig, dafür den richtigen Zeitpunkt zu wählen. Wir sollten nicht im Winter bei Dunkelheit und Kälte, aber auch nicht in der größten Sommerhitze mit dem Joggen anfangen. Das motiviert ganz bestimmt nicht. Außerdem, wer sagt schon, dass der Jahreswechsel immer der richtige Zeitpunkt ist? Starten wir also am besten dann, wenn auch die Voraussetzungen für ein Gelingen optimal sind. Und drittens dürfen wir keinesfalls zu viel auf einmal machen. Lieber eins nach dem anderen, ohne die Ziele dabei zu hoch zu stecken. Kleine Erfolge motivieren und machen Lust auf mehr.

Wohlbefinden und gute Laune hängen also ganz eindeutig davon ab, wie bewusst wir mit unserem Körper, unseren Wünschen, Zielen, Ansprüchen und Fähigkeiten umgehen. Wir sind nicht perfekt, können es nicht allen recht machen und haben auch nur eine begrenzte Zeit zur Verfügung. Wenn wir es nicht schaffen, uns endlich um uns selbst zu kümmern, dann werden andere dafür sorgen, dass wir uns um ihr Wohlbefinden kümmern.

Das alles Entscheidende für unser Wohlbefinden ist also, genau zu überlegen, welche Energien wir in Zukunft für welches Thema investieren wollen. Wir sollten prüfen, was in unserem Lebensalltag wirklich zählt und von unwichtigen Dingen und der ständigen Selbstoptimierung Abstand nehmen. Alles, was wir tun, sollten wir gerne und aus Überzeugung tun. Das ist wirklich machbar und ein paar einfache Lebensweisheiten helfen uns dabei.

 Gut zu wissen:

→ Nichts kann uns ärgern, wenn wir es nicht zulassen.
→ Lebensqualität ist die Freiheit, selbst zu entscheiden, was gut für einen ist.
→ Stress hat man nicht, man macht ihn sich.
→ Erst wenn man sich einen Augenblick der Ruhe gönnt, begreift man, wie närrisch man oft herumhastet.
→ Wir haben nicht zu wenig Zeit, sondern zu viel Zeit, die wir nicht nutzen.
→ Sorgen und Stress regieren so lange, bis man sie besiegt oder an ihnen zerbricht.

- → Es gibt Wichtigeres im Leben, als ständig die Geschwindigkeit zu erhöhen.
- → Wir sollten eher das schätzen, was wir haben, und nicht nur das, was uns fehlt.
- → Alle Fesseln, die wir uns anlegen, machen uns Stress.
- → Es gibt zwei Zauberwörter für mehr Lebensqualität: »Warum« und »Nein«.
- → Konflikte löst man, indem man offen darüber spricht.
- → Nur solche Aktivitäten, in denen wir auch einen Sinn sehen, sind gut.
- → Es geschieht das, an was wir glauben, und nicht das, was wir erzwingen.
- → Gute Vorsätze haben beste Aussichten auf Erfolg, wenn sie zu uns passen, wenn der Zeitpunkt stimmt und wenn sie realistisch sind.
- → Wenn wir wissen, worauf es in unserem Leben wirklich ankommt, dann fühlen wir uns auch wohl.

Im Gasthaus »Zur guten Laune« gibt es wunderbare Gerichte.

Wunderelixiere für mehr Optimismus und weniger Stress:

Wer bisher viele Sorgen, Stress und oft auch schlechte Laune hat, der wird das auch von heute auf morgen nicht abstellen können. Mit den beschriebenen Lebensweisheiten haben wir zwar schon einmal einen Leitfaden, dennoch braucht die Veränderung, wie alles im Leben, ihre Zeit. Auch der Körper erholt sich nur langsam von Strapazen und negativen Gefühlen, aber er wird es schaffen. Wenn wir uns mit den falschen Dingen quälen, wenn es uns gefühlsmäßig nicht wirklich gut geht, dann kann das zu Kopfschmerzen, Bluthochdruck, einem erhöhten Cholesterinspiegel, Verdauungsproblemen, bis hin zu Depressionen führen. Deshalb ist ein Umdenken Richtung Wohlbefinden besonders wichtig.

In diesem Prozess helfen uns Wunderelixiere, die dem Körper spezielle Nährstoffe zuführen und ihn stressresistent machen, indem sie unter anderem eine Überproduktion von Stresshormonen verhindern. Weitere Wunderelixiere werden uns dabei unterstützen, die notwendige innere Ruhe zu gewinnen, um über das nachzudenken, was wir ändern wollen. Im Idealfall geben sie uns sogar noch einen Freudenschub und hellen Stimmung und Laune spürbar auf. Zusammen mit den Lebensweisheiten ist das eine gute Mischung, um in dieser hektischen Zeit wieder zu uns selbst zu finden.

Pessimismus und Stress dürfen wir nicht länger akzeptieren. Der Körper zehrt sich sonst regelrecht aus. Wichtige Substanzen werden abgebaut und der regenerierende Aufbauprozess wird vernachlässigt. Muskelgewebe wird reduziert und aus den Knochen wird Calcium entzogen, aber nicht mehr ausreichend nachgeliefert. Unsere Ernährung ist also ein ganz wichtiger Faktor, um das Wohlbefinden zu unterstützen.

Bei starkem Stress ist es zunächst einmal ratsam, die sogenannten »isolierten Kohlenhydrate« wie z. B. raffinierten Zucker, Produkte aus weißem Mehl und industriell behandelten, geschälten Reis zu reduzieren. Diese Lebensmittel beschleunigen den oben beschriebenen auszehrenden Effekt. Wenn wir das Ganze mit der Pflanzenwelt vergleichen, dann würden wir sagen, die Erde ist ausgelaugt und es fehlt der notwendige Dünger. Was unser Körper jetzt benötigt, sind vollwertige Kohlenhydrate sowie »stressresistente« Vitamine und Mineralstoffe. Dazu zählen neben den klassischen Gemüsesorten, Fisch und Geflügel, Sojasprossen, Weizenkeime, Esskastanien und die bereits bekannten Chufas (Erdmandeln).

Beste Nervennahrung bei Stress sind auch die sogenannten Kraftkörner Amarant und Quinoa. Sie enthalten eine ideale Komposition aus Calcium und Magnesium, Eisen, Eiweiß und sogar

Tryptophan, der Stoff, aus dem unser Körper das Gute-Laune-Hormon Serotonin herstellen kann. Sollten Sie jetzt auf die Idee kommen, einseitig ein Calciumkonzentrat einzunehmen, um beispielsweise der stressbedingten Osteoporose vorzubeugen, dann tun Sie das bitte nur, wenn auch Ihr Magnesiumspiegel in Ordnung ist. Wenn Calcium im Körper nur einseitig und übermäßig vorliegt, dann verkehrt sich seine Wirkung ins Gegenteil und es fördert den Knochenabbau und die Arterienverkalkung.

Magnesium ist übrigens auch sehr wichtig für Nervenstärke und ein gesundes Gehirn. Damit sich unsere gestressten Nerven schneller regenerieren, brauchen wir außerdem Vitamine der Gruppe B, insbesondere die Vitamine B1, B6, B9 (Folsäure) und B12. Zahlreiche Studien haben anschaulich gezeigt, dass eine ausreichende Versorgung mit diesem Vitamin-B-Komplex schon innerhalb weniger Wochen negative Stresseffekte wie Abgeschlagenheit, Depression und schlechte Laune deutlich mindern und die Stressresistenz erheblich steigern kann.

Auch Vitamin D spielt bei der Stressbewältigung eine wichtige Rolle. Es wirkt positiv auf die Calciumverwertung und hilft dabei, stressbedingte Konzentrations- und Schlafstörungen zu vermeiden. Normalerweise kann der Körper durch 30 Minuten Sonnenlicht am Tag und eine ausgeglichene Ernährung genug Vitamin D herstellen. Aber bei Stress kommt dieses Vitamin nicht an seine Wirkungsstätten, weil das Stresshormon Cortisol die Aufnahme erheblich behindert. Bei viel Stress müssen wir also unsere Vitamin-D-Versorgung durch gezielte Nahrungsmittel unterstützen, andernfalls drohen Antriebslosigkeit, Energiemangel und schlechte Laune.

Eine ausreichende Versorgung mit diesen Anti-Stress-Vitaminen können wir am besten durch Pistazien, Weizenkleie, Weizenkeime, Haferflocken, Erdnüsse und Linsen, Käsesorten wie Camembert, Gouda und Parmesan sowie Lachs, Hering und

Sardinen unterstützen. Das klassische Studentenfutter ist gerade für zwischendurch eine gute Alternative. Echte Gute-Laune-Beschleuniger sind auch getrocknete Datteln, Muskatnuss und Ceylon-Zimt. Die beiden Gewürze haben sogar eine leicht euphorisierende Wirkung. Die für ihre Heilkunst bekannte Klosterfrau Hildegard von Bingen hat sich dieses Wissen für ihre Weihnachtskekse zunutze gemacht. Mit Vollkornmehl, viel Muskat und Zimt waren sie vor allem in den dunklen Wintertagen wegen ihrer stimmungsaufhellenden Wirkung eine willkommene Gute-Laune-Spezialität. Bis heute hat sich der Brauch erhalten, speziell in der Adventszeit diese Gewürze einzusetzen, und wie wir sehen, aus gutem Grund.

Wenn Sie diese Produkte regelmäßig auf Ihren Speiseplan setzten, dann haben Sie einen echten »Energiecocktail« gegen Stress und für viel gute Laune.

Zum Ausprobieren:

→ **Stressfreie Kraftnahrung:** Vollkornreis, Linsen, Sojabohnen. Jeweils ein Päckchen im Vorrat, damit wir es regelmäßig essen.
→ **Anti-Stress-Salat:** Sojasprossen und Weizenkeime gibt es frisch oder in kleinen Dosen für unseren Vorratsschrank. Sie passen hervorragend zu allen Salaten und kalten Platten.
→ **Gegen Stimmungstief im Winter:** Esskastanien können gut aufbewahrt werden und lassen sich ganz einfach und schnell auch in der Mikrowelle zubereiten. Probieren Sie es aus!
→ **Die Wohlfühl-Mandel:** Erdmandeln getrocknet oder als Mehl. Die getrockneten Mandeln ca. drei bis vier Stunden vor dem Knabbern in Wasser oder Milch einweichen. Mehl oder Flocken sind lecker zum Backen, für das Müsli und auch für Salate, Suppen und Soßen.

→ **Das Anti-Stress-Frühstück:** Damit der Tag gleich gut beginnt. Mit einem kleinen Vorrat an Weizenkeimen und Haferflocken können Sie immer ein leckeres Müsli zubereiten.

→ **Das Powerkorn der Inkas:** eine Packung Amarant. Einfach kurz aufkochen und dann bei kleiner Hitze 25 Minuten ziehen lassen. Ideal für Pfannengerichte, Aufläufe, Salate. Auch als Füllung für Paprika oder Auberginen sehr lecker.

→ **Gesund und stärkend:** Quinoa kennt man seit über 6000 Jahren. Ein Päckchen Quinoasamen ergänzt unseren Anti-Stress-Vorrat ideal. Man muss sie nur ca. 15 Minuten köcheln lassen und fertig. Harmoniert perfekt mit Pilzen, Spinat, im Salat und zu Gemüseaufläufen. Auch geröstet mit etwas Öl ein feiner Genuss.

→ **Glücklicher Käse:** Camembert, Gouda oder getrockneter Parmesan zum Vespern oder zu Pasta, Reis, Pilzen, Salaten und Suppen.

→ **Fisch für das Gemüt:** Bestens zum Bevorraten sind Rollmöpse oder Hering im Glas. Sauer macht ja bekanntlich lustig.

→ **Gute Laune mit Genuss:** Studentenfutter, Pistazienkerne, Erdnüsse und getrocknete Datteln. Stress lässt sich tatsächlich wegknabbern.

→ **Der Duft nach Frohsinn:** Muskatnuss und Ceylon-Zimt verbessern die Laune nicht nur durch ihren feinen Geruch. Bitte beide Gewürze immer nur in moderaten Mengen genießen.

→ **Gute-Laune-Gebäck:** 80 g Butter, 1 Ei, 120 g Naturzucker, 160 g Dinkelvollkornmehl, 120 g Erdmandelmehl, 1 TL Ceylon-Zimt, 1 TL geriebene Muskatnuss, 1-2 TL geriebene Zitronenschale, Backpulver. Die Zutaten reichen für ca. 40 Glücksplätzchen.

3. Ein Leben ohne Angst und Sorgen

Angst entsteht oft auf wundersame Weise, weil wir etwas sehen,
was gar nicht da ist.

Angst ist ein lebensnotwendiges Gefühl, das uns dabei hilft, Gefahren zu erkennen und entsprechend zu reagieren. Angst erhöht die Aufmerksamkeit und lässt uns Schutzmaßnahmen ergreifen oder mobilisiert unsere Energiereserven. Wenn wir Angst haben, egal, ob begründet oder unbegründet, produziert unser Körper Stresshormone, der Blutdruck steigt, das Herz rast, die Muskelspannung wird erhöht, die Gehirnaktivität verstärkt sich. Sobald die Panik verschwindet, klingen diese Begleiterscheinungen schnell wieder ab.

Unseren Urahnen hat die Angst oft das Leben gerettet. Deshalb ist dieses Gefühl auch heute noch fest in unserem Gehirn verankert. Da es in unserer modernen Gesellschaft jedoch keine wilden Tiere mehr gibt, die uns fressen könnten, lösen viele andere Dinge Furcht bei uns aus, z. B. Sorgen um das Geld, den Arbeitsplatz, die Gesundheit und geliebte Menschen. Wir haben Angst vor Prüfungen, vor Auftritten in der Öffentlichkeit, vor neuen Aktivitäten, vor dem Scheitern, dem Verlassenwerden, dem Alter, vor dem Zahnarzt oder vor harmlosen Spinnen. Selbst das Autofahren und das Fliegen können – bei ansonsten recht mutigen Personen – Angst auslösen.

Außer im Fall von körperlichen Ursachen wie z. B. Herzkrankheiten, Schilddrüsenstörungen, Schlafmangel und chronischem Stress sind Angstgefühle in den meisten Fällen völlig unbegründet. Unser Körper möchte nur einen jahrtausendealten Instinkt nutzen und sucht sich dafür ein Ventil.

Bei jedem Menschen sind Niveau und Ausprägung anders. Da Ängste, wenn sie nicht wirklich begründet sind, zu weitreichenden Gesundheitsstörungen führen können, sollten wir auch hier Ursachenforschung betreiben und uns fragen, vor was und warum wir Angst haben. Das geht recht einfach, indem wir die Ängste erst einmal in sechs Kategorien einteilen. Diese sind: Armut, Krankheit, persönliches Versagen, Verlassenwerden, Ablehnung und Tod. Erst, wenn wir wissen, welche Art von Angst wir haben, können wir darüber nachdenken, ob sie wirklich begründet ist, und wenn nicht, selbstverständlich bekämpfen.

Jeder von uns kann ein weitgehend angstfreies Leben führen, und das meistens ohne Medikamente mit schädlichen Nebenwirkungen. Bevor wir die Möglichkeiten besprechen, wie wir unsere Ängste am besten bekämpfen, möchte ich die sechs Kategorien kurz erklären.

Die Angst vor Armut ist nichts anderes als unsere hohe Wertschätzung für Besitz und materielle Güter oder Statussymbole. Wir glauben, dass es ohne bestimmte Reichtümer nicht geht, und je mehr wir haben, desto mehr können wir verlieren. Diese permanente Angst vor einem finanziellen Schicksalsschlag kann schnell chronisch werden.

Die Angst vor Krankheiten ist ebenfalls weit verbreitet und nimmt oft ungeahnte Ausmaße an. Wir verbinden Krankheit mit Unfähigkeit, mit Einschränkung, mit Machtverlust. Allein schon der Gedanke daran versetzt uns in Panik. Je aktiver wir im Berufsleben stehen und je mehr wir Wünsche und persönliche Ziele in die Zukunft verschieben, desto ausgeprägter ist diese Angst.

Persönliches Versagen ist für viele Menschen ein weiterer Auslöser von Angst. Genau genommen geht es bei dieser Art von Angst nicht nur darum, dass wir unser Ziel verfehlen oder einen Wunsch nicht erfüllen können. Das eigentliche Motiv ist, dass wir uns vor den anderen schämen, weil wir dann eventuell als Versager gelten.

Für viele Menschen löst auch der Gedanke, einmal von einer geliebten Person verlassen zu werden oder diese zu verlieren, Panik aus. Das fühlt sich an wie eine innere Bedrohung, weil man sich nicht vorstellen kann, ohne diese Person zu leben. Wir haben uns eine Abhängigkeit geschaffen, für deren Dauerhaftigkeit wir keine Garantie haben. Das macht uns Angst.

Auch aus der Befürchtung vor Ablehnung können sich wahrhafte Angstattacken entwickeln, z. B. vor Bewerbungen, Einzelgesprächen, Vorträgen, im Vertrieb oder bei der Suche nach einem neuen Lebenspartner oder Freundeskreis.

Die Angst vor dem Tod ist sicher die Urform aller Ängste, unser unentrinnbares Schicksal, dem wir uns alle irgendwann einmal ergeben müssen. Aus dieser Angst heraus sind Religionen entstanden und haben sich Philosophien entwickelt. Da wir uns wohl oder übel damit abfinden müssen zu sterben, basiert diese Angst nicht unbedingt auf dem Tod selbst, sondern darauf, dass wir vielleicht zu früh gehen müssen und vieles von dem, das wir gerne noch gemacht hätten, nicht mehr erleben. Vielleicht befürchten wir auch, dass wir in den letzten Tagen des Lebens zu sehr leiden.

All diese beschriebenen Ängste lassen sich durch eine veränderte Lebenseinstellung und ein paar kleine »Psychotricks« vermeiden. Das ist reine Kopfsache. Wieder einmal sind es zuerst die richtigen Lebensweisheiten, die uns den Weg weisen. Mit den nun folgenden Empfehlungen werden Ängste keine entscheidende Rolle mehr in unserem Leben spielen. Und das ist ein großer Pluspunkt für das Wohlbefinden.

Menschen, die wundern sich darüber, wovor andere
)aben.

Lebensweisheiten zur Überwindung von Angst:

Armut, Krankheit, persönliches Versagen, Verlassenwerden, Ablehnung oder Tod: Das sind unsere Ängste in der Zusammenfassung. Eine glückliche und zufriedene ältere Dame, die mit 95 Jahren auf ein bewegtes Leben zurückschaute, sagte mir dazu einmal folgenden Satz: »Von allen Sorgen, die man sich macht, werden die meisten nicht eintreffen.« Hierzu passt auch der treffende Reim von Wilhelm Busch: »In Ängsten findet manches statt, was sonst nicht stattgefunden hat.«

Schon die ersten Kapitel dieses Buches haben gezeigt, dass man im Leben eigentlich kaum etwas befürchten muss, man muss es nur verstehen und entsprechend handeln. Und genauso ist es auch mit der Angst. Nur wenn wir unsere Ängste verstehen, dann können wir sie auch bekämpfen.

Wenn wir uns vor Armut fürchten, dann sollten wir uns einmal fragen, welche der vielen Dinge, die wir heutzutage besitzen, wirklich absolut notwendig sind. Da bleiben möglicherweise nur noch wenige übrig. Der Rest sind eigentlich nur Accessoires, vielleicht schön zu haben, aber nicht so bedeutend, dass unser Lebensglück oder unser Schicksal davon abhängen. Jetzt können wir uns einmal in Gedanken vorstellen, was passiert, wenn wir diese eher unbedeutenden Dinge nicht mehr haben. Wäre das wirklich so schlimm, dass wir vor deren Verlust ständig Angst haben müssen? Und dann sollten wir uns auch daran erinnern, dass wir zwar etwas verlieren könnten, aber auch die Fähigkeit haben, wieder Neues zu schaffen.

Nur wenn sich unser Leben ausschließlich auf Besitz, Reichtum und die Ansammlung von Gegenständen konzentriert, dann müssen wir Angst haben, dass uns das Schicksal jederzeit hart treffen kann. In Hongkong pflegt man zu sagen: »Der Mann mit der teuersten Uhr hat die meiste Angst, dass sie gestohlen wird.«

Sollten Sie sich gerade von dieser letzten Aussage angesprochen fühlen, dann empfehle ich Ihnen, einmal eine ganz neue Erfahrung zu machen. Dafür brauchen Sie etwas Reiselust und ca. drei Wochen Zeit, einen kleinen Trolley und ein bisschen Mut. Wählen Sie eine Region oder ein Land aus, das Ihnen gefällt, wo die Menschen eher bescheiden und ohne großen Luxus leben. Planen Sie nur die An- und Abreise. Nutzen Sie nach Ihrer Ankunft die öffentlichen Verkehrsmittel, um mit Ihrem kleinen Trolley (in den Sie nur das Nötigste gepackt haben) an einige Orte Ihrer Wahl zu reisen. Und dort wohnen Sie bei den Einheimischen oder in ganz kleinen Pensionen, vielleicht mit einer Gemeinschaftsküche. Suchen Sie den Kontakt zu Ihrer neuen Umgebung. Lassen Sie sich von Lebensfreude, Zufriedenheit und Gelassenheit anstecken. Sie werden staunen, wie wenig man braucht, um glücklich zu sein. Ein solch unvergessliches Erlebnis hat schon viele Menschen von Existenzängsten befreit, die oft durch unsere moderne, materialistische Welt gefördert werden.

Wenn wir Krankheiten fürchten, dann steckt dahinter die Angst, dass wir nicht mehr wir selbst sind, dass uns die Krankheit blockiert, uns beschränkt oder die Zeit und Lust für andere Dinge nimmt. Wir können einfach nicht mehr das tun, was wir uns wünschen. Aber jetzt einmal ehrlich: Begrenzen wir uns nicht auch ohne Krankheit fast jeden Tag? Essen wir wirklich immer und zu jeder Zeit das, was uns schmecken würde? Können wir beliebig Sport treiben? Sind wir immer aktiv? Selbstverständlich nicht. Die Angst vor Krankheit ist also nichts anderes als unsere eigene Unfähigkeit, uns unsere Grenzen einzugestehen. Je früher wir uns darüber im Klaren sind und auch noch lernen, unsere Schwächen zu lieben, desto schneller werden wir die übertriebene Furcht vor Krankheiten, Beschwerden und Gebrechen verlieren.

»Du solltest dich schämen« oder »Das macht man nicht«, diese Sätze hören wir schon in der Kindheit, und sie prägen uns das ganze Leben lang. Wir haben Angst vor dem Versagen, vor Schande und Missachtung. Wir lassen zu, dass andere darüber entscheiden, was wir gut oder schlecht machen. Um diese Angst zu vermeiden, müssen wir erkennen, dass das Scheitern, das Versagen, das Sich-geirrt-haben oder das nicht Erfüllen von Anforderungen und Erwartungen in einem aktiven Leben absolut unvermeidbar sind. Sehen wir die Sache am besten positiv: Solche Erfahrungen machen uns stärker und sind ein wichtiger Bestandteil unserer Entwicklung.

Die versteckte Angst vor dem Verlassenwerden entsteht schlicht und einfach aus der Tatsache, dass uns eine andere Person viel von dem gibt, was wir selbst zum Leben brauchen. Das macht unser Leben angenehmer oder glücklicher, befriedigt das Bedürfnis nach Liebe und Geborgenheit und gibt Schutz vor Einsamkeit. Die Angst, genau diese Person zu verlieren, basiert letztendlich nur darauf, dass diese Bedürfnisse nicht mehr erfüllt werden. In anderen Worten ausgedrückt: Wir haben eine Abhängigkeit geschaffen. Davon können wir uns nur befreien, indem wir den Kreis der Personen erweitern, die uns etwas Positives geben. Wir sollten auch unser Glück und unser Wohlbefinden aus einem reichhaltigen Spektrum an Dingen, Aktivitäten und Orten beziehen, ganz egal, ob es dabei um Liebe, Geborgenheit, Anerkennung oder Freude geht. Dann wird ein persönlicher Verlust, sollte er einmal eintreten, zwar immer noch schmerzlich sein, wir müssen uns aber nicht schon im Voraus zu sehr davor fürchten, denn ein breites Netz wird uns auffangen.

Auch die Angst vor Ablehnung kann uns ziemlich blockieren. Doch was ist schon so Schlimmes daran, wenn wir einmal oder auch mehrmals abgelehnt werden? Erstens können wir nicht immer bei allem, was wir tun, die Nummer eins sein. Zweitens basiert eine Ablehnung, ganz egal, wo, ob bei einer Bewerbung, bei einem Geschäft oder einem Flirt, immer auf einem subjektiven Befinden des anderen (es sei denn, wir geben dafür wirklich einen berechtigten Grund). Das heißt doch keinesfalls, dass wir deswegen schlechter sind oder in Selbstzweifel ausbrechen müssen. Wer sagt schon, dass die Person, die uns ablehnt, damit richtig liegt? Eine Ablehnung basiert allzu oft nur auf einseitigen Erwartungen, vordefinierten Standards, dem persönlichen Geschmack oder bestimmten Präferenzen der anderen. Das hat meistens nichts mit uns selbst als Person zu tun. Deshalb gibt es auch keinen Grund, sich davor zu fürchten.

Jetzt bleibt nur noch die Angst vor dem Tod. Wie schon vorher beschrieben, ist es genau genommen die Furcht, der Tod könnte viel zu früh eintreten, noch bevor wir unser Leben richtig genießen konnten. Marcus Aurelius, der römische Philosoph, sagte hierzu: »Nicht den Tod sollte man fürchten, sondern dass man nie begonnen hat, zu leben.« Statt Angst zu haben ist es doch viel intelligenter, am besten gleich damit anzufangen, das Leben zu leben, mit all unseren Sehnsüchten und Wünschen. Je mehr wir das in die Zukunft verschieben, desto größer wird die Angst, dass wir es nie erleben.

Die Angst vor dem Tod und all die vielen kleinen und großen anderen Ängste werden durch das Leben besiegt. Haben Sie also am besten keine Angst vor der Angst! Lassen Sie nicht zu, dass die Angst Sie besiegt! Wenn Sie aber zwischendurch trotzdem einmal von einer Panikattacke ergriffen werden, dann haben sich folgende Ablenkungstechniken mit Soforteffekt bewährt:

→ Spritzen Sie sich eine Handvoll kaltes Wasser ins Gesicht. Dies verursacht den sogenannten Tauchreflex. Dabei sendet das Gehirn die Nachricht an den Körper, dass er sich bremst.

→ Sagen Sie zu sich selbst: »Das wird mir nichts ausmachen«. Nehmen Sie so der Angstattacke die Kraft.
→ Schauen Sie sich im Spiegel an.
→ Setzen Sie sich nicht hin, bewegen Sie sich.

 Gut zu wissen:

→ Unsere Ängste entstehen oft rein emotional im Kopf, manchmal als Symptome bestimmter Krankheiten und selten aus einem realen Grund.
→ 90 Prozent unserer Ängste sind unbegründet und haben wenig mit der Realität zu tun.
→ Nichts im Leben macht uns mehr Angst als die Bedürfnisse: wichtig sein, Anerkennung finden, geliebt werden, gesund bleiben und möglichst alt werden.
→ Je mehr wir unseren Ängsten auf den Grund gehen, desto mehr verliert sich die Angst.
→ Angst entsteht auch, wenn man nicht weiß, was man wirklich will. Dann ist sie nichts anderes als die Qual vor dem Ungewissen.
→ Wir sollten uns nicht ständig fürchten, denn im Ernstfall können wir mehr tun, als wir uns gemeinhin zutrauen.
→ Kleine und große Ängste werden durch das Leben besiegt.
→ Angst vermeiden heißt: sein Leben leben, keine Abhängigkeiten schaffen und sich von falschen Idealen befreien.
→ Wenn uns die Angst befällt, dann müssen wir uns stark machen, indem wir an Erfolge denken und an Schwierigkeiten, die wir gemeistert haben.
→ Bei plötzlicher Angst helfen gezielte Ablenkungstechniken.

Die wundersame Kraft der Nahrung kann sogar Ängste vertreiben.

Wunderelixiere gegen die Angst:

Die meisten unserer Ängste verschwinden schon durch eine Veränderung der Einstellung zu uns selbst, zu anderen und zum Leben. Das schaffen wir aus eigener Kraft, indem wir die Tipps und Lebensweisheiten dazu praktizieren, oder mit Unterstützung eines geeigneten Therapeuten. Wie immer kann auch die Ernährung einen entscheidenden Beitrag leisten. Selbst gegen die Angst ist das eine oder andere Kraut gewachsen. Und diese Waffen der Natur werden wir nutzen.

Zunächst einmal ist es wichtig, einen Mangel an Neurotransmittern zu verhindern. Das sind Botenstoffe, die eine zentrale Bedeutung für das Fühlen, Denken und Handeln haben. Hierzu zählen unter anderem Serotonin, Dopamin und das Multitalent Acetylcholin. Ein Defizit, der vor allem durch unser modernes Essen leicht entsteht, kann zu Angstzuständen führen. Zynisch könnte man auch sagen: Junk Food macht Angst.

Generell empfiehlt sich eine Ernährung aus hochwertigem Eiweiß wie z. B. Tofu, Frischkäse und Fisch, natürlichen Kohlenhydraten aus Vollkornprodukten und Gemüse. Personen, die unter chronischen Ängsten leiden, sollten ihren Zuckerbedarf weitgehend aus Früchten und Honig anstatt aus raffiniertem Zucker decken.

Sie erinnern sich vielleicht an die Wunderelixiere zu den Themen Depression und Glück. Alles, was dort empfohlen wurde, wird sich auch bei Angstzuständen positiv auswirken.

Ergänzen möchten wir hier aber noch ein paar ganz spezielle Wunderelixiere gegen die Angst.

In der ayurvedischen Medizin wird Ashwagandha (bei uns auch Winterkirsche genannt) zur Angstreduktion eingesetzt. Sie fördert die innere Ruhe und bringt die Emotionen ins Gleichgewicht. Wissenschaftliche Studien zeigen, dass Ashwaganda in vielen Fällen genauso effektiv sein kann wie angstlösende Medikamente. Besonders wohltuend ist der aus Winterkirschen hergestellte Ashwagandharishta. Dies ist ein natürlich fermentierter Kräuterwein mit ca. 6 Prozent Alkohol. Aber auch als Pulver und in Tablettenform erhalten Sie getrockneten Ashwagandha-Extrakt. Übrigens: Diese Wunderpflanze hat noch viele weitere Eigenschaften, die wir beim Thema Anti-Aging besprechen.

Entspannend wirkt auch die heimische Bierhefe, eine hervorragende Nahrungsergänzung, z. B. als Bierhefeflocken im Müsli oder zur Verfeinerung von Gerichten.

Unsere bisherigen Nusscocktails können wir noch durch Sonnenblumenkerne und Cashewkerne ergänzen, wenn uns die Angst wieder einmal packt.

Bestens geeignet zur Vorbeugung von Angstzuständen und Panikattacken sind auch stark glycinhaltige Produkte. Glycin verbessert die Schlafqualität bei Nacht, vermindert Müdigkeitsgefühle am Tag und verhindert die Freisetzung von Noradrenalin, das uns in Angst und Panik versetzen kann. Den höchsten Glycingehalt haben Erdnüsse, Sojabohnen und Garnelen.

Als altbewährte Hausmittel sollten wir auf eine Teemischung aus Baldrianwurzeln, Hopfenzapfen und Pfefferminzblättern zurückgreifen. Schon seit der Antike ist auch das Johanniskraut gegen Angstzustände bekannt. Damals sprach man ihm sogar besondere Kräfte zur Dämonenabwehr zu. Als Heilpflanze ist es bis heute bei Nervosität, Unruhe und Angstgefühlen sehr beliebt. Ebenfalls beruhigend ist es, immer mal wieder an Lavendel- oder Rosenöl zu riechen oder sich ein Räucherstäbchen mit diesen Düften anzuzünden.

Zum Ausprobieren:

- → **Ein Blick zurück:** Werfen Sie zuerst einmal einen Blick zurück auf die Kapitel zu den Themen Glück, Depression und Stress. Die Wunderelixiere, die Sie dort finden, helfen auch bei Angstzuständen.
- → **Innere Ruhe mit Biergeschmack:** Bierhefe gibt es auch als Flocken oder Mehl. Zum Frühstück im Müsli oder als würzige Beimischung für Suppen, Aufläufe und Soßen.
- → **Knackig gegen die Angst:** Cashewkerne, geröstete Erdnüsse und geschälte Sonnenblumenkerne. Am besten in einem Glas schon vormischen. Damit knabbern Sie aktiv gegen die Angst.
- → **Ein Schluck Gelassenheit:** ein Fläschchen des natürlich fermentierten Kräuterweins Ashwagandharishta. Schmeckt ähnlich wie ein Magenbitter. Alternativ (ohne Alkohol) gibt es auch getrockneten Ashwagandha-Extrakt.
- → **Eine beruhigende Tasse Tee:** 20 g Baldrianwurzeln, 10 g Hopfenzapfen und 5 g Pfefferminzblätter mit einem halben Liter heißem Wasser aufbrühen, 10 Minuten ziehen lassen und anschließend genießen.
- → **Tee oder Tropfen:** Johanniskraut kann wahlweise als Tee oder konzentriert in Tropfenform gute Dienste leisten.
- → **Düfte zur Entspannung:** Stellen Sie ein kleines Gefäß mit Lavendel- oder Rosenöl auf, denn diese Gerüche beruhigen unsere Sinne. Einfach daran riechen. Auch Räucherstäbchen oder Duftlampen mit diesen Aromen haben eine entspannende Wirkung.

4. Fit im Kopf und aktiv im Leben

Die Kraft der Gedanken kann Wunder vollbringen.

Unser Gehirn ist ein wahres Meisterwerk der Natur mit nahezu unendlichen Fähigkeiten. Über 100 Milliarden der sogenannten grauen Zellen übernehmen lebenswichtige Aufgaben in unserem Körper und sorgen für Glück, Gesundheit und Wohlbefinden. Es lohnt sich also, unser Gehirn ganz besonders gut zu pflegen. Oft sind wir da ein bisschen nachlässig, denn das Gehirn sieht man ja schließlich nicht.

Bei den bisherigen Themen haben wir immer wieder gesehen, dass allein durch die Kraft unserer Gedanken im Leben schon vieles erreicht werden kann. Und selbst wenn wir älter werden, brauchen wir uns nicht davor zu fürchten, dass die Leistungsfähigkeit nachlässt, denn entgegen vieler Gerüchte verringert sich die Anzahl der Gehirnzellen mit steigenden Lebensjahren nicht automatisch, sondern wir haben immer noch immense Reserven.

Normalerweise nutzen wir nur acht bis zwölf Prozent unserer Gehirnkapazität. Das heißt aber nicht, dass der Rest des Gehirns ständig schläft, denn oftmals sind viele unterschiedliche Gehirnregionen an einem Thema beteiligt. Dennoch: Es gibt immer genug freie Kapazitäten. Ganz egal, was wir tun, unser Gehirn ist eigentlich nie überfordert, auch wenn uns manchmal der Schädel brummt.

Fit im Kopf zu sein ist also keine Frage des Alters, sondern eine Frage des Lebensstils. Aus eigener Kraft können wir viel dazu beitragen, dass unser Gehirn leistungsfähig bleibt. Ähnlich wie das bei unseren Muskeln und Gelenken notwendig ist, müssen wir unser Gehirn aktiv und flexibel halten, damit es nicht träge und schwach wird. Inzwischen weiß man auch, dass uns ein trainiertes Gehirn besser dabei unterstützt, Lebensqualität und

Wohlbefinden zu erhöhen. Selbst Krankheiten wie Alzheimer und Demenz lassen sich durch eine Aktivierung des Gehirns deutlich hinauszögern. Es lohnt sich also, unseren Kopf im wahrsten Sinne des Wortes etwas anzustrengen und die ganze Fülle von Maßnahmen zu nutzen, die unseren Geist jung und aktiv halten.

Wenn wir denken und aktiv sind, dann geschehen in unserem Gehirn kleine Wunder.

Lebensweisheiten für Geist und Körper:

Unser Gehirn braucht »Action«. Wir sollten es ständig in Form halten, damit es möglichst lange jung, frisch, leistungsfähig und gesund bleiben kann. Das geht auf zwei Arten. Erstens: durch regelmäßiges Training, genau wie bei unseren Muskeln, die nur dann fit bleiben, wenn sie bewegt werden. Diese Art der geistigen Anregung wollen wir hier einmal als Gehirngymnastik bezeichnen. Dazu gibt es eine Vielzahl von abwechslungsreichen und wirklich interessanten Übungen.

Zweitens spielt für ein aktives Gehirn auch die richtige »Energieversorgung« eine große Rolle. Unsere Denkzentrale benötigt ununterbrochen viel frischen Sauerstoff und neue Energie. Eine pausenlose und ausreichende Versorgung ist ganz wichtig, denn unser Gehirn verbrennt gleich nach den Muskeln die meisten Kalorien im Körper. Bezüglich des Stoffwechsels nimmt es eine bevorzugte Stellung ein. Diese Priorität ist sinnvoll, weil eine Beeinträchtigung des Gehirns verheerende Auswirkungen auf wichtige Lebensfunktionen hätte.

Damit die Grundversorgung gewährleistet ist, müssen wir dafür sorgen, dass das Blut richtig fließt, denn gesunde Arterien und Venen sind die Transportwege für die Gehirnnahrung, auch »Brainfood« genannt. Verkalkte Blutgefäße oder spröde und undichte Adern erhöhen das Risiko einer Mangelversorgung und können langfristig sogar zu einem Gehirnschlag führen. Bevor wir also über besonders wertvolle Nahrungsmittel für unser Gehirn sprechen, sollten wir uns daran erinnern, dass diese nur dann ihr Ziel erreichen, wenn wir unser Herz-Kreislauf-System gesund erhalten. Das geht am besten, indem wir Übergewicht reduzieren, Bewegungsmangel vermeiden und das eine oder andere Laster wie Rauchen, zu viel Alkohol oder Medikamentenmissbrauch möglichst schnell einstellen. Wenn die Transportwege zu unserem Gehirn in einem guten Zustand sind, dann kommen auch der Sauerstoff und die Nahrung problemlos an ihr Ziel.

An dieser Stelle sehen wir wieder einmal, wie doch alles in unserem Körper zusammenhängt, und wie wichtig es ist, dass wir bereits über Herz-Kreislauf-Gesundheit gesprochen haben. Starten wir nun mit der Gehirngymnastik und widmen wir uns danach den Wunderelixieren für unser Gehirn.

Bei der Gehirngymnastik stellt sich die Frage, wie wir unsere grauen Zellen am besten aktivieren. Dafür gibt es ein paar ganz einfache, aber wirksame Methoden. Die leichteste Übung ist es, uns »Aktivgedanken« zu machen. Damit bringen wir unser Gehirn richtig in Schwung. Dabei stellen wir uns bestimmte Dinge, Aktivitäten, Erlebnisse oder Situationen konzentriert vor. Es ist unglaublich, aber wenn wir das tun, dann entfaltet sich fast die gleiche Gehirnaktivität wie bei deren Erleben oder ihrer Ausführung. Für diese Übung gibt es fast zu jedem Zeitpunkt und überall wunderbare Möglichkeiten. Stellen Sie sich z. B. neben einen Straßenmusiker oder einen Jongleur und stellen Sie sich dabei vor, dass Sie das, was er gerade macht, selbst tun. Sofort beginnt Ihr Gehirn damit, die entsprechenden Regionen zu aktivieren, beinahe so, als ob Sie persönlich der Akteur wären. Das geht natürlich auch, wenn wir uns in die Lage einer Schauspielerin oder eines

Schauspielers im Theater versetzen. Versuchen Sie es einmal, das macht wirklich Spaß. Egal, ob außer Haus oder auf dem Sofa, es funktioniert.

Auch wenn Sie sich ganz bewusst und möglichst detailliert an ein Urlaubserlebnis erinnern, wird das Gehirn in dieser Konzentrationsphase genauso aktiv wie seinerzeit in der Realität. Das Betrachten von Fotoalben und die konkrete Erinnerung, was Sie auf dem Bild gemacht haben, aktiviert Ihr Gehirn. Schweifen Sie öfter mal ab in eine andere Welt, in schöne, vergangene Momente, oder stellen Sie sich ganz neue Situationen vor. Das ist eine höchst vergnügliche Art von Gehirntraining.

Sobald wir unser Gehirn nicht fordern, schaltet es in den Ruhemodus. Das passiert immer dann, wenn wir monotone oder routinehafte Tätigkeiten ausführen. Alles, was schon bekannt ist, versetzt unser Gehirn in einen energieschonenden Zustand. Das geht so weit, dass bestimmte Gehirnbereiche sogar schrumpfen und sich die grauen Zellen zurückbilden, weil sie nicht gebraucht werden. Unser Gehirn wird phlegmatisch, und wir verlieren Fähigkeiten, die uns früher einmal keine Mühe bereitet haben. Wenn wir hingegen unsere täglichen Routinen in Beruf, Freizeit und Privatleben verlassen und neue, unbekannte Dinge machen, dann schalten Aktivitätssignale sofort den Denkbetrieb an. Das ist wie ein leichtes Anklicken eines Computers, eines Fernsehers oder eines Smartphones im Standby-Betrieb. Plötzlich erwachen die Geräte aus dem Dornröschenschlaf. Der Bildschirm wird hell, und die vorhandenen Funktionen werden aktiviert. Alles, was wir jetzt eingeben, wird neu verarbeitet, gespeichert und hilft bei der Umsetzung von Aufgaben. Diesen Prozess begleitend, fördert die Aktivierung unseres Gehirns sogar noch die Bildung des Glückshormons Dopamin.

Zahlreiche Tierversuche und wissenschaftliche Studien haben gezeigt, dass wir glücklicher und geistig leistungsfähiger werden, wenn wir unsere Komfortzone verlassen. Was bedeutet das konkret für unser Leben? Zunächst einmal dürfen wir auf keinen Fall akzeptieren, dass unsere grauen Zellen einrosten. Wir sollten jede Gelegenheit nutzen, sie aktiv zu halten. Am besten geht das, wenn wir etwas Unbekanntes und Abwechslungsreiches unternehmen. Alle schematischen Handlungen und Abläufe, die wir bereits kennen, alles, was wir sozusagen »mit links« machen, bringt keine gesteigerte Gehirnaktivität. Dann haben Vergesslichkeit, Konzentrationsmangel, aber auch Krankheiten wie Alzheimer und Demenz – ohne dass uns dies bewusst wird – ein allzu leichtes Spiel. Wir riskieren unsere geistige Gesundheit. Nur wenn wir Neues unternehmen, intensiv nachdenken oder körperlich aktiv sind, kommt unser Gehirn in Schwung.

Wir sollten uns nicht ständig den Bequemlichkeiten unserer Gesellschaft hingeben, sondern interessante Herausforderungen suchen. Neue Bekanntschaften, neue Restaurants oder Kochrezepte, Ausflüge an unbekannte Orte, ereignisreiche Urlaube, abwechslungsreiche Hobbys. Statistiken zeigen, dass z. B. eine falsch verstandene Erholung nach dem Motto »zwei Wochen im all-inclusive-Ambiente so richtig faulenzen« und sich dabei um nichts kümmern, unser Wohlbefinden keineswegs verbessert. Im Gegenteil, das ist der Grund, weshalb viele Menschen einen echten Urlaubskoller bekommen und sich dort öfter streiten als zu Hause. Wussten Sie, dass sich der Intelligenzquotient in einem dreiwöchigen All-inclusive-Urlaub um bis zu 20 Prozent verringern kann?

Kurz gesagt, für ein gesundes Gehirn sollten wir wieder den Entdecker in uns aktivieren. Wenn wir ganz bewusst Abwechslung und Veränderung suchen, auch einmal etwas tun, was uns bisher völlig fremd war, und dabei sogar Unsicherheiten in Kauf nehmen, dann werden wir nicht nur mit geistiger Fitness, sondern auch reichlich mit neuen Erfahrungen und glücklichen Gefühlen belohnt. Wie wäre es mit einem Abenteuerurlaub, warum nicht wieder einmal Camping statt Vollpension oder ein gutes Buch lesen statt Fernsehen oder Internet?

Rätselspiele oder intelligente Spiele wie Schach, Mühle und Skat geben auch immer wieder einen geistigen Kick. Eine äußerst unterhaltsame Gehirngymnastik ist das Miträtseln bei Quizsendungen im Fernsehen. Spannend ist auch, ganz alltägliche oder interessante Dinge immer wieder zu hinterfragen. Wie kommen die Löcher in den Käse? Wie viel wiegt die Zunge eines Blauwals? Wie funktioniert ein Kompass? Was ist länger haltbar, ein rohes oder ein gekochtes Ei? Was ist Gluten? Was ist Laktose? Warum ist die Banane krumm? Wie alt wird ein Elefant? Die Möglichkeiten, sich jeden Tag mindestens eine faszinierende Frage zu stellen und sein Leben abwechslungsreich zu gestalten, sind fast unbegrenzt. Machen Sie sich doch einen Kalender, in dem für jeden Tag des Jahres eine Frage steht! Selbst in der Stadt und der Region, in der wir leben, gibt es noch so viel zu entdecken. Und wenn Sie etwas Zeit übrig haben, dann blättern Sie doch einmal ganz neugierig das Programm der Volkshochschule durch. Da können Sie interessante Veranstaltungen und Kurse besuchen und je nach Lust und Laune Neues ausprobieren.

Für Fortgeschrittene gibt es noch eine dritte Stufe der Gehirngymnastik: das Gedächtnistraining. Hier können Sie sich wahlweise für das Kurz- oder das Langzeitgedächtnis entscheiden. Wie wäre es z. B., wenn Sie versuchen, sich Telefonnummern, Postanschriften oder die Namen von Orten, Künstlern und bestimmten Personen zu merken, ohne ständig im Notizbuch oder im Internet nachzuschauen? Bringen Sie Ihre Mitmenschen zum Staunen, indem Sie Ihre Reisepass- oder Personalausweisnummern oder die Kontonummer (IBAN) auswendig wissen oder sich aus dem Kopf an die Geburtstage Ihrer besten Freunde und Bekannten erinnern. Können Sie Postkarten oder E-Mails schreiben, auch wenn

Sie gerade keinen Zugriff auf Ihr Adressbuch oder Ihre gespeicherten Kontakte haben?

Jahreszahlen und bestimmte Ereignisse im Kopf zu behalten ist ebenfalls eine gute Übung. Wann betrat ein Mensch zum ersten Mal den Mond? Wann hat Kolumbus Amerika entdeckt? In welchem Jahr wurde der Euro eingeführt? Was haben Sie an Silvester 2010 gemacht? Was war gestern um 15:30 Uhr?

Ganz hervorragend ist auch das Erlernen und Praktizieren einer neuen Sportart, eines neuen Tanzes, einer Fremdsprache oder eines Musikinstruments. Wenn Sie gerne Nachrichten im Fernsehen anschauen, dann versuchen Sie einmal, danach die wichtigsten Dinge kurz zu wiederholen.

Immer dann, wenn wir uns nicht an alte Bräuche und Gewohnheiten klammern, sondern fast wie im Kindesalter offen sind für das Neue, das Unbekannte, das Interessante, schaffen wir beste Voraussetzungen für ein leistungsfähiges und gesundes Gehirn bis ins hohe Alter. Unser Gehirn will nicht geschont werden, damit tun wir ihm keinen Gefallen. Unser Gehirn braucht den Impuls von außen. Nur so entwickelt es ungeahnte Fähigkeiten und bleibt lange fit. Die folgenden Lebensweisheiten sollen uns ständig daran erinnern.

 Gut zu wissen:

→ Ein aktives, gesundes Gehirn ist keine Frage des Alters.
→ Ein klarer Kopf braucht ständig neue Impulse.
→ Wir sollten niemals damit aufhören, unser Gehirn zu fordern.
→ Ein untrainiertes Gehirn ist schädlicher für die Gesundheit als ein untrainierter Körper.
→ Positive Spannung ist wie Treibstoff für unser Gehirn.

→ Alles, was neu und unbekannt ist, bringt unser Gehirn in Schwung.

→ Das Gehirn ist keine Seife, es wird nicht weniger, wenn man es benutzt.

→ Bequemlichkeit, Routine, Monotonie machen unser Gehirn lahm, träge und anfällig für Krankheiten.

→ Jeden Tag ein bisschen Gehirngymnastik ist die beste Medizin für einen klaren Kopf.

Unser Gehirn braucht den richtigen Treibstoff, um ein Leben lang Wunder zu vollbringen.

Wunderelixiere für unser Gehirn:

Unser Gehirn ist ein Hochleistungsmotor und ein Wunder der Natur. 24 Stunden am Tag und 365 Tage im Jahr. Seine über 100 Milliarden Gehirnzellen sind leistungsfähiger als jedes Telefonnetz der Erde oder jeder Computer. Diese gigantische »Maschine« muss bestens versorgt werden. Ohne den richtigen Treibstoff gerät sie ins Stottern.

Der Energieverbrauch ist extrem hoch. Unser Gehirn ist im wahrsten Sinne des Wortes ein Vielfraß und konsumiert bis zu 20 Prozent des täglichen Kalorienbedarfs. Während Sie dieses Buch lesen, verbraucht Ihr Gehirn vor allem sehr viele Kohlenhydrate. Davor und danach sind andere Nährstoffe besonders wichtig. Das sind zunächst einmal die Eiweiße, die Regeneration und Aufbau der grauen Zellen fördern. Sie sind die Basissubstanz für die Bildung von Hormonen und Botenstoffen, die wiederum Gefühle, Schlaf, Wachheit, Konzentration und Aktivität fördern.

Auch Fette sind unerlässlich für unsere Denkzellen. Nur wenn richtig »geölt« wird, läuft alles wie geschmiert. Damit der Stoffwechsel in unserem Kopf bestens funktioniert, brauchen wir auch ganz bestimmte Vitamine, Mineralien und sekundäre Pflanzenstoffe (die Substanzen, die den Pflanzen ihre Farbe geben, dazu zählen vor allem Flavonoide und Phenolsäuren). Gemeinsam hat dieses Dreigespann die geniale Eigenschaft, unser Gehirn gleichzeitig zu schützen und zu unterstützen.

Man kann sich also klüger und geistig aktiv essen, selbst wenn man bisher schon ganz gut ernährt ist. Es gibt ganz besondere Nahrungsmittel und Wunderelixiere für ein gesundes, waches und leistungsfähiges Gehirn. Mit der richtigen Nahrung können wir alle einen großen Beitrag dazu leisten, dass unser Gedächtnis optimal funktioniert, wir können Verschleiß und Langzeitschäden vorbeugen und die Wahrscheinlichkeit für degenerative Krankheiten deutlich vermindern.

All dies wird bereits in vielen wissenschaftlichen Studien veranschaulicht. So hat man beispielsweise herausgefunden, dass ein ausreichender Gehalt von den Vitamine A, C, E und Beta-Carotin im Blut, insbesondere bei älteren Menschen ab 60 Jahren, die Gehirnleistung deutlich verbessert. Wichtig dabei ist zu wissen, dass wir uns immer an die empfohlenen Grenzwerte halten sollten, denn eine Überdosierung bestimmter Vitamine, z. B. durch Vitaminpillen, insbesondere des Vitamins E, kann zu gesundheitlichen Schäden führen. Bei einer ausgewogenen natürlichen Ernährung laufen wir keine Gefahr. Sie kennen ja die alte Regel: niemals übertreiben. Die oben genannten Vitamine, richtig dosiert, mindern auch den oxidativen Stress, der unsere Gehirnzellen zerstört. Reichlich enthalten sind sie vor allem in Paprika, Nüssen und in kaltgepresstem Raps- bzw. Olivenöl.

Was die Fette betrifft, so sind hauptsächlich die Omega-3-Fettsäuren gehirnaktiv. In den Mittelmeerländern weiß man schon seit Generationen, was die Wissenschaft in den letzten Jahren bestätigt hat: Fisch (vor allem blauer Fisch) macht schlau. Das trifft insbesondere für stark Omega-3-haltige Fische wie

Lachs, Makrele, Sardine, Thunfisch und Hering zu. Damit werden die grauen Zellen in höchster Qualität geölt. Menschen, die mehrmals die Woche solchen Fisch essen, pflegen und erhalten ihr Gehirn wesentlich besser als Menschen, die keinen Fisch verzehren. Das sind Fakten, die erst kürzlich wieder auf einem namhaften Neurologenkongress in den Vereinigten Staaten bestätigt wurden.

Vegetarier und Veganer können ihre Versorgung mit Omega-3-Fettsäuren durch den regelmäßigen Verzehr α-linolensäurereicher pflanzlicher Öle, insbesondere Leinöl und Rapsöl, sowie durch Leinsamen und Walnüsse sicherstellen.

Was gut ist für unseren Körper, ist auch bestens für das Gehirn. Komplexe Kohlenhydrate sind wichtig für eine schnelle Energieversorgung. Vitamine und bestimmte Mineralstoffe koordinieren wichtige Prozesse und sichern unser Wohlergehen. Bei den Mineralstoffen ist vor allem auf eine ausreichende Versorgung mit Magnesium und Phosphor zu achten. Magnesium fördert die Produktion von Neurotransmittern und Neuromodulatoren, die für die Übermittlung von Nervenimpulsen verantwortlich sind. Phosphor hält die Zellmembranen und Neuronen stark und widerstandsfähig. Viele Wissenschaftler gehen von einer engen Beziehung zwischen einem gesunden Gehirn und einem ausreichenden Phosphorspiegel aus. Phosphorlieferanten sind vor allem reifer Käse, Muscheln und Meeresfrüchte, Eier und griechischer Joghurt.

Auch sekundäre Pflanzenstoffe, die bis vor Kurzem kaum ein wissenschaftliches Interesse fanden, erfüllen, wie bereits beschrieben, wichtige Schutzfunktionen. In nennenswerter Konzentration findet man sie vor allem in Heidelbeeren, Erdbeeren, roten Rüben, Spinat und fermentierten Produkten wie z. B. Sauerkraut. Ein echter Geheimtipp ist die Aroniabeere, die ganz einfach in den Speiseplan integriert werden kann, denn sie ist als

Saft oder getrocknet erhältlich. Durch ihre antioxidative Wirkung ist sie in der Lage, die überschüssigen freien Radikale im Gehirn abzufangen. Freie Radikale sind aggressive Moleküle, die zwar schon seit Urzeiten ständig in unserem Körper vorhanden sind, aber moderne Risikofaktoren wie Stress, hoher Medikamentenkonsum, chemische Körperpflege- und Reinigungsprodukte, Tabak, übertriebener Sport, zu viel UV-Licht, radioaktive Strahlung und Umweltgifte verstärken ihre Bildung um ein Vielfaches.

Eine bestimmte natürliche Menge an freien Radikalen kann sogar unser Immunsystem aktivieren, deshalb sind sie nicht generell schlecht und komplett zu verbannen. Ungebremst und in zu großen Mengen jedoch können diese freien Radikale gesunde Zellen verändern oder töten, die Nutzung von wichtigem Eiweiß behindern, Stoffwechselvorgänge einschränken und Blutgefäße schädigen. Für unser Gehirn bedeutet das ein höheres Risiko für einen schnelleren Alterungsprozess, Schlaganfall, Demenz, Alzheimer und Parkinson. Wir sollten diesen kleinen Monstern also keineswegs freien Lauf lassen, und die richtige Ernährung und Lebensweise helfen uns bestens dabei.

Koffein hat eine aktivitätssteigernde Wirkung auf unser Gehirn. In Testversuchen hat sich gezeigt, dass der Genuss von Kaffee oder Tee zum Frühstück oder am frühen Nachmittag die Merkfähigkeit deutlich erhöht.

In China empfiehlt man als echte Gehirnnahrung außer Nüssen noch den bereits an anderer Stelle erwähnten Pilz mit dem schwierigen Namen Agaricus blazei Murrill, oder einfacher gesagt, Mandelpilz. Seine ausgewogene Kombination an Vitaminen, sekundären Pflanzenstoffen, Mineralien und Aminosäuren macht ihn zu einem wahren Wunderelixier für das Gehirn. Der Mandelpilz ist übrigens sehr schmackhaft und als Speisepilz bestens geeignet. Genau genommen gehört er zur Familie der ebenfalls sehr gesunden Champignons. Frisch findet man ihn bisher leider nur in Gourmetgeschäften. Getrocknet wird er häufig in Bio-Läden oder im Versandhandel angeboten.

Schön, dass wir unser Gehirn auf eine so leckere Art gesund erhalten können. Als nicht ganz überraschendes Fazit halten wir fest: Wer richtig isst, kann besser denken.

Zum Ausprobieren:

→ **Treibstoff für das Gehirn:** Der zweitgrößte Energiefresser in unserem Körper, das Gehirn, liebt gesunde Kohlenhydrate. Ganz egal, ob Haferflocken, Vollkornprodukte, Kartoffeln oder Hülsenfrüchte.
→ **Bausteine für das Gedächtnis:** Tierische und pflanzliche Eiweiße sind der Baustoff für unsere grauen Zellen. Eier, Tofu, Sojabohnen und Frischkäse sind ideale Lieferanten.
→ **Öl für höchste Leistung:** Einen zu niedrigen Ölstand sollten wir nicht riskieren. Zum »Nachfüllen« bestens geeignet: kaltgepresstes Rapsöl, Leinöl, Olivenöl, Leinsamen, Walnüsse und fetthaltige Nüsse.
→ **Frische Gedanken aus dem Meer:** Blauer Fisch wie z. B. Hering, Lachs, Makrelen, Sardinen und Thunfisch »erfrischen« unser Gehirn.
→ **Der optimale Schutz:** Langfristig gesund bleibt unser Gehirn durch bestimmte Vitamine und sekundäre Pflanzenstoffe. Eine Bereicherung für unser Wunderelixier-Schränkchen sind: Heidelbeeren, rote Rüben, Sauerkraut, frisch oder als Vorrat im Glas, und getrocknete Aroniabeeren. Auch der Saft aus Kirschen oder schwarzen Johannisbeeren ist empfehlenswert.

→ **Reichlich Magnesium und Phosphor:** Mandeln, reifer Käse, Muscheln und Meeresfrüchte, griechischer Joghurt und Eier fördern die Funktionsfähigkeit und den Langzeitschutz für unser Gehirn.

→ **Der Geheimtipp:** Mandelpilz (Agaricus blazei Murrill), frisch oder getrocknet. In der chinesischen Medizin seit Jahrtausenden für ein gesundes Gehirn bewährt.

→ **Der Leistungskick:** Tee oder Kaffee, ein Impuls für das Denkvermögen.

5. Älter werden und jung bleiben

Es ist doch wunderbar, alt zu werden und sich immer jung zu fühlen.

Dass wir mit den Jahren älter werden, lässt sich nicht verhindern. Aber dass wir uns bis ins hohe Alter so richtig wohlfühlen, dafür können wir eine Menge tun. Das ist eine gute Nachricht, denn die größte Sorge der Menschen ab 40 ist der Prozess des Alterns: nachlassende Sehschärfe, Osteoporose, schmerzende Glieder und Gelenke, Gedächtnisschwäche, sexuelle Probleme, Falten und schlaffe Haut, Haarausfall, Muskelschwäche, fehlende Unternehmungslust und vieles mehr. Die Angst vor den Symptomen des Alters ist bei den meisten Menschen deutlich stärker ausgeprägt als die Furcht vor Unfällen, Schicksalsschlägen oder plötzlich auftretenden Krankheiten.

Älter zu werden ist aber kein Grund für Verzweiflung und schon gleich gar nicht für Panik. Es gibt so viele Möglichkeiten, Körper und Geist jung, aktiv und gesund zu erhalten. Alt werden wir zwar trotzdem und die Lesebrille bleibt auch den meisten von uns nicht erspart, aber gerade die zweite Lebenshälfte kann äußerst angenehm und ganz besonders schön sein.

Damit dieser Wunsch in Erfüllung geht, müssen wir nur drei Dinge tun: den Lebenskünstler in uns wecken, unsere Organe fit halten und ein kleines, ganz natürliches Anti-Aging-Programm genießen.

Den Lebenskünstler in uns zu wecken ist deshalb wichtig, weil in jedem Alter unsere Gedanken die Väter aller Dinge sind. Lebenskunst kostet weder Geld noch Kraft. Werfen wir doch einmal einen Blick auf die Kinder, die uns täglich zeigen, wie das geht. Sie bleiben neugierig stehen, wenn es eine Biene, eine Blume oder einen Clown auf der Straße zu bestaunen gibt. Sie finden überall Freude und bringen uns ein verletztes Tier nach Hause, damit wir es pflegen. Es stört sie gar nicht, wenn sie zwischendurch einmal schmutzig, ungekämmt oder laut sind. Meistens sind sie mit anderen Kindern zusammen, wirken unbekümmert und beschäftigen sich ständig mit irgendwelchen Dingen. Damit machen sie instinktiv alles richtig, was die Glücksforschung uns Erwachsenen und älteren Menschen empfiehlt. Auch wir waren einmal klein, mit diesen großen Fähigkeiten. Warum soll das im Alter anders sein? Warum müssen wir im Alter seriös werden oder uns über vieles beschweren? Vielleicht weil wir wieder einmal glauben, das gehört sich so. Möglicherweise empfinden wir das Alter auch als Belastung, weil wir nicht mehr alles so unternehmen können wie früher. Aber als Kinder haben wir ebenfalls viele Dinge nicht gemacht, die uns später im Erwachsenenalter besonders gut gefallen haben, und trotzdem waren wir glücklich. So hat eben jede Zeit ihren ganz besonderen Charme. Man muss ihn nur erkennen.

Franz Kafka hat einmal gesagt: »Jeder, der sich die Fähigkeit erhält, Schönes zu erkennen, wird nie alt werden.« Wir sollten gar nicht erst versuchen, an alten Fähigkeiten und Gewohnheit mit aller Kraft festzuhalten. In jedem Lebensabschnitt gibt es Alternativen. Wenn eine Straße gesperrt ist, dann nehmen wir eben die

Umleitung. Vielleicht sind es ein paar Minuten mehr, aber möglicherweise entdecken wir auch ganz neue Landschaften oder Orte. Nicht der Vergangenheit nachtrauern, sondern das Neue genießen heißt das Motto, um jung zu bleiben.

Wir sollten uns das Alter nicht durch zu hohe Erwartungen und Ideale vermiesen. Allerdings müssen wir auch nicht unbedingt akzeptieren, dass unsere Organe vorzeitig schwach oder krank werden. Nicht einmal die sexuelle Kraft muss mit den Jahren nachlassen, wenn man ein paar Wunderelixiere kennt. Wir brauchen im Alter keinen Astralkörper (eigentlich brauchen wir den nie) und kein faltenfreies Gesicht. Mit unrealistischen Schönheitsvorstellungen und falschem Ehrgeiz werden wir nicht wirklich glücklich. Aber dafür, dass wir möglichst lange gesund und frisch aussehen, können wir eine ganze Menge tun, ohne die Opfer der Anti-Aging-Industrie zu werden, denn die tut wieder einmal alles dafür, eine möglichst große Abhängigkeit zu schaffen. Sie schürt die Angst vor den Alterserscheinungen schon in jungen Jahren. Laut neuesten Umfragen haben bereits 30 Prozent der 20-jährigen Frauen, oft durch die Werbung bedingt, negative Fantasien über das Alter. Das führt dazu, dass sie sich schon viel zu früh Anti-Aging-Programmen mit oft fragwürdigen Methoden unterziehen. Schönheitschirurgen machen Kasse, Antifalten-Cremes, Botox und Nahrungsergänzungsmittel mit teilweise absurden Inhaltsstoffen verkaufen sich wie nie zuvor, weil wir unser Alter am liebsten hinter einer künstlichen Fassade verstecken. Komischerweise wollen wir alle alt *werden,* aber keiner will es *sein.*

Wir denken viel zu oft an das Schreckgespenst des Alterns. Psychologische Erkenntnisse zeigen inzwischen, dass dies gar nicht gut ist. Immer dann, wenn wir an die vermeintlich negativen Seiten des Alters denken, fühlen wir uns auch subjektiv älter und unser Körper versucht, sich an dieses Gefühl, auch was das Aussehen betrifft, anzupassen. Das heißt ganz konkret: Negative Gedanken über das Alter machen uns alt. Auf die richtige Einstellung zum Alter kommt es also an. Es ist wichtig, dass wir uns wohlfühlen und keine Angst vor der Zukunft haben, ganz egal, wie alt wir gerade sind.

Genau genommen sind viele Menschen in einer beneidenswerten Situation, denn die Art und Weise, wie wir alt werden, liegt zu einem großen Teil in unserer Hand. Und sind es nicht gerade die späteren Jahre, auf die wir doch unser ganzes Leben lang hinarbeiten? Also raus aus dem Jugendwahn und der Altersfurcht, hinein in ein schönes, glückliches und aktives Leben. Nur das hält uns wirklich jung. Mit ein paar Lebensweisheiten, ein bisschen Glück und den richtigen Wunderelixieren gelingt uns das mit Sicherheit besser als mit all den falschen Versprechungen der Industrie und der Schönheitsmedizin. Schon Cicero sagte:»Nicht das Alter ist das Problem, sondern unsere Einstellung dazu.« Älter zu werden ist übrigens gar nicht so schlecht, wenn man die Alternative bedenkt.

Man ist nur einmal jung, kann aber auf wunderbare Weise entscheiden, wie lange diese Phase andauert.

Lebensweisheiten, die uns jung halten:

Auf einer meiner Chinareisen habe ich mir ein schönes Sprichwort notiert:»Fürchte nicht, dass dein Körper altert, sondern nur, dass die Seele alt wird.«

Wenn wir die besten Lebensweisheiten für ein glückliches und gesundes Alter herausfinden wollen, dann lohnt es sich, einmal bei den Menschen nachzufragen, die dieses Ziel bereits erreicht haben. Menschen, die mit 90 oder 100 Jahren noch den Eindruck vermitteln, als sei ihre Seele überhaupt nicht gealtert, die positiv im Leben stehen und oft auch noch aussehen, als wären sie 20 Jahre jünger. Beim Erforschen ihrer Geheimnisse stellt man sehr schnell fest, dass viele von uns ebenfalls die Möglichkeit haben, das Alter zu genießen.

Eines der Erfolgsgeheimnisse vieler Hundertjähriger ist ihre Stressresistenz. Zum Großteil sagen die meisten von sich selbst, dass sie schon immer eine ausgeprägte innere Ruhe besaßen und sich nur äußerst selten mit Selbstzweifeln quälen. Kennzeichnend für diese Menschen ist es auch, dass sie kein negatives Bild vom Alter haben. Sie sehen das Alter nicht als Bedrohung an, und sie kämpfen auch nicht mit Chemie und Chirurgie gegen oberflächliche Begleiterscheinungen.

Aus einem der zahlreichen Gespräche mit sehr alten glücklichen Menschen blieb mir ein Satz ganz besonders in Erinnerung: »Altern ist nichts für Angsthasen.« Menschen, die ein hohes Alter erreichen, haben eine positive Erwartungshaltung, sehen eher Chancen als Gefahren und malen sich immer wieder aus, sinnvollen Tätigkeiten nachzugehen. Sie akzeptieren nicht so ohne weiteres, dass der Körper schwächelt. Sie bleiben lange auch sexuell aktiv und wissen genau, wie man nachhelfen kann, wenn es einmal nicht so funktioniert, wie es sollte (ihre Wunderelixiere dafür verrate ich Ihnen in Kürze). Oft arbeiten sie noch mit über 90 Jahren. Worte wie Rentner, Pensionär oder, schlimmer noch, Ruhestand sind ihnen fremd.

Allerdings, und da waren sich fast alle meine Gesprächspartner einig, fällt einem das nicht in den Schoß. Man muss schon etwas dafür tun. Erst einmal sollte der Geist möglichst fit und aktiv bleiben. Wie das geht, haben wir ja bereits beschrieben. Ebenfalls wichtig ist die richtige Einstellung zum Alter. Eine Grunderkenntnis der vielen fast 100-jährigen Menschen, mit denen ich gesprochen habe, war es, dass man nicht alt wird durch die Anzahl der Jahre, die man bisher gelebt hat, sondern dadurch, dass man seine Ideale aufgibt. Man muss sich nur anpassen an die neue Situation. Erstens ist es erfreulich, wenn wir alt werden, und wenn das etwas Erfreuliches ist, dann darf man es zweitens auch sehen. Ist es nicht gerade das Alter, wo wir aus Erfahrung neue Kraft, Gelassenheit und Erkenntnis schöpfen? Ist dies nicht die Zeit, in der wir die Früchte eines anstrengenden Lebens ernten sollten? Endlich haben wir die Möglichkeit, unsere Zeit frei einzuteilen, und das ermöglicht doch ganz neue Perspektiven. Dann ist da noch etwas, das wir unbedingt schon als junge Personen wissen sollten: Äußerlichkeiten und viele andere Dinge sind uns im hohen Alter lange nicht mehr so wichtig, wie sie uns in jüngeren Jahren erscheinen.

Es gab noch ein paar interessante Entdeckungen, die ich gerne an Sie weitergeben möchte. Menschen, die besonders alt werden, haben einen geregelten Tagesablauf. Sie lassen sich weder treiben, noch ruhen sie sich auf ihren Lorbeeren aus. Sie sind auf ihre ganz eigene Art aktiv. Sie pflegen den regelmäßigen Kontakt zu anderen, sind neugierig und erstaunlich offen für bisher Unbekanntes.

Im Süden Italiens habe ich einmal an einem Ältestenstammtisch im Dorf den schönen Satz gehört: »Ein Abend mit Freunden verlängert das Leben um ein Jahr.« Darin steckt sicherlich etwas italienische Übertreibung, aber der Satz hat doch einen wahren Kern.

Typisch für diese älteren Vorbilder ist es auch, dass sie ihren Geist und ihren Körper fast spielend, mit Freude und ganz nebenbei fit halten. In Ländern wie Griechenland, Frankreich und Italien ist es bei den Älteren Tradition, sich morgens bei Brettspielen zu vergnügen, bei denen man ständig denken muss, um zu gewinnen. Leichte Sportarten wie Boccia in den nahe gelegenen Parks werden vor allem in südlichen Zonen das ganze Jahr über gespielt. Diese fördern Bewegung, Koordination und Denkvermögen. In den Langlebigkeitszonen Asiens kann man die älteren Menschen bei komplizierten Karten- und Denkspielen, aber auch äußerst kniffligen Geschicklichkeitsspielen beobachten. Vor allem in China gibt es regelmäßig und kostenlos Gymnastik, Yoga und Tanzprogramme in den öffentlichen Parks. Hier vergnügt man sich gemeinsam mit anderen alten und jungen Menschen, bewegt sich rhythmisch zur Musik und belebt dabei Körper und Geist.

Für mich war es ebenfalls faszinierend zu sehen, welch heitere Gelassenheit meine Gesprächspartner ausstrahlten. Selbst mit 90 aufwärts immer noch leichten Sport zu treiben war bei überraschend vielen, die ich getroffen habe, tägliche Routine. Solange der Körper und die Gesundheit es zuließen, galt das Motto: Nicht aufgeben! Völlig unabhängig davon, ob Sport oder nur leichte Bewegung, begannen diese »Meister des Lebens« ihren Tag schon sehr früh, denn es gab ja ein Programm.

Da die Kräfte nicht mehr grenzenlos sind, fanden diese Menschen dann auch die innere Ruhe, um zwischendurch so richtig tief zu entspannen. Dabei war es egal, ob sie auf dem Land oder in der Großstadt wohnten. Das Altwerden, so hatte man den Eindruck, fiel ihnen überhaupt nicht schwer. Sie haben gelernt, ihre Kräfte einzuteilen. Auch der Abendspaziergang, meist aus Neugier und um zu sehen, was die anderen so machen, war eine weitverbreitete Routine. Dabei ratschte man zwischendurch mit Freunden und Bekannten und erzählte, was gerade so passiert war.

Als ich einmal bei einem Kaffeekränzchen mit hochbetagten Damen dabei sein durfte, sagten sie mir voller Überzeugung: »Das Wichtigste ist, dass man nicht ständig zu Hause bleibt, sondern mit anderen etwas unternimmt.« Man könnte sagen, sie sind dem Alter im wahrsten Sinne des Wortes davongelaufen. Aus Erfahrung im Leben haben sie alle etwas gelernt: Selbstmitleid und Trübsal sind keine guten Wegbegleiter. Sie wussten genau, was ihnen gut tat, übertrieben nichts, liebten die Konstanz und vermieden Langeweile. Sie vertrauten nicht den falschen Propheten, sondern sich selbst. Diese positiven Elemente des Lebensstils haben sich auch in der Altersforschung bestätigt. So haben Studien gezeigt, dass drei Stunden leichte Bewegung in der Woche, abwechslungsreiche Beschäftigungen, Kommunikation mit anderen und tägliches Gehirntraining ausreichen, um Kopf, Herz, Kreislauf, Stoffwechsel, Lunge und Lebenslust im Alter genauso aktiv zu halten, als wäre man 20 Jahre jünger.

Für einen gesunden Körper empfiehlt sich für die Bewegung eine Mischung aus Kraft-, Koordinations- und Ausdaueraktivitäten. Tanzen, spazieren gehen, Gartenarbeit, Yoga, Schwimmen, leichte Gymnastik und alle Ballspiele sind da genau richtig.

Das Gedächtnis wird insbesondere durch Lesen, Spielen, Planen, Gespräche, Fremdsprachen, Musizieren und Neugier aktiviert. Ganz wichtig bei allen Aktivitäten im Alter ist, dass sie Spaß machen, um negative psychologische Effekte zu vermeiden.

Was mir auch immer wieder aufgefallen ist an vielen Vorbildern des glücklichen Altwerdens: Sie haben es nie ganz aufgegeben, etwas zu arbeiten. Entweder sie sorgen sich um die Familie, sind aktiv im Haushalt, haben einen kleinen Garten, um den sie sich kümmern, pflegen ein produktives Hobby, unterstützen den Familienbetrieb oder sie widmen sich gemeinnützigen Tätigkeiten.

Selbst ganz alte Menschen, die leider nicht mehr sehr beweglich waren, zeigten immer noch ein großes Interesse an den Mitmenschen und Ereignissen in ihrer unmittelbaren Umgebung. Allen war gemeinsam, dass sie, so lange und so gut es ging, sehr viel Wert auf die Pflege ihres Körpers und ihrer Kleidung legten. Nicht eine Falte weniger im Gesicht, sondern ein gepflegtes Äußeres ließ sie jünger aussehen. Und das verjüngte auch innerlich.

Glückliche alte Menschen geben niemals freiwillig die Kontrolle über sich selbst aus der Hand. Sie kaufen ein, kochen, backen, halten sich ein Haustier… Sie lassen nur im Bedarfsfall Dinge von anderen erledigen, niemals aber aus reiner Bequemlichkeit. Sie brauchen keine Komfortzone. Sie wollen, wo und wann immer das geht, das Leben spüren. Damit tun sie genau das Richtige für die eigene Gesundheit, das Glück und das Wohlbefinden.

Das sind doch schöne Beispiele dafür, wie es im Alter sein könnte. Erfahrungen, die wir nutzen sollten, um unseren Lebensstil vielleicht ein bisschen zu korrigieren. Auch im hohen Alter müssen wir nicht zwangsläufig zu Ruheständlern werden. Am besten, wir streichen diesen Begriff aus unserem Wortschatz. Und dann steigt die Wahrscheinlichkeit, dass wir auf einmal viel jünger wirken und uns auch so fühlen.

Ein weiterer wichtiger Baustein für ein schönes Alter ist die Körperpflege durch gezielte Ernährung und Naturkosmetik. Die Wunderelixiere dafür werden nach den Lebensweisheiten beschrieben, denn wirkungsvolles Anti-Aging geht auf wunderbare Weise ohne Chemie.

 Gut zu wissen:

→ Wenn wir alt werden, dann sollten wir dafür erst einmal dankbar, glücklich und zufrieden sein.
→ Mit der richtigen Einstellung kann das Alter zu einer wunderschönen Episode unseres Lebens werden.
→ Das Alter ist die letzte Chance, unser Leben zu genießen. Die sollten wir nicht verpassen.
→ Bereits ab unserer Geburt werden wir älter, darüber sollten wir uns also keine Sorgen machen.
→ Ein Mensch ist immer so alt, wie er sich fühlt.
→ Das Alter kann so herrlich sein, wenn wir neugierig bleiben und uns die Fähigkeit erhalten, das Schöne zu erkennen.

→ Alt ist man dann, wenn man an der Vergangenheit mehr Freude hat als an der Zukunft.

→ Neben der Gesundheit sind drei Dinge für ein glückliches Alter wichtig: aktiv bleiben, niemals bequem werden und sich selbst verpflichten.

→ Unsere Gedanken sind auch im Alter der Vater aller Dinge.

→ Echtes Anti-Aging muss keine großen Kosten verursachen: Es kostet nur etwas Gehirnarbeit, körperliche Aktivität und einen gut gefüllten Tagesplan.

→ Was im Alter wirklich zählt, ist die feste Überzeugung, dass wir nicht automatisch zu »Ruheständlern« werden.

Älter werden und dabei jung bleiben ist einfach wunderbar.

Wunderelixiere für echtes Anti-Aging:

»Schönheit und Jugend kommen von innen«, »Wir sind, was wir denken«, »Man ist, was man isst«: drei wunderschöne Sprichwörter, die das Anti-Aging wirklich auf den Punkt bringen. Was schon Generationen vor uns sprichwörtlich bekannt war, das kann so falsch nicht sein. Mit guten Gedanken und ein paar ganz speziellen Wunderelixieren können wir in Sachen Anti-Aging kleine Wunder bewirken. Wenn wir rechtzeitig die Weichen stellen, dann haben wir beste Chancen, bis ins hohe Alter gesund zu bleiben und dem Alterungsprozess mit all seinen Begleiterscheinungen aktiv entgegenzuwirken. Das geht mit Spaß, Lebensfreude, ohne Angst und auch noch kostengünstig. Letztendlich tragen schon die bisherigen Empfehlungen und Erkenntnisse in diesem Buch dazu bei, dass wir möglichst lange bei bester Gesundheit und guter Laune bleiben. Damit betreiben wir bereits aktives und intensives Anti-Aging. Jetzt ergänzen wir das Ganze noch einmal um bewährte, gezielt einsetzbare Wunderelixiere.

Aktuelle wissenschaftliche Studien zeigen, dass es großteils keine Frage des Schicksals ist, wie wir altern. In vielen Fällen ist es sogar möglich, die vorhandenen Auswirkungen des Alterungsprozesses teilweise wieder umzukehren. In der modernen Medizin spricht man hier vom *Reverse Aging*. Dieses *Reverse Aging* geht weit über die Schutzfunktion des Anti-Aging hinaus. Es zielt darauf ab, Zellen und Organe von innen heraus zu regenerieren, unser Aussehen zu verjüngen und unseren Körper aktiv zu halten. Spätestens dann, wenn die ersten Spuren des Alters sichtbar werden, wenn wir die Knochen beim Aufstehen spüren, wirklich große Falten entstehen oder andere Dinge auftauchen, die uns das Alter beschert, dann gibt es eine ganze Menge zusätzlicher Geheimtipps, um vital zu bleiben und jünger bzw. frischer auszusehen, um also den Prozess des *Reverse Aging* zu fördern.

Wer diese kleinen Helfer kennt, braucht keine Chemie und kein Botox und wahrscheinlich auch kein Viagra. Wunderelixiere von Mutter Natur haben die Fähigkeit, weitaus intensiver, konstanter und gesünder zu wirken, sowohl von innen als auch von außen. Der sichtbare Alterungsprozess kann dadurch erheblich gebremst werden und manche Spuren eines harten Lebenswandels können sogar wieder verschwinden.

Lassen Sie uns doch gemeinsam die Altersuhr anhalten oder ein Stück zurückdrehen, damit der Körper jugendlich und gesund aussieht, die Haut elastisch bleibt, die Fingernägel nicht spröde werden, die Haare wieder glänzen, die Falten sich in Grenzen halten oder lange Zeit gar kein Thema sind. Werden Sie selbst zum Wunder des Alters.

Eine hochbetagte Dame, der man ihr unglaubliches Alter von 102 Jahren wirklich nicht ansehen konnte, sagte mir in einem Gespräch: »Wollen Sie das Geheimnis meiner schönen Haut wissen? Ich habe nie eine teure Pflegecreme benutzt.« Mit einem verschmitzten Lächeln hat sie mir dann ein Döschen selbstgemachte Milchcreme (aus Milch, Mandelöl und Honig) und ein Fläschchen Körperöl gezeigt (aus einer eigens hergestellten Kräutermischung). Die Rezepte finden Sie nachher bei den Wunderelixieren. Ehrlich gesagt hat mich das alles nicht verwundert. Wenn man die Inhaltsstoffe vieler industriell hergestellter Cremes und Schönheitsprodukte einmal genau betrachtet, dann fällt es fast schwer, in dem bunten Chemiegemisch die angeblich guten Wirkstoffe zu finden, und wenn man sie entdeckt, dann sind sie meist nur in geringsten Mengen vorhanden. Dafür sind die Verpackungen umso attraktiver und verschönern bzw. verjüngen zumindest unser Badezimmer. Vor allem eines sollte uns bei den ganzen tollen und teuren Cremes zu denken geben: Ständig werden die Rezepturen verändert. Je nach Trend sind es Kaviarextrakte, Algenauszüge, Vitaminbeigaben, Enzyme und alles, was glaubhaft mit Anti-Aging in Verbindung gebracht werden kann. Verlockende Fantasienamen und Versprechungen verführen uns immer wieder aufs Neue. Wenn es allerdings so viel Veränderungsbedarf gibt, scheint man das einzig wahre Rezept wohl noch nicht gefunden zu haben. Das wäre ja auch langweilig und schlecht für das Geschäft.

Und eine Sache liegt natürlich auch klar auf der Hand. Durch die rein äußerliche Anwendung bestimmter Substanzen können wir nie den gleichen Effekt erzielen wie durch eine Kombination von Nahrung und Pflege. Und das scheint die alte Dame genau zu wissen, denn auf ihrem Ernährungsplan stehen ein paar schmackhafte Wunderelixiere, die von innen wirken, weil sie über den Stoffwechsel an die richtigen Stellen transportiert werden, um dort ihre jungerhaltende Kraft zu entfalten. Als sie mir diese Wunderelixiere zeigte, sagte sie mir augenzwinkernd: »Wissen Sie, wahre Schönheit kommt von innen.«

Welche Wunderelixiere sind also wirklich echte Jungbrunnen? Starten wir zunächst einmal mit dem einfachsten Schönheitselixier: Wasser. Regelmäßiges und ausreichendes Trinken ist nicht nur für die Gesundheit unentbehrlich, sondern auch für ein jugendliches Aussehen, für frische Zellen und feste Haut. Immerhin bestehen wir zu ungefähr 70 Prozent aus Wasser, das hauptsächlich in unseren 300 Millionen Hautzellen gespeichert wird. Wenn wir unserem Körper nicht genug Wasser geben, dann holt er es sich aus dem Wasserdepot Haut. Die Folge: Unsere Haut wird spröde, rissig und neigt zu Faltenbildung. Am besten, Sie halten immer an den unterschiedlichsten Orten ein Fläschchen Wasser bereit. Gönnen Sie sich zwischendurch ein paar Schlucke davon, auch wenn Sie gerade nicht durstig sind. 1,5 bis 2 Liter sollten es über den Tag verteilt sein. Zu viel davon ist aber auch nicht gut, denn dann führt der Überschuss zu einer Ausschwemmung wichtiger Mineralien.

Etwas ganz Besonderes für den Kampf gegen das Alter ist auch ein Glas Holundersaft. Damit genießen Sie die Schutzwirkung vor freien Radikalen von 15 Gläsern rotem Traubensaft oder 55 Gläsern Apfelsaft.

Wenn Sie es lieber heiß mögen, dann gibt es ein »Jungtonikum« aus Argentinien, den Mate-Tee. Reich an bioaktiven Stoffen, hat er viele jungerhaltende Eigenschaften. Er wirkt gegen freie Radikale, ist entzündungs- und tumorhemmend, günstig für den richtigen Cholesterinspiegel und sogar hilfreich bei Diabetes. Damit ist aber noch nicht Schluss. Er enthält wertvolle Mineralien, wirkt durch sein Koffein sogar als Stimulanz (auch für die sexuelle Lust), fördert die Verdauung und sogar die Durchblutung.

Nicht nur gegen Angstzustände (wie bereits beschrieben), sondern ebenfalls als Anti-Aging-Produkt gilt der Extrakt der Ashwagandha-Pflanze. In der ayurvedischen Medizin nennt man dieses Gewächs auch Wunderkraut des Alters oder den Ginseng Indiens. Dort wird es als Adaptogen eingestuft: Es hilft dem Organismus, sich an körperlichen und psychologischen Stress anzupassen, es steigert die Leistungsfähigkeit, erhöht die Widerstandsfähigkeit gegen Erkältungen und Infektionen, steigert die sexuelle Lust und erhöht die Fruchtbarkeit.

Ein wahres Wunderelixier im Anti-Aging ist die Stutenmilch, und das schon seit der Antike. Im letzten Jahrhundert gab es sogar Sanatorien, die sich auf Verjüngungskuren mit Stutenmilch spezialisiert hatten. Stutenmilch hat fast alles, was der Körper braucht, um jung und gesund zu bleiben: viele essenzielle Aminosäuren, mehrere ungesättigte Fettsäuren, wichtige Mineralstoffe und Spurenelemente, sogar Phosphor, Mangan, Eisen und Selen, Vitamine, darmgesunde Bakterien und Fermente, leicht verdaulichen Milchzucker sowie zellschützende Zitronensäure. Mehr kann man für ein aktives Anti-Aging mit nur einem Lebensmittel fast nicht tun. Stutenmilch (am besten in Bio-Qualität) schmeckt köstlich. Die pflegenden Substanzen der Stutenmilch gibt es auch in Naturkosmetikprodukten, frei von Konservierungsstoffen und schädlicher Chemie.

Weil sie sowohl von innen als auch von außen angewandt werden können, sind zwei Produkte im Anti-Aging besonders beliebt: Aloe vera und Arganöl. Aloe vera ist eine Pflanze, die seit über 3000 Jahren in der Gesundheits- und Schönheitspflege als die Königin der ewigen Jugend beschrieben wird. Selbst die legendäre ägyptische Herrscherin Kleopatra soll ihre Essenzen verwendet haben. Biologisch gesehen gehört die Aloe zur Familie der Liliengewächse, genau wie Zwiebeln und Knoblauch. Mit einer einzigartigen Wirkstoffkombination aus zahlreichen Vitaminen, Mineralstoffen und Spurenelementen, essenziellen Aminosäuren, sekundären Pflanzenstoffen und einer ganzen Reihe stoffwechselwirksamer Enzyme kann sie für unseren Körper Enormes leisten. Innerhalb der 300 wichtigsten Heilpflanzen gilt die Aloe vera als eine der besten. Viele ihrer Anti-Aging-Inhaltsstoffe wie z. B. das Acemannan mit seinen antiviralen, antibakteriellen und antimykotischen (pilzhemmenden) Eigenschaften, das unser Körper nach der Pubertät nicht mehr selbst produziert, finden sich ansonsten nur noch in der Ginseng-Wurzel, dem Reishi-Pilz, im Knorpelgewebe von Haien und in einigen Verjüngungsprodukten der traditionellen chinesischen Medizin. Saft und Gel der Aloe können sowohl als Nahrungsergänzung als auch als Hautpflegeprodukt verwendet werden. Für eine innerliche Verjüngungskur empfiehlt sich der Saft in kleinen Mengen, als Beimischung für andere Fruchtsäfte oder Smoothies. Das reine Gel der Pflanze vitalisiert Haut und Haare, erhöht die Spannkraft und bietet dazu noch einen hohen Schutz vor schädlichen Umwelteinflüssen.

Auch das Arganöl ist aufgrund seiner hohen Konzentration von wertvollen Substanzen ein echtes Anti-Aging-Produkt. Das aus den Fruchtkernen des marokkanischen Arganbaums gewonnene Öl wird bei den Berbern der Wüste als traditionelles Pflege- und Heilmittel verwendet. Seine vitalisierende und gleichzeitig verjüngende Wirkung verdankt es einer genialen Komposition von Inhaltsstoffen. Dazu zählen Tocopherole (stark antioxidative Vitamin-E-Varianten) und Phytosterine, die in anderen Ölen nicht vorkommen und unter anderem das Zellwachstum und die Zellregeneration stimulieren. Diese wertvollen Substanzen verleihen der Haut Frische und Spannkraft und können Falten glätten. Ein zusätzlich willkommener Nebeneffekt ist die verbesserte Durchblutung der Haut. Andere Inhaltsstoffe wie Polyphenole und Flavonoide fangen die schädlichen freien Radikale besonders gut, beeinflussen den Hormonhaushalt günstig und sind zellschützend. Arganöl wirkt auch anregend auf das Immunsystem. Arganöl gibt es als Speise- oder Körperpflegeöl. Im Anti-Aging fördert eine Kopfmassage mit Arganöl den natürlichen Haarwuchs, kann frühzeitiges Ergrauen verhindern und sogar Haarausfall deutlich hinauszögern.

In China und vielen weiteren asiatischen Ländern genießt die Papaya einen ganz hervorragenden Ruf bezüglich ihrer verjüngenden Wirkung. Diese himmlisch schmeckende Frucht stimuliert und harmonisiert durch bestimmte Enzyme unser Drüsensystem und fördert die schnelle Regeneration von Haut, Muskeln, Knorpeln und sogar der Leber. Der berühmte portugiesische Seefahrer und Entdecker Vasco da Gama nannte sie »die Frucht der ewigen Jugend«. In Asien ist sie auch unter dem Beinamen »Frucht des langen Lebens« bekannt. Besonders aromatisch sind die frischen Früchte, aber auch getrocknete Papaya schmeckt gut. In Form von natürlichen Cremes ist eine Anwendung direkt auf der Haut sehr angenehm.

Ebenfalls viele wertvolle Enzyme für einen jungen, vitalen Körper liefert die Ananas: frisch, als Saft oder die sehr aromatische getrocknete Variante.

Die herrlich roten Granatäpfel sind ein weiteres Symbol der ewigen Jugend. Wie bei kaum einem anderen Nahrungsmittel können durch die frische Frucht oder ein Glas Granatapfelsaft am Tag Falten vorgebeugt werden. Aus neuesten Forschungsergebnissen weiß man, dass Granatäpfel gut sind für die Liebe, weil ihr Genuss bei Männern das Sexualhormon Testosteron im Körper kräftig ansteigen lässt. Eine erfrischende Wohltat für die Liebe.

Und wenn wir schon beim Thema Liebe sind, dann lässt sich auch noch mit ein paar anderen Wunderelixieren nachhelfen. Oft erleben wir, dass sich die Lust auf Sex ganz unauffällig aus dem Staub macht. Das geschieht übrigens nicht nur bei älteren Menschen. Auch viele junge Leute wundern sich über den plötzlichen Verlust ihrer Libido. In diesem Fall müssen wir nicht gleich zu Arzneimitteln greifen, sondern sollten erst einmal probieren, was die Natur uns zu bieten hat.

Bewährt für die Förderung der Libido und das Anti-Aging haben sich Pistazien. Durch ihren extrem hohen Phytosteringehalt senken sie den Cholesterinspiegel nachweislich um bis zu 15 Prozent, liefern den Anti-Aging-Wirkstoff Resveratrol (das Geheimnis des Rotweins) und wirken sich positiv auf die Errektionsfähigkeit bei Männern aus. Dafür genügen schon 30 Gramm am Tag, am besten ungesalzen.

Auch Kürbiskerne, Mandeln, Haselnüsse, Garnelen, Sardinen, Edamer und Roggenvollkornbrot sind gut für die Potenz. Sie enthalten reichlich L-Arginin. Da in den Schwellkörpern des Mannes aus L-Arginin Stickstoffmonoxid (NO) gebildet wird, das wiederum für eine bessere Durchblutung im Penis sorgt, führt eine regelmäßige Aufnahme von L-Arginin zu einer gesteigerten Erektion.

Das Superfood der Inka für jugendliche Kraft und zur sexuellen Leistungssteigerung ist Maca. Das malzig schmeckende Pulver der Erdknolle wird bei Libidomangel, Potenzproblemen, unerfülltem Kinderwunsch, in den Wechseljahren, aber auch zur geistigen Leistungssteigerung bei Mann und Frau eingesetzt. Ein Teelöffel am Tag liefert schon die ausreichende Menge.

Speziell für die weibliche Libido kennt man in Tibet den Vitalpilz Cordyceps sowie in Südamerika die Yamswurzel. Beide sind sehr effektive und natürliche Mittel zur sexuellen Anregung und Luststeigerung bei Frauen. Der Cordyceps (auch Raupenpilz genannt) verbessert die Biosynthese von Steroidhormonen (Cortisol, Testosteron, Östrogen), deren Produktion mit zunehmendem Alter nachlässt. In Studien mit Frauen konnten über 90 Prozent der Probandinnen im Laufe einer Cordyceps-Kur von einer Verbesserung ihrer zuvor mangelhaft ausgeprägten Libido berichten. In der traditionellen chinesischen Medizin wird er auch eingesetzt, um Alterungserscheinungen wie Erschöpfungszustände, Energiemangel, Gefäßverkalkung und Osteoporose vorzubeugen. Die Yamswurzel hat ebenfalls Einfluss auf die Hormonproduktion der Frau, verbessert die weibliche Libido und hilft gegen Beschwerden in den Wechseljahren.

Granatapfelsaft, Pistazien-, Mandel-, Haselnuss-, Maca-, Yamswurzel- und Ginsengpulver lassen sich auch alle ganz hervorragend Smoothies beimischen. Diese Mixgetränke sind eine erfrischende und jungerhaltende Ergänzung zu den empfohlenen 1,5 bis 2 Litern Wasser am Tag. Aber nicht alles, was heutzutage Smoothie genannt wird, ist auch wirklich gut. Oft ist der Zuckeranteil bei Fertigprodukten viel zu hoch oder der Inhalt nicht aus frischen Früchten oder Gemüsen hergestellt.

Als echtes Anti-Aging-Wunder zeigt z. B. eine Mischung aus Blaubeeren und Kokosmilch, angereicht mit einem Stück Ingwer und etwas Honig, beste Effekte. Mit wenigen Schlückchen können Sie sich auch mit einem leckeren Mandel-Smoothie jung und schön trinken. Nehmen Sie dafür einen halben Liter kalte oder heiße Mandelmilch, drei TL entfettetes, ungesüßtes Kakaopulver, zwei TL Honig, ½ TL Zimt, eine Prise gemahlenen Pfeffer oder Chili, ½ TL gemahlenen Ingwer und etwas Kurkuma.

Ganz egal, welche Art von Smoothie Sie bevorzugen, für den vitalen Extra-Kick gibt es eine Vielzahl an Möglichkeiten, diesen anzureichern, indem Sie wahlweise einen Teelöffel der folgenden Wunderelixiere dazu mixen: die bereits oben genannten Säfte und Pulver oder weitere Pulver aus getrockneten Acai-Beeren, Brennnesseln, grünem Kaffee, Lecithin, Tomaten und Kokosmehl. Eine gesunde und geschmacklich süße Abwechslung schafft auch der Zucker aus Kokosblüten.

Für eine »Rundumerneuerung« sorgen kollagenbildende Lebensmittel. Kollagene sind Eiweiße, die für Funktionalität und Festigkeit von Knochen, Knorpeln, Bandscheiben, Sehnen, Herzklappen und der Haut sorgen. Fast ein Drittel der Proteine in unserem Körper sind Kollagene. Beste Quellen für Kollagene sind Gelatine, Eier, Linsen und Hafer. Probieren Sie doch einmal selbstgemachte Heidelbeer-Papaya-Marmelade oder auch andere Fruchtmischungen ganz nach Geschmack mit reichlich Blattgelatine. Wenn Sie keinen Wert auf besonders lange Haltbarkeit legen, dann bereiten Sie das Ganze als Brotaufstrich zu, ohne Kochen. Geben Sie die Früchte nur in den Mixer, fügen Sie dann anschließend die aufgelöste Gelatine hinzu und je nach Lust und Laune etwas Honig oder Kokosblütenzucker. In kleinen Gläschen abgefüllt, hält sich das im Kühlschrank bis zu zehn Tage.

Falls Sie Vegetarier sind, dann gibt es zwar für das natürliche Kollagen keinen Ersatz, aber Sie können durch die Vitamine C und K die Produktion von Kollagen im Körper stimulieren. Empfehlenswert für einen Brotaufstrich wären Kiwis, Erdbeeren, Blaubeeren, Pflaumen, Feigen, Bananen und als Geliermittel reichlich Pektin.

Immer noch als Geheimtipp speziell für Sportler und ältere Menschen gilt Amarant. Dieses Powerkorn wurde insbesondere von den Inkas und Azteken als Wunderwaffe für eine unverwüstliche Gesundheit genutzt. Amarant fördert nicht nur die Kollagenbildung, es liefert auch noch einen hohen Anteil an Calcium, Eisen, Zink und Magnesium. Die Zubereitung ist ganz einfach: ca. 20 Minuten mit der doppelten Menge Wasser köcheln (ähnlich wie Reis) und danach noch mal 10 Minuten ausquellen lassen. Amarant gibt es auch als Mehl zum Backen.

Nun sind Sie gut gerüstet. Die Voraussetzungen für Glück, Gesundheit und Wohlbefinden bis ins hohe Alter sind bestens. Genießen Sie Ihr Leben!

⚬ Zum Ausprobieren:

→ **Höchste Pflegewirkung seit der Antike:** Milchcreme kann man selbst zubereiten, aus 50 ml Vollmilch (zimmerwarm), 100 ml gutem Pflanzenöl (z. B. Mandelöl), ½ TL Honig. Alles zusammen kurz in den Mixer und dann am besten im Kühlschrank aufbewahren. Wirkt pflegend, heilend und antibakteriell.

→ **Kosmetik-Geheimrezept:** Sesamöl, Arganöl, Karottenöl und Patschuliöl zusammen mit Sandelholzextrakt. Eine Mischung daraus wird Ihre Haut auf wunderbarste Weise pflegen, schützen, revitalisieren und verjüngen.

→ **Sich jung trinken:** schwarzer Johannisbeersaft. Pur oder mit Mineralwasser, immer herrlich frisch. Ein paar Fläschchen gehören in Ihren Anti-Aging-Vorrat.

→ **Jungbrunnen aus Argentinien:** Mate-Tee (sogar kalt ein echter Genuss). Seine Vielfachwirkung macht ihn zu einem echten »Jungtonikum«.

→ **Kraft und Energie bis ins hohe Alter:** Die Wirkung der Ashwagandha-Beere ist unglaublich vielfältig. Sie verspricht mehr Energie, weniger Müdigkeit, besseren Schlaf, gesteigerte Immunabwehr und größere sexuelle Lust. Sie mildert Angstzustände, wirkt antidepressiv und verjüngend.

→ **Powergetränk:** Ein Glas Holundersaft hat die Schutzwirkung von 15 Gläsern rotem Traubensaft oder 55 Gläsern Apfelsaft.

→ **Die Anti-Aging-Milch:** Stutenmilch bewirkt wahrhafte Wunder. Da ist alles drin, was den Körper jung, gesund, frisch und schön erhält.

→ **Pflege oder Genuss:** Arganöl gibt es als Haut- oder Speiseöl (für feine Cremesuppen und Salate).

→ **Seit Jahrtausenden:** Aloe vera als kosmetisches Hautgel oder als Saft. Schon kleinste Mengen reichen für die verjüngende Wirkung aus.

→ **Die Frucht der ewigen Jugend:** getrocknete Papaya-Chips. Die hat man immer griffbereit. Ein perfekter Anti-Aging-Snack. Wer Abwechslung mag: Getrocknete Ananas-Ringe sind auch vielversprechend.

→ **Die Anti-Aging-Smoothies:** Die Basis sind immer frische Früchte oder Gemüse. Als besondere Anti-Aging-Zutaten empfehlen sich: Stutenmilch, Kokosmilch, Mandelmilch, Aloe-vera-Saft, Granatapfelsaft, getrocknete Acai- oder Blaubeeren. Ideal sind auch Pulver aus ungesüßtem Kakao, Ingwer, Kurkuma, grünem Kaffee, Lecithin, Tomaten, Zimt, Maca, Pistazien, Mandeln, Haselnüssen, Yamswurzel, Ginseng. Für Genießer etwas Honig oder Kokosblütenzucker.

→ **Verjüngendes Kollagen:** Am besten immer wieder etwas Gelatine. Machen Sie mit Blattgelatine köstliche Desserts, Marmeladen, Kuchenaufstriche oder Pasteten aus Fleisch, Fisch und Meeresfrüchten. Linsen und Hafer sind ebenfalls gute Kollagenlieferanten. Für Vegetarier empfehlen sich kollagenbildende Lebensmittel wie Zitrusfrüchte, Kiwis, Erdbeeren, Blaubeeren, Pflaumen, Feigen, Bananen und Gemüse wie Tomaten, Kohl, Brokkoli, Paprika, Grünkohl, Spinat, Rote Beete, Auberginen, violetter Spargel und Blumenkohl.

→ **Zum Start in einen jungen Tag:** Fruchtmus ohne Gelierzucker und Kochen, dafür aber mit Blattgelatine und Honig bzw. Kokosblütenzucker. Ideale Frühstücksmischungen: Heidelbeer/Papaya oder Ananas/Acaibeeren mit etwas Maca-Pulver.

→ **Das Powerkorn:** Amarantkörner oder Amarantmehl. Das Getreide eignet sich bestens als Alternative für Reis, das Mehl zum Backen. Eine echte Wunderwaffe.

→ **Mehr männliche Energie:** Körperliche Frische und mehr Spaß am Sex, diese Effekte schenken uns Maca-Pulver und stark L-Arginin-haltige Produkte wie Pistazien, Kürbiskerne, Mandeln, Haselnüsse, Garnelen, Sardinen, Edamer und Granatapfelsaft.

Trotz großer Effekte brauchen sie nur wenig Platz in unserem Wunderelixier-Schränkchen.

→ **Die Liebe genießen:** Eine gesteigerte Libido bei Frauen und begleitende Anti-Aging-Effekte versprechen der Raupenpilz Cordyceps und die Yamswurzel. Beide sind am leichtesten als Präparate erhältlich.

→ **Das beste Rezept:** Lieben Sie Ihr Alter und sich selbst!

Epilog und Dank

Es gibt nichts Faszinierenderes im Leben, als die Kräfte und Möglichkeiten zu entdecken, die in jedem von uns stecken. Selbst in schwierigen Situationen findet sich immer ein Weg Richtung Glück, Gesundheit und Wohlbefinden. Die Navigationssysteme für diesen Weg sind unser Gehirn und unser Herz. Die richtigen Lebensweisheiten bieten Orientierung, die Nahrung ist unser Treibstoff.

Glauben Sie nicht an falsche Ratschläge und kurzlebige Modetrends, sondern an Menschen, die Ihnen echte Vorbilder sind, weil sie eine ansteckende Lebensfreude ausstrahlen und von denen Sie vielleicht denken: So wäre ich auch gerne.

Lehnen Sie jede Art von Übertreibung und falschem Ehrgeiz ab. Bleiben Sie voller Hoffnung und lassen Sie sich niemals davon abhalten, das Notwendige zu tun. Und denken Sie immer daran: Glück ist kein Geschenk der Götter und auch kein Wunder, sondern eine Frage der inneren Einstellung.

Dieses Buch soll ein bisschen dazu beitragen, dass Ihr Leben so wird, wie Sie es sich wünschen. Wenn Ihnen das jetzt besser gelingt, ist dies mein Dank an Sie.

Bedanken möchte ich mich auch ganz herzlich bei den vielen Menschen dieser Welt, die mir direkt oder indirekt dabei geholfen haben, dieses Buch aus voller Überzeugung und mit allergrößter Motivation zu schreiben.

Abschließen möchte ich das Ganze mit einem wunderschönen Text meiner Frau Cristina Jimena, die als Schriftstellerin in Spanien bereits zwei Romane veröffentlicht hat: *Y de pronto cambió mi vida* (»Und plötzlich veränderte sich mein Leben«) und *El Club de la Gente Feliz* (»Der Club der Glücklichen«). Ihr gilt auch mein herzlicher Dank dafür, dass dieses Buch so geworden ist, wie es ist. Durch ihr natürliches Wesen, ihre ansteckend fröhliche Art, ihre unglaubliche Gabe, die positive Seite der Dinge zu sehen, und das Talent, ohne Übertreibung, aber mit viel Spaß durchs Leben zu gehen, war sie für mich eine ständige Quelle der Inspiration.

Das Glück steckt in dir
von Cristina Jimena (aus dem Spanischen)

»Eines Tages wirst du verstehen, dass du das Glück niemals finden wirst, indem du für deine Ideale und Wünsche unerlässlich kämpfst, aber auch nicht, indem du abwartest, bis es sprichwörtlich vom Himmel fällt. Denn wer kämpft, ist im Krieg, und wer abwartet, überlässt sein Leben dem Schicksal. Eines Tages wirst du verstehen, dass du das Glück finden wirst, wenn du deinen Blick veränderst: in Richtung auf dein Inneres. Das Glück steckt in dir selbst. Niemand sonst kann es dir geben, niemand kann dich deines Glücks berauben, wenn du es nicht zulässt.«

Appetit auf ein schlankes Leben?

Michael Handel

Warum Sie essen müssen, um abzunehmen

Mit Tipps & Tricks auch für Vegetarier und Veganer

Ernährungsmythen, die Sie getrost vergessen können

SCORPIO

Klappenbroschur, 192 Seiten, ISBN 978-3-95803-234-7

Sie haben schon alle möglichen Diäten probiert, um abzunehmen, aber immer ohne dauerhaften Erfolg? Dann wurde dieses Buch für Sie geschrieben.

Der Ernährungsexperte Michael Handel zeigt ebenso informativ wie unterhaltsam, warum Diäten gar nicht funktionieren können – und wie stattdessen ein gelassener und genussvoller Ess- und Lebensstil auf Dauer schlank und gesund macht. Mit zahlreichen Praxistipps und 70 alltagstauglichen Schlank-Rezepten auch zum Download.

Mehr über unsere Bücher   www.scorpio-verlag.de

Erste Hilfe
bei Angststörungen

Klappenbroschur, 200 Seiten, ISBN 978-3-95803-146-3

Sorgen, Ängste und Panikattacken führen auf Dauer zu einer massiven Einschränkung des Alltags. Den Betroffenen ist ein »normales« Leben kaum mehr möglich.

Die Psychotherapeutin Jennifer Shannon litt selbst jahrelang unter einer Angsterkrankung. In ihrem Buch spricht sie offen darüber und vermittelt gleichzeitig erprobte und wirkungsvolle Strategien aus der kognitiven Verhaltenstherapie, um mit Ängsten und Sorgen aller Art umzugehen und wieder Seelenfrieden zu finden.

Mehr über unsere Bücher   www.scorpio-verlag.de